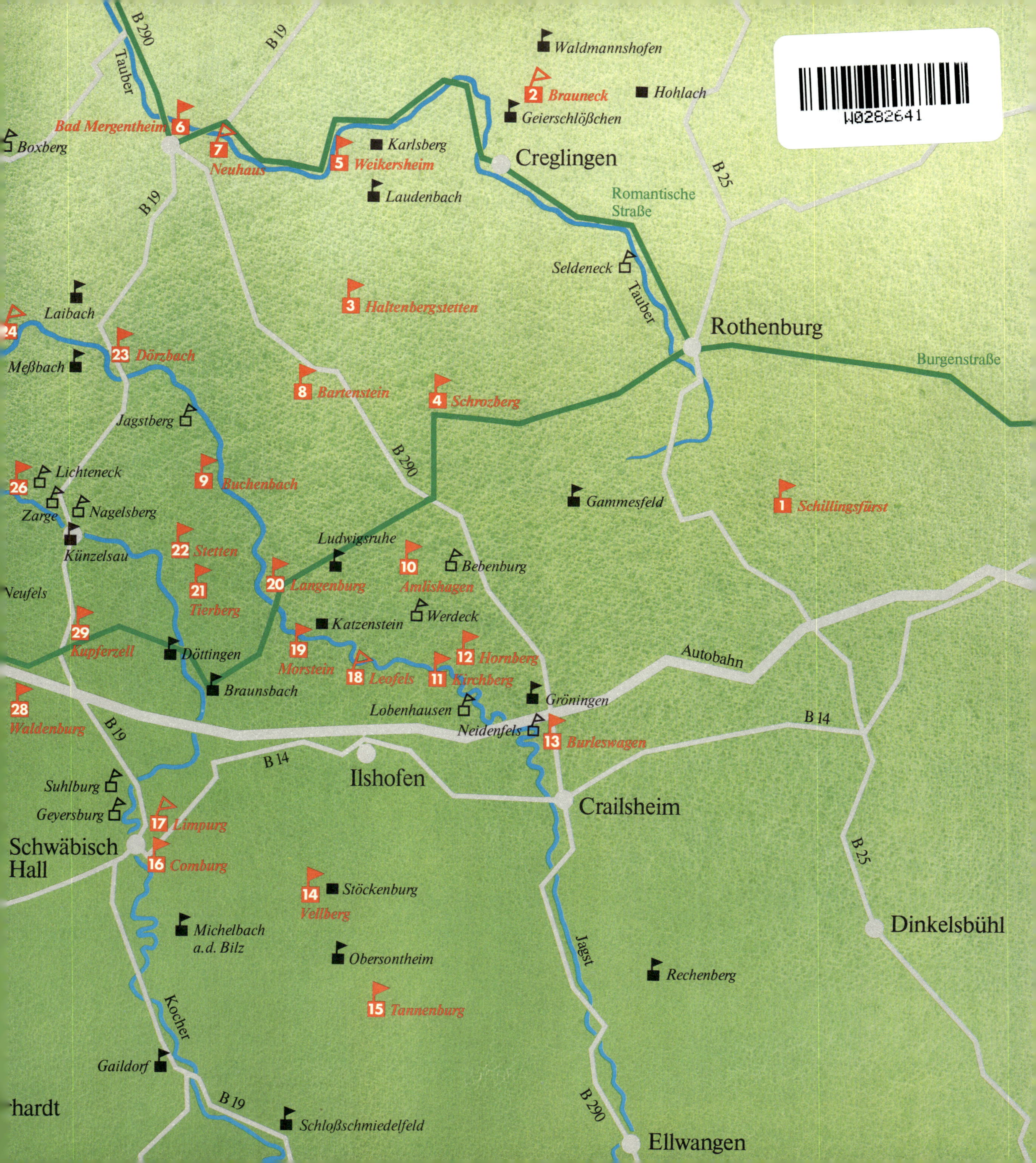
Waldmannshofen
2 Brauneck
Hohlach
Geierschlößchen
Bad Mergentheim 6
7 Neuhaus
Boxberg
Karlsberg
5 Weikersheim
Creglingen
Laudenbach
Romantische Straße
B 290
Tauber
B 19
B 25
Seldeneck
Laibach
3 Haltenbergstetten
Rothenburg
Burgenstraße
24
23 Dörzbach
Meßbach
8 Bartenstein
4 Schrozberg
Jagstberg
B 290
Lichteneck
26
9 Buchenbach
Zarge
Nagelsberg
Gammesfeld
1 Schillingsfürst
Künzelsau
22 Stetten
Ludwigsruhe
10 Amlishagen
Bebenburg
20 Langenburg
21 Tierberg
Neufels
Werdeck
Katzenstein
29 Kupferzell
19 Morstein
12 Hornberg
Döttingen
18 Leofels
11 Kirchberg
Autobahn
Braunsbach
Gröningen
28 Waldenburg
Lobenhausen
B 19
Neidenfels
B 14
13 Burleswagen
B 14
Ilshofen
Suhlburg
Crailsheim
Geyersburg
17 Limpurg
Schwäbisch Hall
16 Comburg
B 25
14 Stöckenburg
Vellberg
Michelbach a.d. Bilz
Dinkelsbühl
Obersontheim
Jagst
Rechenberg
15 Tannenburg
Kocher
Gaildorf
B 19
hardt
Schloßschmiedelfeld
B 290
Ellwangen

Wilhelm Gradmann

Burgen und Schlösser in Hohenlohe

Burgen und Schlösser in Hohenlohe

Wilhelm Gradmann

DRW-Verlag Stuttgart

ISBN 3-87181-209-9

Gestaltung: Peter Stecher
Satz und Druck: Karl Weinbrenner & Söhne,
Leinfelden-Echterdingen
Reproduktionen: Karl Specht, Karlsruhe
Bindearbeiten: Franz Spiegel, Ulm
Papier: Mediaprint, holzfrei mattgestrichen
Bilderdruck, 150 g/qm, Feldmühle AG

Bestellnummer: 209

Inhaltsverzeichnis

Vorwort

Hohenlohe ist – wie kaum ein anderes Gebiet – das Land der Burgen und Schlösser. Um das Jahr 1300 saßen allein rund 250 hohenlohische ritterbürtige Ministerialen auf ihren eigenen Burgen. Auch andere Geschlechter verfügten auf den Bergen oder in der Ebene über befestigte Adelssitze. Weitere kamen ständig hinzu, wurden ausgebaut oder in späteren Jahrhunderten zu Schlössern umgestaltet. Andere verfielen und sind Ruinen oder ganz abgegangen. Somit erstreckt sich heute über das Land ein dichtes Netz solcher Anlagen. Hier eine Auswahl zu treffen, war unerläßlich. Vollständigkeit hätte den Rahmen gesprengt und den Leser nicht befriedigt.

Dem Leser werden 37 markante Burgen, Schlösser und Ruinen in Wort und Bild vor Augen geführt, und es wird auf ihre Geschichte eingegangen. Neben diesen ausführlicher behandelten Bauten wird auf eine weitere Anzahl von Burgen, Schlössern und Ruinen verwiesen, zu denen eine geographische oder historische Verbindung besteht. Da Hohenlohe ursprünglich kein geographischer, sondern ein dynastischer Begriff war, ist die Abgrenzung nicht zwingend vorgeschrieben. Im allgemeinen wurde das Gebiet zwischen den Städten Bad Mergentheim, Uffenheim, Rothenburg ob der Tauber, Crailsheim, Gaildorf, Heilbronn, Möckmühl und Osterburken behandelt. Abweichungen waren nicht zu vermeiden. So liegt einerseits das den Band eröffnende Schillingsfürst südöstlich von Rothenburg, ist aber zweifellos eines der wichtigsten hohenlohischen Schlösser. Andererseits ist das im Westen gelegene, wegen seines reizvollen Schlosses einbezogene Assumstadt nur mit Vorbehalt als dem hohenlohischen Gebiet zugehörig zu betrachten. Das in der Nähe liegende Möckmühl, mit dem der Band abschließt, ist aus der Lebensgeschichte des Götz von Berlichingen, einer der markantesten Persönlichkeiten des Hohenloher Landes, nicht wegzudenken. Stadt und Burg in die Auswahl einzubeziehen, war daher unerläßlich.

Für die freundliche Förderung bei der Abfassung des Werkes ist der Verfasser zunächst den Schloß- und Burgenbesitzern zu Dank verpflichtet. Sie waren im allgemeinen mit größter Liebenswürdigkeit zu Auskünften bereit, stellten teilweise das Hausarchiv zur Verfügung und gaben wichtige Hinweise. Auch das hohenlohische Zentralarchiv in Schloß Neuenstein, die Kreis- und Stadtarchivare sowie die Bürgermeister und Heimatforscher unterstützten den Autor bereitwillig bei seinen Nachforschungen. Eine wertvolle Grundlage für die Darstellung der Geschichte der Burgen und Schlösser bildeten die reichen Bestände der Württembergischen Landesbibliothek in Stuttgart. Insbesondere sind die gründlichen Oberamtsbeschreibungen des 19. Jahrhunderts und die Monographien einzelner Kreise und Städte hervorzuheben.

Bei der Bereicherung des Buches durch Veduten (alte Ansichten) ist der Verfasser Professor Max Schefold Dank schuldig. Sein umfassendes Sammelwerk und seine stets freundliche persönliche Bereitschaft zu Hinweisen waren eine bedeutende Hilfe.

Dem Verlag ist für die schöne Ausstattung des Buches und für manche wertvolle Anregung zu danken.

Dr. Wilhelm Gradmann

Kurz vor der Fertigstellung dieses Buches verstarb Herr Dr. Wilhelm Gradmann. Verlag und Mitarbeiter werden dem Autor ein bleibendes Andenken bewahren.

Hohenlohe – Landschaft und Dynastie

Landschaft und Dynastie

Hohenlohe war ursprünglich kein geographischer, sondern ein dynastischer Begriff. Das Geschlecht der Hohenlohe gab der Landschaft den Namen. Dies geschah nicht auf einmal, es ist das Ergebnis einer jahrhundertelangen Entwicklung. Zunächst galt der Begriff nur für die »Untertanen« der Grafen von Hohenlohe, die ja nur einen – wenn auch großen – Teil des Landes besaßen. Auch andere adelige Familien, wie die Berlichingen, die Crailsheim und die Stetten – um nur einige wichtige Geschlechter zu nennen –, saßen und sitzen seit Jahrhunderten auf ihren Schlössern. Der Landschafts- und Volksname griff über die Grenzen der Grafschaft hinaus, und nach der Mediatisierung im Jahr 1806, als die hohenlohischen Fürsten ihre Souveränität verloren und ihre Gebiete in Württemberg und Bayern aufgingen, wurde der Begriff auch auf innerhalb oder am Rande liegende Gebiete wie etwa die Stadt Hall und ihr Umland übertragen; früher hatte sich die Reichsstadt von den Grafen und Fürsten von Hohenlohe distanziert. Dasselbe gilt für die ehemaligen Würzburger und Mainzer Besitzungen an Kocher und Jagst, die Dörfer des Deutschen Ordens und die Stadt Rothenburg. Heute wird das ganze nordöstliche Württemberg unter dem Sammelbegriff »Hohenlohe« zusammengefaßt.

Die Hohenloher sind Franken, keine Schwaben; sie legen Wert auf diese Abgrenzung. Die Landschaft, die wegen ihrer Unberührtheit und Schönheit jeden in Bann zieht, der sie einmal besucht oder noch besser durchwandert, wird von den Flüssen Kocher, Jagst und Tauber und ihren tief eingeschnittenen Tälern geprägt. Sie ist abwechslungsreich, bergig und bewaldet, und weithin überschaubare Ebenen legen Zeugnis ab von der Fruchtbarkeit des Bodens. Von den flachen Hängen hat der Acker- und Obstbau Besitz ergriffen, der Talgrund ist Wiesenland geworden oder ebenfalls von Äckern durchzogen. Charakteristisch sind die mächtigen langen Steinriegel, die in jahrhundertelanger Arbeit von Generationen aus den abschüssigen Feldern zusammengetragen und angehäuft worden sind, wenn der Regen die Erde abgeschwemmt und die Steine an die Oberfläche gebracht hatte. Nun sind sie von dornigem Gebüsch überwachsen.

Unschöne Massierungen von städtischen Häuserkomplexen gibt es nicht, und nur wenig wird das Bild durch industrielle Bauten beeinträchtigt. Dies bewertet zwar nicht jeder Hohenloher positiv, vor allem die Landräte versuchen, Industrie in ihren Kreisen anzusiedeln, der Fremde aber freut sich an der Schönheit der unberührten Natur und dem landwirtschaftlichen Reichtum, dem sichtbar gedeihenden Vieh und dem Rebbau, der vortreffliche Weine liefert. Die Landwirtschaft war von jeher die natürliche Grundlage des Wohlstandes. Saubere, stattliche Dörfer, winzige ehemalige Residenzen und gediegene Landstädte gehören zu dieser Landschaft.

Burgen und Schlösser

Hohenlohe ist das Land der Burgen und Schlösser. Wohl kaum irgendwo sonst sind sie in solcher Häufung zu finden. Am Oberlauf von Kocher und Jagst, da, wo die Täler noch schmal sind und die Bergzungen sich in die Ebene vorschieben, ist die burgenreichste Gegend Hohenlohes. Bei Kirchberg an der Jagst kommt fast auf jeden Quadratkilometer eine noch bestehende oder abgegangene Burg. Recht treffend ist die Anekdote, nach der einem Vereinsvorsitzenden, der vorschlug, eine Fahrt nach Ludwigsburg zu machen, um das dortige Schloß zu besichtigen, geantwortet wurde: »Was, wegen *einem* Schloß sollen wir nach Ludwigsburg fahren, wo wir doch fast in jedem Dorf eines haben!«

Die Burgen im Hohenlohischen lassen sich – wie es Karl Schumm, der langjährige und verdienstvolle Leiter des Zentralarchivs in Neuenstein vorschlägt – in drei Gruppen gliedern:
1. Die Burg des einfachen Ritteradels, die sich als befestigtes Haus hinter einem Wall und einem Graben erhebt, auf schwer zugänglichen Bergnasen liegt, mit Waffen und Verteidigungsanlagen ausgerüstet und durch verhältnismäßige Einfachheit gekennzeichnet ist.
2. Die Burg des Hochadels, die umfangreicher angelegt und mit Nebengebäuden, wie Palas und Wirtschaftsräumen sowie einer Vorburg ausgestattet ist.
3. Die Reichsburgen der Staufer, die in ihrem Aufbau und Formenreichtum die Hand eines erfahrenen mittelalterlichen Baumeisters erkennen lassen und in eine Reihe mit den Burgen staufischer Herrscher im Mittelmeerraum gestellt werden können.

Von den großen Burgen der Herren von Hohenlohe ist anzunehmen, daß sie von Baumeistern der Staufer zum mindesten stark beeinflußt worden sind. Durch alle Fährnisse hindurch waren die Hohenlohe treue Gefolgsleute der Angehörigen des Kaisergeschlechts, und der Gedanke liegt nahe, daß sich dies auch beim Bau ihrer Burgen ausgewirkt hat, zumal da manche Stilelemente darauf hinweisen.

Häufig entwickelte sich die Burg zum Schloß. Der Akzent der Befestigung trat zurück, der repräsentative in den Vordergrund, es wurden mehr Wohnräume erforderlich, als eine Burg sie aufnehmen konnte. Bei jedem hohenlohischen Schloß lassen sich mehrere Teile in ähnlicher Anordnung erkennen. Das Erdgeschoß wird durch die Wirtschaftsräume ausgefüllt, der erste Stock enthält die Säle und die dazugehörigen Nebenräume. Darüber sind die Wohngelasse, die je nach dem Vermögen des Besitzers einfach oder – dies selten – aufwendig sind. Wertvoll sind die Schöpfungen der einheimischen Kunsthandwerker und zahlreich die Werke der im Dienst der Herrschaft stehenden Maler. Überall finden sich die Porträts der Schloßherren, ihrer Gemahlinnen und ihrer Ahnen. In den »Raritätenkammern« häuften sich in buntem Nebeneinander Kostbarkeiten und Banalitäten.

Die Schloßbauten erforderten in der Regel eine größere Grundfläche als die zeitlich vorangegangene Burg. So wurde diese häufig abgetragen, zu einer Bastion umgestaltet und dahinter, auf größerem Platz, ein Schloß errichtet. Aber auch vollständige Neubauten entstanden, meistens von der zweiten Hälfte des 16. Jahrhunderts an bis in das 18. Jahrhundert hinein. In diesem Jahrhundert entstanden auch die Landschlösser in der Nähe fast jeder Residenz, mit denen sich die Fürsten von Hohenlohe ein kleines Versailles schufen. Natürlich verfeinerte sich mit dem Ausbau der Burg zum Schloß auch das Leben der Bürger. Dieser Unterschied ist auch heute noch zu erkennen, wie beispielsweise ein Vergleich zwischen den früher gleichwertigen Orten Ingelfingen und Sindringen zeigt. Der erstgenannte Ort wurde Residenz, und der Lebensstandard hob sich, in Sindringen blieb das Leben einfacher.

Treue Gefolgsleute der Hohenstaufen

Das Geschlecht der Hohenlohe, das der Landschaft den Namen gegeben hat, stammt aus dem östlichen Teil des Landes, etwa dem Grenzgebiet nach Bayern. Erst später verlagerte sich der Schwerpunkt mehr nach dem Westen. In dem Dorf Hohlach, nahe dem bayerischen Uffenheim, befand sich ein Herrensitz der Gau-

Die hohenlohische Landschaft ist reizvoll und abwechslungsreich, ein hügeliges Land mit malerischen, manchmal tief eingeschnittenen Tälern. Weite Ebenen legen Zeugnis ab von der Fruchtbarkeit des Bodens. Acker- und Obstbau spielen eine wichtige Rolle, auf der Südseite der Hänge und an den Flüssen wächst ein guter Wein, der auch fern von Tauber, Jagst und Kocher seine Liebhaber findet. Wiesen bieten dem wohlgeratenen Vieh reichlich Nahrung und ausgedehnte Wälder bringen im heißen Sommer erholsame Kühlung. Häufiger als sonst werden die Berge von jahrhundertealten Burgen (hier Stetten nahe Künzelsau) und ansehnlichen Schlössern oder Ruinen gekrönt. Es ist ein freundlicher Landstrich, der sich noch viel unberührten Charme bewahrt hat.

grafen des Gollachgaues. Es wird angenommen, daß sich der Name Hohenlohe von diesem Ort herleitet. Wo dort die Burg, die vielleicht den Namen Hohenloch oder später Hohenlohe führte, gestanden hat, weiß heute niemand mehr mit Sicherheit zu sagen. Umstritten ist die Frage, ob die Grafen von Hohenlohe ihren Stammsitz in Hohlach hatten oder ob erst Heinrich von Weikersheim im Jahr 1178 seinen Sitz nach Hohlach verlegt und vom Ort den Namen angenommen hat. Jedenfalls ist Weikersheim die älteste der Hohenlohe-Burgen. Es darf angenommen werden, daß lange vor der Erbauung der Burg sich im Dorf Weikersheim ein Herrenhof der Ahnväter des hohenlohischen Hauses befand.

Aus der Zeit Barbarossas – aus dem Jahr 1153 – stammt die erste bekannte Urkunde des Hauses Hohenlohe. In ihr werden Konrad und sein Bruder Heinrich von Weikersheim erwähnt; der erstere nannte sich auch »von Hohenlohe«. Vermutlich waren die Hohenlohe mit den Staufern verwandt. In der übernächsten Generation vollzog sich dann ein Ereignis, das für die Geschichte des Hauses von großer Bedeutung war. In der ersten Hälfte des 13. Jahrhunderts traten drei von fünf Brüdern in den Deutschen Orden ein und schenkten ihr Erbteil – die Besitzungen um Mergentheim – dem Orden, die dadurch der Familie verlorengingen. Alle drei Brüder bekleideten im Orden hohe Stellungen. Von den restlichen Besitzungen erhielt der Bruder Gottfried die Burg Hohenlohe und später die Burg Langenburg, nachdem erstere wohl bald zerstört worden war. Der Bruder Konrad bekam die Burg Brauneck, die in der Gegend von Creglingen lag. Seinen Nachkommen ist der Bau der Herrgottskirche in Creglingen zuzuschreiben.

Gottfried ist der Stammvater aller lebenden Hohenlohe, da die Linie Brauneck im 14. Jahrhundert ausstarb. Beide Brüder waren engste Mitarbeiter Kaiser Friedrichs II. von Hohenstaufen, dem sie vermutlich im Jahr 1220 zum erstenmal im Hoflager in Hagenau im Elsaß gegenübertraten. Seitdem begleiteten sie den Kaiser auf seinen Heereszügen, auch in den Orient, und waren seine Berater in Regierungsfragen. Gottfried wurde auch mit der Erziehung des minderjährigen Königs Konrad IV. betraut. Durch die politischen, staatsmännischen und militärischen Fähigkeiten der beiden Brüder gelangten die Hohenlohe zu Ansehen, Einfluß und Wohlstand. Zeitweilig wurden ihnen auch Herrschaften in Italien und der Titel »Grafen der Romagna« verliehen. Insbesondere Gottfried, der seinen jüngeren Bruder überlebte, vermehrte den ererbten Besitz und schuf damit die Grundlage für das spätere zusammenhängende Territorium seines Hauses. Er war verheiratet mit Richza von Krautheim, wodurch ihm ebenfalls Einfluß und Reichtum zuflossen. Beider Sohn war Kraft I., der Erbe der Hauptlinie. Der Vorname Kraft, bis heute einer der häufigsten im Namensregister der Hohenlohe, stammt aus der Familie der Mutter Richza, in der der Name üblich war. Immer standen die Hohenlohe treu zu den Hohenstaufen, auch als das Kaisergeschlecht vom Unglück verfolgt wurde. Sie standen in der vordersten Linie der deutschen Dynastien. Auch in den folgenden Jahrhunderten nahmen viele Mitglieder des Hauses an den bedeutenden Unternehmungen der Könige und Kaiser teil. In ihrem Machtbereich hatten sie die wichtigsten Hoheitsrechte, wie eigene Zölle, Geleitrechte, eigene Münzstätten, Gerichtsbarkeit, Begnadigungsrechte, und dienten unter eigenem Banner und eigener Mannschaft in Kriegszeiten dem Kaiser. Zu einer wichtigen Basis der hohenlohischen Territorialbildung wurde die Vogtei über das Chorherrenstift Öhringen.

Zersplitterung in mehrere Linien

Im 14. und 15. Jahrhundert zersplitterte sich die Familie in mehrere Linien, die teilweise ausstarben. Viel Besitz ging dadurch dem Haus verloren. Diese Zersplitterungen und Erbteilungen, die auch in späteren Jahrhunderten vorkamen, mögen eine wesentliche Ursache dafür gewesen sein, daß das Geschlecht der Hohenlohe nicht – wie viele andere Dynastien, etwa die Grafen von Württemberg oder die Wittelsbacher – die Möglichkeit hatten, einen Staat zu bilden, der die Jahrhunderte überdauerte. Deshalb konnten die Hohenlohe auch kein politisch bestimmender Faktor im Reich werden. Aber immer erwiesen sich die Hohenlohe als politisch engagierte und treue Mitarbeiter der Könige. Sie wirkten auch außerhalb der Hohenloher Stammlande. Im Jahre 1450 wurden die Edlen von Hohenlohe in den Reichsgrafenstand erhoben. Der Grafentitel hängt eng mit der Erbauseinandersetzung mit dem Landgrafen von Hessen um die Grafschaften Ziegenhain und Nidda zusammen, bei denen die Hohenlohe ihre Ansprüche nicht durchsetzen konnten. Die Reformation fand ohne viel Probleme in ruhigen Bahnen im Land Eingang. Auch im Bauernkrieg waren die Ausschreitungen gemäßigter als in anderen Landesteilen, obwohl der hohenlohische Kanzler Wendelin Hipler einer der geistigen Führer des Bauernaufstandes war. Ein für die innere Entwicklung des Landes wichtiges Ereignis war in den Jahren 1551 bis 1555 die Hauptlandesteilung, aus der sich die Hauptlinien Neuenstein und Waldenburg herausbildeten. Sie ist ein ganz bedeutender Markstein in der Geschichte der Hohenlohe.

Graf Wolfgang II. von Hohenlohe-Langenburg (1546–1610) war der baufreudigste aller Regenten aus dem Haus Hohenlohe. Als er 1586 in den Besitz von Weikersheim kam und seinen Wohnsitz dorthin verlegte, baute er dort ein neues Schloß, dessen Rittersaal zu den bedeutendsten in Süddeutschland gehört. Auch Kirchberg, Hermersberg und Neuenstein haben ihm viel zu danken. Als echter Renaissancefürst war Graf Wolfgang außerordentlich vielseitig. Er wirkte auf kulturpolitischem, juristischem, medizinischem, forstwirtschaftlichem und theologischem Gebiet anregend und schöpferisch. Seinen Weikersheimer „Untertanen" erließ er auf dem Totenbett die Leibeigenschaft.

In der Zeit der Renaissance begannen die hohenlohischen Fürsten ihre Burgen zu ansehnlichen Schlössern auszubauen, eine Entwicklung, die sich bis in die Epoche des Barock hinzog. Auf den Umbau Waldenburgs folgte in der Mitte des 16. Jahrhunderts unter Ludwig Casimir der Ausbau Neuensteins. Dessen Sohn Wolfgang II., der beste Regent des Hauses in dieser Epoche und wohl sein bedeutendster Bauherr, baute von 1586 an das Schloß Weikersheim neu. Der weite und prächtige Rittersaal, der schon das Barock ahnen läßt, gehört zu den bedeutendsten in Süddeutschland. Außerdem gestaltete er das Schloß

Kirchberg und das Jagdschlößchen Hermersberg. Graf Wolfgangs Regierung haftete etwas Universales an. Er ist der Schöpfer des hohenlohischen Beamtentums. Das Schulwesen wurde von ihm neu geordnet; er gewährte Stipendien für den Besuch von Gymnasium und Universität. Wolfgang schrieb Arzneibücher und belebte die Forstwirtschaft durch Kulturversuche und vorbildliche Waldbeschreibungen; schließlich verfaßte er auch theologische Schriften und schuf ein eigenes Bekenntnis für die hohenlohische Kirche. Durch diese glanzvolle Epoche erhielt auch die Bildhauerkunst Aufschwung, wovon noch heute prächtige Grabdenkmäler zeugen. Die aus Forchtenberg stammende Familie Kern stellte durch einige Generationen hindurch führende Bildhauer und Baumeister.

Während des Dreißigjährigen Krieges traten 1631 sämtliche Grafen von Hohenlohe auf die Seite Gustav Adolfs, was sie nach der Niederlande des Schwedenkönigs schwer zu büßen hatten. Ihre Schlösser wurden in Schutt und Asche gelegt, gebrandschatzt oder zumindest ihrer ganzen Inneneinrichtung beraubt. Mit der Barockzeit begann eine weitere bedeutende Epoche des Hauses Hohenlohe. In Schillingsfürst entstand ein prächtiges Schloß, Kirchberg erhielt ein barockes Gewand, die fürstliche Karlsvorstadt in Öhringen wurde geschaffen, und in Weikersheim verwirklichte Karl Ludwig seinen Plan eines barocken Gartens mit der Orangerie. Er war der Typ des baulustigen Barockfürsten. Im Jahr 1744 wurde die nach der Reformation 1667 wieder katholisch gewordene Linie Hohenlohe-Waldenburg – zu der auch Schilligsfürst gehörte – in den Fürstenstand erhoben, 1764 die protestantische Linie Neuenstein. Die vorhandenen ansehnlichen Schlösser entsprachen der neuen Würde. Ende 1757 wurde der Phönix-Orden als hohenlohischer Hausorden gestiftet, nach dem Sinnbild des unter der Devise »Ex Flammis Orior« aus der Zerstörung neugeborenen Lebens, dem man in den hohenlohischen Schlössern immer wieder begegnet. Das Land wurde weniger nach dem absolutistischen, als nach dem patriarchalischen Prinzip regiert. Wenn auch die gräfliche oder fürstliche Hand schwer auf den Untertanen lastete, so gab es auch Beispiele landesväterlicher Fürsorge. Graf Wolfgang beispielsweise verkaufte während einer Hungersnot Kleinodien, um Getreide für seine Untertanen kaufen zu können.

Graf Karl Ludwig von Hohenlohe-Weikersheim (1674–1756) war ein Barockfürst, dessen Bauleidenschaft der Ausbau des Weikersheimer Schlosses zu danken ist. Er zog Baumeister, Gartengestalter und Handwerker an seinen Hof, stattete die Innenräume des Schlosses prächtig aus und schuf den Hofgarten mit seinen Skulpturen und Pavillons, der durch die Orangerie eindrucksvoll abgeschlossen wird. Auch das heute verschwundene Jagdschloß auf dem Karlsberg geht auf seine Anregung zurück.

Alltag am Hof

Welche Auslagen zu Beginn des 18. Jahrhunderts – also unmittelbar vor der Erhebung der Grafen in den Fürstenstand – an einem hohenlohischen Schloß erwuchsen, hat der Weikersheimer Dekan Blind anhand von alten Rechnungsbüchern rekonstruiert. Die Untersuchung ermöglicht interessante Rückschlüsse auf den damaligen Alltag. In Weikersheim belastete die Baulust des Grafen Karl Ludwig, der im Jahr 1709 dort – von Neuenstein kommend – seinen Einzug gehalten hatte, das Budget seiner Hofkasse wesentlich, obwohl die Baumeister- und Künstlerhonorare nicht sehr hoch waren. Aber sonst war das Leben am Hof nicht in allen Bereichen aufwendig. So war das Holz oft dermaßen rar und teuer – die eigenen Wälder reichten nicht immer für Brenn- und Bauholz –, daß die Herrschaft manchmal im Winter nach Künzelsau übersiedelte, wo Holz leichter zu bekommen war.

Im Marstall standen – nach den Rechnungsbüchern – »gute Pferde«, »Reit- und Kutschpferde« und schließlich »ordinary Klepper« nebst Bauernpferden und Maultieren. Ein gut versorgter Stall war keineswegs Luxus, sondern bei den damaligen Verkehrsverhältnissen eine Notwendigkeit.

Übergroß war der Beamtenstab in den Kanzleien und Kammern. Dazu kam eine große Menge von Bediensteten aller Art, vom Kammerdiener und Pagen bis herunter zum Wiesenknecht und zum leibhaftigen Hofmohren. Der erste Beamte war der Hofrat – etwa der Ministerpräsident der kleinen Residenz –, ihm folgten der Hofprediger, der Kammerrat und der Amtmann. Den anderen Bediensteten, den Sekretären, den Kaplanen, den Stadtschreibern und Lakaien aber auch den Präzeptoren wurde das Attribut »Herr« kaum mehr zuerkannt. Allein für die Jagd gab es den Hofjäger, den Büchsenspanner und eine Anzahl von »Jägerjungen«, alle in grüner Livrée. Kostspielig war, daß die Handwerker – Schlosser, Schmiede, Sattler, Schreiner, Maurer und andere – als »Hofbedienstete« fest angestellt waren und in der Regie des gräflichen oder fürstlichen Haushalts im Schloß arbeiteten.

Bei der Ernährung spielte das Kalbfleisch eine große Rolle. Ochsenfleisch und vor allem Schweinefleisch traten ganz zurück. Geflügel kam von den Bauernhöfen, Wild von der Jagd und Fische aus den heimischen Gewässern. Eine Ergänzung brachte der Hausierhandel der Nürnberger Gemüsehändler mit Früchten und Gemüsen.

Erstaunlich ist die Beliebtheit der Austern, die aus Hamburg importiert wurden und mehrere Tage unterwegs waren. Wie hielt man sie frisch? Stellte man geringe Ansprüche in dieser Beziehung? Half man mit Zitronen nach? Einen teuren Luxus bedeuteten Kaffee und Tee, die beide erst am Ende des 17. Jahrhunderts nach Deutschland gekommen waren. Der Weinkeller enthielt vor allem die eigenen Weine, die auch ausgeführt wurden. Sechs Flaschen Tokayer, vom Wirt zur Goldenen Gans in Nürnberg bezogen, waren schon ein Ereignis, und über jede Flasche Ungarwein oder jedes Fäßchen Mainwein wurde genau Buch geführt; es gab sie vornehmlich, wenn Besuch im Schloß weilte. Die Wirte in den herrschaftseigenen Dörfern durften außer dem selbstgezogenen Wein nur den aus den herrschaftlichen Weinbergen stammenden ausschenken, auch wenn der Jahrgang säuerlich ausgefallen war. Anderer Wein war bei Strafe verboten. Die Gastfreundschaft wurde an den kleinen Höfen hochgehalten. Für musikalische Darbietungen hatten zwei »Musiklakaien« aufzukommen. Was sie boten, ist nicht verzeichnet. Jedoch schon ein paar Jahrzehnte später hielt man sich auf den großen hohenlohischen

Schlössern Hoforchester, die anspruchsvolle Werke spielten.

Indessen beschränkte sich die Tätigkeit der Grafen und Fürsten keineswegs nur auf ihr Privatleben auf ihren Schlössern. Sie waren auch verantwortlich für die Verwaltung ihrer Herrschaftsgebiete, für die Einwohner ihrer Dörfer, für die Errichtung von Krankenhäusern, Kirchen und Schulen. Darüber hinaus waren die Mitglieder ihrer Familie in staatlichen Diensten des In- und Auslandes. Sie erwarben sich dadurch sowie durch Heirat bis in das 19. Jahrhundert hinein große Vermögen, wie beispielsweise in Schlesien.

Ende der Unabhängigkeit

Das Jahr 1806 brachte für die hohenlohischen Fürsten das Ende ihrer Unabhängigkeit. Ihre Besitztümer fielen an Württemberg, mit Ausnahme von Schillingsfürst, das Bayern zugesprochen wurde. Die Fürsten, die immer treu zum Reich gehalten hatten, waren tief enttäuscht, zumal die großen Territorien, die sich im Rheinbund an Frankreich angeschlossen hatten, souverän blieben. Aber die Bemühungen der Hohenlohe, die Entwicklung aufzuhalten, waren ohne Erfolg, obwohl sie auch ihre internationalen Verbindungen spielen ließen. Die Fürsten blieben dem Übergabeakt fern und ließen sich durch ihre höchsten Beamten vertreten. König Friedrich I. von Württemberg ging bei der Einverleibung wenig rücksichtsvoll und feinfühlig vor, so daß es zu Reibereien kam. Die Fürsten verloren ihr letztes landesherrliches Privileg, das Patronatsrecht, das ihnen erlaubte, die Pfarrer und Lehrer in ihren Herrschaften zu bestellen, erst im Jahr 1865.

Auch im 19. Jahrhundert nahmen viele Mitglieder des Hauses Hohenlohe wichtige Stellungen als Politiker, Heerführer und Kirchenfürsten im In- und Ausland ein. Mehrere von ihnen finden in den folgenden Kapiteln ihre Würdigung. In mehr als achthundert Jahren haben die Hohenlohe einen wesentlichen Beitrag zur deutschen Geschichte geleistet. Auch heute findet man zahlreiche Mitglieder der Familie in den vielfältigsten Berufen auf führenden und verantwortungsvollen Posten.

Die Hohenloher Bevölkerung ist nicht gerne württembergisch geworden. Als sich jedoch im Revolutionsjahr 1848 die Bauern erhoben, waren die Ziele ihres Widerstandes die fürstlichen Rentämter und nicht Einrichtungen der Stuttgarter Regierung.

1 Schillingsfürst. Das Schloß des Reichskanzlers

Das dreiflügelige Schloß Schillingsfürst, eines der prächtigsten in Hohenlohe, wurde im Jahr 1750 nach 27jähriger Bauzeit vollendet. Es steht auf dem Platz einer früheren Burganlage und eines späteren, im Dreißigjährigen Krieg zerstörten Schlosses. Ein kunstvoll geschmiedetes Tor schließt den Ehrenhof ab. Der Mittelteil des Schlosses wird durch einen kräftig geführten Bogen über dem großen Fenster hervorgehoben. Am Portal des rechten Flügels beginnen die öffentlichen Führungen, im linken Flügel befinden sich die Wohnräume der fürstlichen Familie.

Das Arbeitszimmer des ehemaligen Reichskanzlers Fürst Chlodwig zu Hohenlohe-Schillingsfürst ist so belassen worden, wie es sein Eigentümer im ausgehenden 19. Jahrhundert benutzt hat. Noch befindet sich auf dem mit eingelassenem Leder versehenen Schreibtisch all das, was man zur Arbeit braucht.

Unter den hundert Sälen, Gemächern und Zimmern des prächtigen Barockschlosses Schillingsfürst ist das Arbeitszimmer des ehemaligen Reichskanzlers Fürst Chlodwig zu Hohenlohe-Schillingsfürst eines der schlichtesten. Man hat es unverändert belassen. Es enthält einen mit allerlei Utensilien beladenen Schreibtisch. Diesem schräg gegenüber befindet sich ein grünüberzogener bequemer Sessel und in der Ecke eine Sitzgarnitur. An den Wänden hängen viele Familienbilder. Sicher hat der Reichskanzler von hier aus nicht sehr häufig die Politik des Deutschen Reiches geleitet, und in seinen mehrbändigen Erinnerungen spielt das Schloß auch kaum eine Rolle. Vielmehr war der Fürst, – mit den Hohenzollern verwandt und von Kaiser Wilhelm II. mit »Onkel Chlodwig« angeredet, – in den großen europäischen Städten zu Hause. Eine glänzende Laufbahn lag schon hinter ihm, als er im Jahr 1894 mit 75 Jahren zum Reichskanzler berufen wurde, in einem Alter also, in dem Bismarck, angeblich wegen seines hohen Alters, entlassen wurde. Chlodwig von Hohenlohe war zuvor von 1866 bis 1870 bayerischer Ministerpräsident gewesen, keine leichte Aufgabe unter dem geistesgestörten König Ludwig II. Anschließend war er Vizepräsident des Reichstages, elf Jahre Botschafter in Paris und neun Jahre Statthalter in Elsaß-Lothringen. Der kluge, vornehme und vielerfahrene Fürst, in dessen Amtszeit Deutschland in der Weltpolitik durch den Flottenbau und den Erwerb neuer Kolonien Bedeutung erlangte, betrachtete mit Mißtrauen die impulsive Politik des jungen Kaisers und versuchte, mäßigend auf ihn einzuwirken.

Zusammen mit seinen drei Brüdern verkörperte Chlodwig im ausgehenden 19. Jahrhundert den Glanz des Hauses Hohenlohe und dessen Verflechtungen mit der internationalen Politik und Gesellschaft. Der älteste Bruder Viktor, Herzog zu Ratibor, hatte zwar kein hervorragendes Staatsamt, dafür spielte aber Prinz Gustav-Adolf als Kardinal eine wichtige Rolle im Vatikan, und der jüngste Bruder Konstantin war Obersthofmeister am Kaiserlichen Hof in Wien. Mit dem Kardinal und mit anderen Mitgliedern der Familie war Franz Liszt eng befreundet.

Das heutige Schloß hatte einige Vorgänger. Schon um das Jahr 1000, zur Zeit Kaiser Ottos III., stand hier eine mächtige Burg. Bis in die Mitte des 13. Jahrhunderts bewohnte sie die Familie Schillingsfürst. Dann wurde sie

Das Bild eines unbekannten Malers zeigt Schloß Schillingsfürst zu Beginn des 17. Jahrhunderts. Nachdem die Burg im Bauernkrieg 1525 zerstört worden war, wurde in wenigen Jahren das Schloß als eine stattliche Anlage mit vielen Türmen, Wehrmauern und einem tiefen Graben wiederaufgebaut. Während des Dreißigjährigen Krieges wurde das Schloß von einer Schar kaiserlicher Truppen besetzt und zerstört.

von den Hohenlohe übernommen, die wahrscheinlich in verwandtschaftlichen Beziehungen zu den bisherigen Besitzern standen. Die Hohenlohe waren treue Freunde der Hohenstaufen. Sie begleiteten sie auf ihren Fahrten nach Italien, auf den Kreuzzügen und hatten unter ihnen wichtige Ämter inne. Rudolf von Habsburg ernannte 1278 Kraft von Hohenlohe zum Landvogt mit dem Sitz in Rothenburg ob der Tauber. Als zwischen Ludwig von Bayern und Friedrich dem Schönen der Kampf um die Kaiserkrone entbrannte, schlug sich Kraft II. auf die Seite Friedrichs und versprach ihm »mit hundert Bewaffneten innerhalb Frankens und mit fünfzig Helmen überall zu dienen«. Als aber Ludwig die Kaiserkrone errang und Kraft II. in Erbstreitigkeiten mit ihm geriet, zerstörte der Kaiser im Jahr 1316 die für uneinnehmbar gehaltene Burg Schillingsfürst vollständig. Doch schon nach kurzer Zeit wurde sie wieder aufgebaut, mit einer Vorburg, die durch doppelte Gräben geschützt war.

Zum zweitenmal wurde die Burg im Bauernkrieg im Jahr 1525 vernichtet, obwohl vorher eine Vereinbarung getroffen worden war, nach der die Bauern »gegen Ihre Gnaden im Argen oder Unguten mit tätlicher oder gewaltsamer Handlung gar nichts üben oder fürnehmen, vielmehr sie schützen und schirmen wollten«. Eine weitere Zerstörung erfolgte im Dreißigjährigen Krieg. Die Hohenloher Grafen hatten sich – wenn auch unter Druck – auf die Seite des Schwedenkönigs Gustav Adolf gestellt und mußten deshalb Repressalien aller Art durch die Kaiserlichen hinnehmen. Kaiserliche Truppen besetzten im Sommer 1632 auch die schloßähnliche große Burg; die gräflichen Verteidiger waren zu schwach, sie zu schützen, und bevor die erbetene Verstärkung eintreffen konnte, legten die Kroaten der kaiserlichen Armee auf allen Seiten Feuer und verschwanden. Auch der Ort wurde dabei völlig vernichtet.

Diesmal war es nicht möglich, das Schloß rasch wieder aufzubauen. Schon vorliegende Baupläne von Heinrich Schickhardt konnten nicht ausgeführt werden, da das Land nach dem Dreißigjährigen Krieg völlig verarmt war und seine

Ortschaften ausgebrannt und total zerstört am Boden lagen. Dazu starb im Jahr 1635 der Burgherr Graf Georg Friedrich im Alter von 40 Jahren und hinterließ seiner Witwe fünfzehn unmündige Kinder. Sie hauste mit diesen in einer Notwohnung innerhalb der Ruinen, und auch die nächsten Generationen brachten es nicht über provisorische Wohngebäude hinaus. Erst zu Beginn des 18. Jahrhunderts hatten sich die Grafen finanziell wieder einigermaßen erholt.

Das heutige Schloß hat eine nicht alltägliche Baugeschichte. Graf Philipp Ernst, der später den Rang eines Fürsten erhielt, war 1714–1718 als Gast am Hof des spanischen Königs Philipp V. in Madrid. Bei diesem Aufenthalt machte das Palais des Grafen Alberoni einen so tiefen Eindruck auf ihn, daß er beschloß, genau ein solches Palais auf dem Schloßberg von Schillingsfürst zu erstellen. Einen wesentlichen Teil seiner Regierungszeit von 27 Jahren benötigte er zur Erfüllung dieses Wunsches. Da er 96 Jahre alt wurde, blieb ihm auch die Muße, sein Werk zu genießen. Der französische Architekt Louis Rémy de la Fosse hatte Mühe, das Projekt in der vorgesehenen Größe auf dem zur Verfügung stehenden Platz auf dem Schloßberg zu erstellen. Aber im Jahr 1750 stand das prächtige Barockschloß mit seinen hundert Zimmern und 365 Fenstern.

Das ansehnliche, dreiflügelige Gebäude, das teilweise öffentlich zugänglich ist, beeindruckt den Besucher durch seine Außenanlage und die innere Ausstattung. Der große Hof ist durch ein schön geschwungenes schmiedeeisernes Gitter abgeschlossen, die Stukkaturen im Inneren stammen von Gabrieli, der auch bei Schloß Baldern mitwirkte. In den Würde ausstrahlenden Räumen und Korridoren befinden sich zahlreiche Vitrinen mit kostbaren Gegenständen aus aller Welt. An den Wänden hängen lebensgroße Bilder von zeitgenössischen Persönlichkeiten, die mit der Familie verwandt waren oder mit ihr in Beziehung standen, sowie Jagdtrophäen und Waffen. Ferner befinden sich im Schloß kunstvoll eingelegte Böden, venezianische Leuchter und kostbares Porzellan. Die Besichtigung der Schloßräume bringt dem Besucher ein Stück europäischer Kulturgeschichte des 19. Jahrhunderts nahe.

Um 1800 spielte sich in diesen Räumen ein bewegtes Leben mit französischem Einschlag ab. Viele französische Adelige fanden nach der Revolution von 1789 in Deutschland Aufnahme. Besonders gastlich wurden sie von den Fürsten von Hohenlohe in ihren Schlössern aufgenommen – vor allem in Schillingsfürst und Bartenstein. Hier wurden nicht nur Pläne über die Rückkehr geschmiedet, sondern auch Einsatzpläne aufgestellt und später Truppeneinheiten gegen die französischen Revolutionsarmeen dirigiert.

Heute umgibt das auf einem Bergvorsprung errichtete Schloß die wohltuende Ruhe einer vom großen Verkehrsstrom abgelegenen Landschaft. Es liegt 16 Kilometer südöstlich von Rothenburg ob der Tauber, die Romantische Straße führt nur wenig westlich vorbei. Es ist das östlichste der Hohenloheschlösser, schon im Bayerischen gelegen, aber nicht weit weg von der Gegend, aus der die Hohenlohe stammen. Den unterhalb des Schloßbergs gelegenen Ort Schillingsfürst umweht noch heute der Geist des Residenzstädtchens aus dem 18. Jahrhundert. Schloß und Stadt sind eine Einheit. Karl-Albrecht zu Hohenlohe-Schillingsfürst, der einen Schloßflügel bewohnt, verwaltet das Erbe seiner Ahnen. Seit 1973 finden mit staatlicher finanzieller Unterstützung umfangreiche Instandsetzungsarbeiten statt, die im Jahr 1982 beendet sein sollen.

2 Brauneck. Eine Stammburg der Hohenlohe

Ein unbekannter Zeichner hat um 1820 die Ruine Brauneck von Osten, vom Eingang her, festgehalten.

Wenige Kilometer nördlich von Creglingen liegt auf einem Hügelvorsprung über dem Steinachtal die Burg Brauneck, eine der wichtigsten Burgen in der mittelalterlichen Geschichte des Geschlechts der Hohenlohe und eine der umfangreichsten Burganlagen der damaligen Zeit. Heute geht der Verkehrsstrom an ihr vorbei, und von Touristen wird sie kaum besucht, obwohl sie sich – weithin sichtbar – auf einer markanten felsigen Bergzunge erhebt. Als um 1230 die beiden Gründer des Hauses Hohenlohe, Gottfried und Konrad – deren drei Brüder Deutschordensritter wurden – die erste der vielen Landesteilungen des hohenlohischen Gebiets beschlossen, erhielt Gottfried den westlichen und Konrad den östlichen Teil mit der Stammburg Brauneck. Er wurde damit der Stifter der Linie Hohenlohe-Brauneck, der eine große Anzahl der umliegenden Dörfer gehörten.

Schon um 1390 erlosch die Linie Brauneck, vor allem deshalb, weil viele des Geschlechts geistliche Würdenträger wurden. Der letzte weltliche Sproß Konrad hatte nur eine Tochter, deren Sohn aus zweiter Ehe, Graf Michael von Hardeck, im Jahr 1448 Burg und Herrschaft an den Markgrafen Albrecht von Brandenburg-Ansbach verkaufte. Über den letzten Braunecker gibt es eine Sage, die Schönhuth in seinen im Jahr 1857 erschienenen »Sagen und Geschichten aus Hohenlohe« erzählt. Danach hatte Konrad zur Gründung und Weihe der Herrgottskirche in Creglingen im Jahr 1386 den Bischof von Würzburg eingeladen. Als zu dessen Ehren eine Jagd veranstaltet wurde, hatte Konrad das Unglück, den neunjährigen Sohn seines Bruders Gottfried tödlich zu verwunden. Dessen Mutter – eben im Wochenbett – starb vor Schrecken, als ihr die Nachricht überbracht wurde. Konrad, der unglückliche Onkel, erhielt von einem Klausner den Rat, sein Versehen durch eine

Wallfahrt nach Rom zu büßen. Auf dieser Pilgerfahrt bestand er in den Bergen der Schweiz Abenteuer mit Bären und Wölfen, aber auch mit der wilden Natur. Als er bei Bürglen von einer Lawine verschüttet wurde, rettete ihn ein Mann aus Uri, der den Fremdling mit sich nach Hause nahm und beherbergte, bis er wieder zu Kräften kam. Erst beim Abschied erfuhr Konrad den Namen des Mannes aus Uri: er hieß Wilhelm Tell und war der Enkel des berühmten Tell. »Das ist mein leiblicher Ähni gewesen, er hat mich noch auf dem Schoß gewiegt, von ihm habe ich den Namen Wilhelm und meine Hedwig habe ich darum geheiratet, weil sie wie meine selige Ahnfrau geheißen.« Konrad soll von der Pilgerfahrt aus Rom in die Heimat ein schweres Büßerkreuz mitgebracht haben, das 55 spitzige hölzerne Nägel enthielt. Es wurde in der Herrgottskirche in Creglingen aufbewahrt.

Die starke Burg Brauneck, für das Geschlecht der Hohenlohe von großer Bedeutung, wurde nach dem Aussterben der Linie Brauneck nicht mehr sehr gepflegt. Man baute sie nicht wie andere hohenlohische Burgen – etwa Weikersheim, Neuenstein oder Langenburg – zu einer Residenz aus. Sie wurde der Sitz gebietsfremder und oft auch unbedeutender Geschlechter. Im Bauernkrieg 1525 wurde sie gestürmt, geplündert und ausgebrannt. Der Rothenburger Stadtschreiber Thomas Zweifel, der den Bauernaufstand selbst erlebte und beschrieb, berichtet – wie auch andere Augenzeugen – breit und behäbig über das Vorgehen des Bauernhaufens, der von ihm auf 5 000 Mann geschätzt wurde. Als die Bauern herannahten, hatte der Vogt die Zugbrücke aufziehen und das Tor schließen lassen. Der Führer des Vortrupps der Bauern rief dem Vogt zu, er solle sich zu Unterhandlungen zeigen, er brauche keine Angst zu haben, denn sie seien Creglinger, die das Schloß vor den heranrückenden Bauern schützen und verteidigen wollten. Der Vogt traute ihren Versprechungen und ließ die Bauern ein. Die aber nahmen ihn gefangen und drohten, ihn zu hängen, wenn er nicht angäbe, wo die Getreide- und Weinvorräte seien. Damit begann die Plünderung. Alles, was den Bauern wertvoll erschien, wurde aus dem Schloß herausgeschafft. Alles fiel ihnen indessen nicht in die Hände, da der Vogt vorher einige Vorräte beiseite geschafft und den Einwohnern von Niedersteinach zur Aufbewahrung übergeben hatte, die sie dann zurückgaben. Die Bauern, die nach den Creglingern kamen, legten Feuer, dem dann der Palas und andere Gebäudeteile zum Opfer fielen.

Einiges wurde später wieder aufgebaut, aber ihren Charakter als starke Festung hatte die Burg verloren. Als ihre Bewohner werden in der Folgezeit die Familien von Ehenheim und Gundelsheim genannt. Immer war seitdem die Burg mit einem landwirtschaftlichen Betrieb verbunden. Von 1699 an bewohnte sie rund 180 Jahre lang die angesehene Familie Ströbel, und seit 1959 hat die Familie Friedrich Scheuerle ihr Domizil dort.

Noch immer kann der Besucher ansehnliche Teile der alten Burg bewundern, so den Bergfried, der einst wohl der massivste Turm aller Hohenloher Burgen war, sowie ein Bruchstück der Schildmauer, romanische Pforten und die eindrucksvollen Reste einer Kapelle neben dem Haupttor. Zwei mit Zinnen und Wehrgang versehene Mauerzüge laufen von der Schildmauer aus zu einem Turmstumpf. Die Burg wird zur Zeit hergerichtet, wozu der Landkreis und die Stadt Creglingen Zuschüsse geben. Seit dem Stauferjahr 1977 ist am Burgeingang eine mit den Stauferlöwen versehene Tafel angebracht, die die Bedeu-

Die große Burg Brauneck, einer der Stammsitze der Hohenlohe, liegt auch heute noch wie zur Zeit der Gründung einsam in der Landschaft. Die romanischen Bauteile der im Bauernkrieg schwer mitgenommenen, aber nicht völlig zerstörten Burg lassen noch die einstige Stärke erkennen, so der quadratische mächtige Bergfried mit seinen Buckelquadern, Teile der Schildmauer und die wehrhafte Ringmauer. Wegen des landwirtschaftlichen Unternehmens, das in die Ruine eingegliedert ist, wurde die Burganlage mit Dächern versehen und den notwendigen Umbauten ausgestattet.

tung der Burg mit den Worten würdigt: »Stammburg eines Zweiges der Hohenlohe, eine ungewöhnlich großzügige Anlage aus der Zeit um 1230. Sie enthält noch die Schildmauer, den Bergfried und in Resten die unscheinbare ehemalige Doppelkapelle neben dem Eingang sowie den Palas.«

Das ehemalige Wasserschloß *Waldmannshofen,* nur wenige Kilometer nordöstlich von Brauneck gelegen, wurde in den Jahren 1956 und 1970 restauriert und beherbergt seitdem ein Feuerwehrmuseum. Das Schloß ist mit seinen sechs Türmen und dem Haupttrakt mit gestaffeltem Giebel ein prächtiger Bau. Der »Große Turm« wirkt durch den Laternenaufsatz auf dem Schieferhelm noch imposanter. Seine frühere Bedeutung ist nicht ganz klar. Als Bergfried konnte er kaum dienen, denn es fehlen Schießscharten. Sollte er die Funktion eines »Gerichtsturms« erfüllt haben, wie er im 14. und 15. Jahrhundert durchaus üblich war? Dann müßten im Keller Verliese gewesen sein, darüber ein Stockwerk für Wächter, weiter oben Platz für Gerichtsakten und ein Raum für Verhöre, schließlich ganz oben ein kleiner Sitzungssaal für die Verhandlungen als Mittelpunkt der Rechtsprechung, gar nicht zu reden von Möglichkeiten der Folterung. Die anderen Türme fielen sicher nicht aus dem Rahmen; sie tragen auch heute noch einfache Hauben. Die Anlage ist umgeben von einem trockenen, früher durch Wälle gesicherten flachen Graben, der ehemals sicher tiefer und ständig mit Wasser gefüllt war.

Die Herren von Waldmannshofen werden erstmals um 1140 erwähnt. Kurz vor der Mitte des 13. Jahrhunderts tauchten die Schenken von Limpurg als Besitzer auf; ihre Nachfolger waren die Hohenlohe. Nach einigen anderen Besitzern werden die Ritter von Rosenberg genannt. Jörg Truchsess von Waldburg zerstörte die Burg im Jahr 1523, als sie dem Raubritter Kunz von Rosenberg gehörte. Die Rosenberger bauten jedoch die Burg wieder auf, die nach dem Aussterben der Familie von Rosenberg im Jahr 1632 an den Generalfeldmarschall von Hatzfeld gelangte. Er baute sie zum Renaissanceschloß mit barokken Elementen aus und gab ihr damit das noch heute vorrangige Gepräge. Die Familie Hatzfeld blieb Jahrhunderte hindurch im Besitz des Schlosses, aber sie bewohnte es seit dem Ende des 19. Jahrhunderts nicht mehr; es war dem Verfall preisgegeben und fand als Remise, Speicher und Scheuer Verwendung. Seit den fünfziger Jahren ist es im Besitz der Gemeinde Waldmannshofen und seit der Gemeindereform der Stadt Creglingen. Außer dem Feuerwehrmuseum beherbergt das nun wieder sehr schön restaurierte Schloß die Ortschaftverwaltung und mehrere Wohnungen.

Auch in dem unmittelbar südlich von Brauneck gelegenen Reinsbronn steht ein ehemaliges Schloß mit Wall, Graben und Renaissancegiebeln. Es ist das Schloß der Geier von Giebelstatt, daher *Geierschlößchen* genannt. Vor ihnen waren die unter Hohenlohe-Brauneck'scher Lehensherrschaft stehenden Ortsadeligen, die Herren von Reinsbronn in der Gegend tonangebend. Um die Mitte des 15. Jahrhunderts kam die Herrschaft an das Haus Brandenburg-Ansbach, das eben die Familie Geier von Giebelstatt belehnte. Sie baute das Schloß im Jahr 1588. Nach ihrem Aussterben im Jahr 1708 fiel Reinsbronn an Preußen beziehungsweise Ansbach zurück, das dort ein Schloßverwalteramt einrichtete. Heute gehört das Geierschlößchen der Familie Heinz Mack und ist wieder teilweise gut restauriert.

3 Haltenbergstetten. Das Schloß am Lämmerberg

Haltenbergstetten ist das kleinste der Hohenlohe-Schlösser, das heute noch von Mitgliedern der fürstlichen Familie bewohnt wird. Jedoch war es nicht ununterbrochen im Besitz des Geschlechts. Nachdem das Schloß im späten Mittelalter von der Familie Hohenlohe verkauft worden war, befand es sich jahrhundertelang in fremdem Besitz. Seine Geschichte – auf die hier nur kurz eingegangen werden kann – ist sehr bewegt. Oberhalb des Städtchens Niederstetten am Hang des Lämmerbergs stand um 1200 eine Burg der Herren von Haldenberg, die sich um 1350 im Besitz der Hohenlohe-Brauneck befand und ab 1406 den Hohenlohe-Speckfeld gehörte.

Der letzte Vertreter der Linie Johann von Hohenlohe-Speckfeld war einer der wichtigsten Gefolgsleute des Burggrafen Friedrich von Nürnberg, der diesen in die Mark Brandenburg begleitete, wo sie bedeutende Vorarbeit zur Begründung der Macht der Hohenzollern leisteten. Der Burggraf nannte sich später Friedrich I. von Brandenburg. Als er die »märkische Sandbüchse« erreichte, war das Land an Havel, Spree und Oder so schlecht regiert, daß der einheimische Adel – wie etwa die Ritter von Quitzow – niemanden über sich duldete, nach eigenem Gutdünken handelte und die Bevölkerung ausbeutete. Er verweigerte dem Burggrafen den Gehorsam, was diesen zur Rekrutierung eines Heeres zwang. Am Kremmer Damm, einem osthavelländischen Sumpfgebiet in der Nähe des befestigten Städtchens Kremmen – unweit von Fehrbellin –, kam es im Oktober 1412 zu einer blutigen Schlacht, bei der Johann von Hohenlohe-Speckfeld fiel. Die Hohenzollern haben ihm später an dieser Stelle ein Denkmal setzen lassen. Beigesetzt wurde er in der Kirche des Grauen Klosters in Berlin.

Der Besitz wurde an die Töchter vererbt, dann aber kam er an die Castell, die Limpurg, die Rosenberg. Im 17. und 18. Jahrhundert haben sich die Grafen von Hatzfeld durch ihre Großzügigkeit um Schloß und Stadt verdient gemacht. Franz von Hatzfeld war während des Dreißigjährigen Kriegs Bischof von Würzburg, sein Bruder Melchior kaiserlicher Generalfeldmarschall. Ihm gehörte auch Schloß Waldmannshofen, das er um- und ausbauen ließ. Als 1794 die Hatzfeld in Niederstetten ausstarben, fielen Ort und Schloß an den Oberlehensherrn, das Bistum Würzburg, zurück, und nach der Säkularisierung im Jahr 1803 kam das Schloß an das Haus Hohenlohe-Bartenstein, das die Linie Hohenlohe-Jagstberg begründete. Der heutige Besitzer ist Fürst Albrecht zu Hohenlohe-Jagstberg.

Das Schloß liegt beherrschend über der Stadt Niederstetten und umschließt in einem unregelmäßigen Viereck den Hof, den man erreicht, wenn man durch eine Allee um das Schloß herumgeht. Vor dem Eingangsportal befindet sich eine Terrasse auf einem Steilhang mit schönem Fernblick. Über der Innenseite des Portals befindet sich eine offene Galerie, die die Strenge des Baustils auflokkert. Der Hauptteil des Schlosses stammt aus dem Jahre 1550; 1719 wurde eine Schloßkapelle eingebaut. In den Jahren nach 1960 ist das Schloß renoviert worden. 1977 wurde ein Jagdmuseum eingerichtet, nachdem das dort befindliche Archiv nach Neuenstein verlagert worden war. Der einst sicher sehr reizvolle Schloßgarten, der sich am waldigen Hang hinzieht, weist nur noch ein paar Reste von Steinbildwerken auf. Zwei kleine Löwen flankieren den Eingang.

Östlich von Haltenbergstetten, am diesseitigen Hang der Tauber, liegt die stark abgetragene Ruine der Burg *Seldeneck* im Wald versteckt. Die einstigen Herren der Burg haben eine nicht alltägliche Geschichte. Die Ritter

Die etwas ausdruckslose Schauseite des Schlosses Haltenbergstetten sollte noch zu Beginn des 19. Jahrhunderts durch barocke Formen – auch Eckpavillons – aufgelockert werden; der Plan wurde jedoch nicht ausgeführt. Die zweigeteilten Fenster mit den Vorhangbögen gehören der ausgehenden Gotik an. Der Dachreiter wurde erst viel später aufgesetzt.

von Seldeneck nannten sich »Küchenmeister«. Das war ein ihnen vom Kaiser verliehener Titel, der mit Sonderrechten ausgestattet war. In der ursprünglichen Bedeutung waren sie Meister in des Kaisers Küche. Der Küchenmeister hatte sorgsam darüber zu wachen, daß die Speisen und Getränke, die auf des Kaisers Tisch kamen, unbedenklich genossen werden konnten. Vor allem galt es zu prüfen, daß kein Gift daruntergemischt war.

Die Burg Seldeneck ist mit großer Wahrscheinlichkeit nicht vor dem 12. Jahrhundert erbaut worden; ohne Zweifel fällt der Bautermin in die Zeit der Hohenstaufen. Urkundlich benannt wurde sie erstmals im Jahr 1265. Das nahegelegene Rothenburg war unter den Hohenstaufen Sitz eines Gaugrafen und Burg Seldeneck eines von mehreren Vorwerken. Das Geschlecht der Seldeneck besetzte in der Gegend noch rund zweihundert Jahre lang verschiedene Ämter: als Vögte, als Domherren und als Mitglieder von Klöstern. Einer der letzten des Ge-

Im Gegensatz zu den strengen schlichten Formen, die im allgemeinen für die Außenseite des Schlosses Haltenbergstetten gelten, zeigen einige Portale barocke Züge.

schlechts, Philipp von Seldeneck, saß auf der Hornburg und trug in seiner Eigenschaft als Küchenmeister bei der Krönung Kaiser Maximilians im Jahr 1494 den Reichsapfel. Mit seinen Söhnen starb das Geschlecht aus.

Die Burg war schon um 1330 an das Haus Hohenlohe gefallen, von diesem um 1356 an Conrad von Seinsheim, der sie an die Burggrafen von Nürnberg verkaufte. Dieser neue starke Nachbar war der Stadt Rothenburg recht unangenehm, und der Rat der Stadt bemühte sich daher, die Burg in ihren Besitz zu bekommen. Nach Jahrzehnten gelang es; der Rothenburger Bürgermeister Heinrich Topler überbrachte 1404 dem auf der Cadolzburg bei Fürth wohnenden Burggrafen persönlich die Anzahlung der Kaufsumme. Die Gesamtsumme betrug 3 000 Gulden. Es war der teuerste Kauf, den die Stadt Rothenburg je getätigt hat. Die Urkunde existiert noch und ist eines der Glanzstücke des Rothenburger Archivs; nicht weniger als 17 Siegel hängen an ihr. Schon drei Jahre später kam es zu Auseinandersetzungen zwischen König Ruprecht von der Pfalz, dem sich die Nürnberger Burggrafen angeschlossen hatten, und dem abgesetzten König Wenzel, auf dessen Seite die Stadt Rothenburg stand. Während dieser Zwistigkeiten wurde Seldeneck als Eigentum der Stadt Rothenburg von den Burggrafen weitgehend zerstört.

Im Vorbachtal nördlich von Haltenbergstetten liegt das Schloß *Laudenbach* am Rande des gleichnamigen fränkischen Weingärtnerdorfes, das im Mittelalter vollständig von Mauern umgeben und geschützt war. Es ist ein ehemaliges Wasserschloß, was auch heute noch unverkennbar ist. Auf einem mächtigen mittelalterlichen, etwa dreistöckigen Bau erhebt sich schönes Fachwerk, das durch einen spitzen Giebel abgeschlossen wird. Das Tor wurde früher offenbar durch eine Zugbrücke gesichert. Von allen Seiten wirkt das Schloß ansehnlich und malerisch. Im Jahr 1219 wurde es als Besitz der Hohenlohe erwähnt, rund sechzig Jahre später gehörte es den Herren von Finsterlohe, die in der Gegend einflußreich waren. Viel haben Ort und Schloß den Grafen von Hatzfeld zu danken, in deren Besitz beide 1641 kamen. Franz von Hatzfeld war damals Bischof von Würzburg, sein Bruder Melchior Generalfeldmarschall im Dienst des Kaisers. Beiden sind wir schon am Eingang des Kapitels begegnet. 1806 kam das Schloß an das württembergische Königshaus, später an die Gemeinde. Der heutige Eigentümer – Raimund Götzelmann – bewohnt auch das Schloß. Es wurde 1972 und in den folgenden Jahren restauriert und befindet sich in einem sehr guten baulichen Zustand. Die Nebengebäude – Zehntscheuer, Stall und Kelter –, die eine organische Einheit mit dem Schloß bilden, sind heute im Besitz der Gemeinde beziehungsweise der Weingärtnergenossenschaft.

Der Berlichingerbau des Schlosses Schrozberg erinnert an die Familie von Berlichingen, die von Anfang des 15. Jahrhunderts bis 1609 eine Hälfte des Schlosses besaß. An der Nordwestecke ist ein etwa elf Meter hoher Turm angebaut, dessen Fachwerk erneuert wurde. Der Bau enthält im Erdgeschoß heute die Diensträume der Landespolizei.

Die Stadt Schrozberg, der das Schloß seit 1947 gehört, hat die Räume voll und vielfältig genutzt. Im Neuen Bau ist nach gründlicher Restaurierung das Rathaus untergebracht worden. Der Kraft'sche Bau wurde dem Neuen Bau durch einen zweistöckigen Verbindungsbau nähergebracht.

4 Schrozberg. Das Schloß tragischer Ereignisse

Graf Georg Friedrich von Hohenlohe, dem Schrozberg außerordentlich viel zu danken hat, war zugleich auch der unglücklichste aller Schloßherren von Schrozberg. Nach dem Tod seines Vaters Graf Wolfgang II., des baufreudigen Schöpfers des Barockschlosses von Weikersheim, fiel ihm bei der Teilung der Besitztümer mit seinen beiden Brüdern im Jahr 1613 Weikersheim zu, wozu auch Schrozberg gehörte. Georg Friedrich war kaiserlicher Kriegsrat und Obrist. Nach langjährigen Kriegsdiensten in Frankreich und Ungarn gegen die Türken vermählte er sich 1607 mit der böhmischen Freiin Eva von Waldstein, einer nahen Verwandten Wallensteins, wodurch er auch Mitglied des böhmischen Landstandes wurde. Der Graf hegte eine besondere Vorliebe für seine Schrozberger Besitzungen. Er wohnte abwechselnd dort und in Weikersheim. Im Jahr 1614 ließ der gottesfürchtige Mann in Schrozberg eine Hofkirche mit einem bemerkenswerten Hochaltar bauen.

Mit offenem Sinn für die Kunst gestaltete er seine Schlösser aus. Gerade in Schrozberg ließ er neben baulichen Erweiterungen die vom Verfall bedrohten Gebäude wieder herrichten, »mit schönen Gemächern versehen und den Garten in einen besonderen Zustand bringen«. Große Wandgemälde – Szenen aus der biblischen Geschichte darstellend – entstanden zu jener Zeit. Der im französischen Stil angelegte Hofgarten war alten Berichten zufolge eine Zierde der gesamten Schloßanlage, auch noch, als er zu Anfang des 19. Jahrhunderts dem Geschmack der Zeit entsprechend umgewandelt wurde.

Weitere bauliche Vorhaben verhinderte der Ausbruch des Dreißigjährigen Krieges. Als Mitglied des böhmischen Landstandes wurde Georg Friedrich unmittelbar nach Ausbruch des Krieges in die Unruhen verwickelt. Das hatte für ihn unheilvolle Folgen. Schon 1620, nach der Schlacht am Weißen Berg, in der der Graf die Reiterei des unterlegenen »Winterkönigs« führte, verhängte der Kaiser die Reichsacht über ihn. Seinen Brüdern gelang es, seine Besitzungen als ein dem Gesamthaus Hohenlohe verliehenes Lehen geltend zu machen, aber Georg Friedrich konnte erst drei Jahre später nach der Aussöhnung mit dem Kaiser in seine Heimat zurückkehren.

Nochmals schlug das Schicksal zu: als Gustav Adolf von Schweden in den Krieg eingriff, ernannte er den Hohenlohe-Grafen, der ein entschiedener Anhänger des evangelischen Glaubens war, zum schwedischen Generalstatthalter des Schwäbischen Kreises mit dem Sitz in Augsburg. Nach der Niederlage Gustaf Adolfs verhängte der Kaiser nochmals die Acht über Georg Friedrich; er mußte nach Worms, später nach Straßburg fliehen. Auch später wurde ihm nicht gestattet, nach Schrozberg zurückzukehren. Er lebte in Langenburg und starb dort im Alter von 76 Jahren als ein vom Schicksal gebeugter Greis. Schloß und Ort Schrozberg wurden besetzt, ausgeplündert und dann dem Deutschen Orden überlassen. Erst nach dem Krieg wurde Schrozberg dem Haus Hohenlohe zurückgegeben.

Nicht immer hatte Schrozberg den Hohenlohe gehört. Bevor das Schloß an der jetzigen Stelle erbaut wurde, stand die alte Burg Schrotzburg als Stammsitz der Herren von Schrotzberg – staufischen Dienstmannen – auf einer Anhöhe nahe dem heutigen Ortsausgang an der Straße nach Könbronn-Niederstetten. Die erste sichere Urkunde stammt aus dem Jahr 1249. Im Jahr 1441 wurde die Burg während eines Konflikts zwischen fränkischen Städten von der Stadt Rothenburg bis auf die Grundmauern niedergebrannt.

In der Geschichte des Neubaus einer Burg an der Stelle des heutigen Schlosses ist das Jahr 1488 bemerkenswert. Aus diesem Jahr ist ein Vertrag bekannt, in dem die beiden Burgbesitzer Eberhard von Schrotzberg und Conrad von Berlichingen den schon für die erste Burg geschlossenen Burgfrieden erneuerten, auch für den Fall, daß »ihre Weiber miteinander stössig und uneinig« würden. Dieser Conrad von Berlichingen war der Onkel des berühmten »Ritters mit der eisernen Hand«. Über die Geschichte der Burg und des späteren Schlosses unterrichtet die vorbildliche Schrift »Schloß Schrozberg«, die im Jahr 1977 von der Stadtverwaltung herausgegeben wurde; auf ihr fußen unsere Darlegungen. Die Herren von Schrotzberg verkauften 1521 ihre Burghälfte an die Familie von Adelsheim, die wiederum 1558 auf »ewig und unwiderruflich« alle ihre Güter samt dem Schloß Schrotzberg an Ludwig Casimir von Hohenlohe-Neuenstein, einen der bedeutendsten Regenten des Hauses, abtrat. Ein halbes Jahrhundert später erwarb Graf Wolfgang II. von Hohenlohe die den Berlichingen gehörende Hälfte. Das Schicksal seines Sohnes, des unglücklichen Georg Friedrich, ist uns bekannt. Ihm wurde das Recht auf den Besitz des Schlosses abgesprochen. Die Schreibweise des Schlosses änderte sich in Schrozberg.

Im Jahr 1649 erfolgte die Rückgabe Schrozbergs an das Haus Hohenlohe. Graf Christian Kraft ernannte das Städtchen zu Beginn des 18. Jahrhunderts zu seiner Residenz, brachte aber offenbar die Kosten nicht auf, Schrozberg zu einem Barockschloß umzubauen und verlegte daher seinen Wohnsitz nach Ingelfingen. Immerhin wurde auch Schrozberg nicht ganz vernachlässigt. Es wurde ein Anbau errichtet, Verbindungsbauten wurden angelegt, neue Treppenaufgänge geschaffen und »die Inneneinteilung kommoder gemacht, das dermalige Zimmergebäude gänzlich herausgebrochen und nach dem hierfür gefertigten Riß ein anderes darin eingerichtet«. Durch diese Umbaumaßnahmen erhielt das Schloß seine heutige Gestalt. Da Christian Kraft 18 Kinder hatte, mußte er für einige von ihnen das Schloß ausbauen. Während des 19. Jahrhunderts verlor das Schloß an Bedeutung; Ämter zogen ein, 1881 eine Haushaltungsschule, und seit dem Jahr 1949 gehört das Schloß der Stadt Schrozberg, die darin die Stadtverwaltung, die Polizei, die Bücherei und andere Einrichtungen untergebracht hat.

Trotz weitgehender Restaurierungsarbeiten im Hinblick auf moderne Verwendungsmöglichkeiten blieb der Charakter des Schlosses – das einmal eine mittelalterliche Wasserburg war – erhalten, obwohl der Schloßgraben weitgehend aufgefüllt wurde. Den Haupttrakt bildet der in den Schloßhof hineinragende Kraft'sche Bau, der ein neues Treppenhaus erhielt. Südwestlich schließen sich die »Tempelbauten« an, die auf der Grabenseite von dem ehemaligen Zwinger umgeben sind. An die »Tempelbauten« ist der 34 Meter lange Berlichinger Bau angegliedert, durch den das hintere Tor nach Westen führt. Der fast 50 Meter lange Ostflügel, der sogenannte »Neue Bau«, enthält die Amtsräume des Rathauses, und aus dem ehemaligen Marstall im Erdgeschoß ist eine Turnhalle geworden. Der Berlichinger Turm ist mit seinem zwiebelförmigen, schiefergedeckten Helm ein Wahrzeichen Schrozbergs.

Westlich der Romantischen Straße liegt das ehemalige kleine *Schloß Gammesfeld* am Rand des gleichnamigen Dorfes. Es hat eine bemerkenswerte Entwicklung hinter sich. Ursprünglich stand hier eine Wasserburg, die in ihren

Die Zeichnung des Schlosses Schrozberg ist etwa im zweiten Drittel des 19. Jahrhunderts entstanden und stammt vermutlich von Karl Obach, einem gebürtigen Schweizer, der seit 1825 dauernd in Stuttgart lebte und von dort aus eine außerordentlich rege Tätigkeit als Maler und Zeichner entfaltete.

Anfängen auf das 11. Jahrhundert zurückgeht. Ihre Gründer waren Ortsadelige, die Herren von Gammesfeld. Von ihnen gelangte die Burg in die Hand der Bebenburger, die bei Gerabronn ihren Sitz hatten. Die Burggrafen von Nürnberg und die Stadt Rothenburg erscheinen unter den weiteren Besitzern. Während des 15. Jahrhunderts wurde die Burg zweimal zerstört, aber immer wieder aufgebaut, zuletzt als Schloß. Im Jahr 1650 verkaufte die Stadt Rothenburg das im Dreißigjährigen Krieg hart mitgenommene Schloß an den Kaiserlichen Generalauditor Graaß. Seitdem ist es in privatem Besitz, seit 1974 gehört es Siegfried Weigelt aus Rothenburg. Heute ist das Schloß ein Bauernhof. Erhalten ist noch der rundum laufende tiefe Graben mit Wällen und eine alte Steinbrücke. Der östliche Trakt ist Wohnhaus, der westliche Trakt wird als Scheune benutzt.

5 Weikersheim. Renaissanceschloß mit Barockpark

Zwei in Viertelkreisen geschwungene Arkadenbauten führen seit 1729 vom Marktplatz auf das Weikersheimer Schloß zu. Sie bedeuten eine bewußt herbeigeführte Verklammerung von Schloß und Stadt und sind mit viel Anmut gestaltet.

Weikersheim ist der Stammsitz der Hohenlohe und das schönste der hohenlohischen Schlösser. Dennoch gehört es heute nicht mehr der Familie, sondern dem Land Baden-Württemberg, das es im Jahr 1967 für fünfeinhalb Millionen Mark erworben hat. Man mag dies bedauern, sollte sich aber auch bewußt sein, daß es erheblicher finanzieller Mittel bedarf, eine solche Anlage zu unterhalten. Deshalb ist es zu begrüßen, daß das Land die Verpflichtung übernommen hat, allgemeinen Kulturbesitz zu erhalten.

Um die Mitte des 12. Jahrhunderts wurden zum erstenmal Konrad und Heinrich von Wigharteshein als Herren einer Wasserburg genannt, jedoch dürfte die Burg schon einige Jahrzehnte früher erbaut worden sein. Später nannte sich Konrad »von Weikersheim«, Heinrich jedoch »von Hohenloch« nach der Burg Hohenloch über dem Dorf Hohlach bei Uffenheim, die zeitweilig der Hauptsitz der Familie war. Bald verschwand der Name Weikersheim als Familienname, Hohenloch wandelte sich zu Hohenlohe und blieb der Name des Geschlechts.

Die alte Burg Weikersheim war eine Ringmauerburg, die von einem breiten Graben umgeben war. In der Nähe des Zugangs vom Ort her befand sich der Bergfried. Er ist in seinem unteren Teil bis heute erhalten. Im Lauf der Zeit wurden immer mehr Häuser innerhalb und außerhalb der Ringmauer gebaut, schließlich auch eine Kapelle und eine Vorburg. Bis zum Ende des 16. Jahrhunderts änderte sich an der immer wieder umgebauten und zwischendurch mehrfach verpfändeten Burg nichts Entscheidendes. Erst als aufgrund einer Erbteilung im Jahr 1586 Graf Wolfgang II. von Hohenlohe-Langenburg in den Besitz von Weikersheim kam und seinen Wohnsitz von Langenburg nach dort verlegt hatte, wurde grundlegend Neues geschaffen. Dieser baufreudige Renaissance-Fürst, dem die Burg nicht mehr genügte, entfaltete in Weikersheim und auch in anderen hohenlohischen Schlössern eine rege Tätigkeit, nachdem er durch Reisen nach Frankreich, England und Österreich Bildung und Kunstbewußtsein vertieft hatte. Auch am Stuttgarter Hof lebte er eine Zeitlang und schloß Freundschaft mit dem jungen Herzog Ludwig.

Zunächst ließ Graf Wolfgang die Weikersheimer Burg modernisieren, um standesgemäß darin leben zu können. Aber unabhängig davon dachte er an einen Neubau.

Der Weikersheimer Schloßgarten zählt zu den frühesten der später so zahlreichen Barockgärten in Franken und ist vorzüglich erhalten und gepflegt. Zahlreiche Skulpturen beleben ihn. Im Mittelpunkt steht eine Brunnenfigur, die den mit der Hydra kämpfenden Herkules darstellt; um ihn versammeln sich die Gestalten der olympischen Götter und allerlei allegorische Figuren.

Er plante ein ausgedehntes Schloß, wozu in Weikersheim eher die Möglichkeit bestand als bei anderen hohenlohischen Schlössern, die durchweg auf schmalen Bergspornen standen. Das Problem jedoch war, einen guten Baumeister zu gewinnen. Georg Robin, der beim Kurfürsten in Mainz fest in Diensten war, wurde von diesem nicht freigegeben. So verpflichtete er den herzoglich-württembergischen Baumeister Georg Stegle, der schon einmal für ihn gearbeitet hatte. Stegle war ein Schüler von Aberlin Tretsch und hatte durch die rege Bautätigkeit des Herzogs Christoph Erfahrungen gesammelt. Aber auch bei Stegle bedurfte es großer Mühe, ihn in den Jahren 1588/89 für ein paar Monate vom Stuttgarter Hof freizubekommen. In dieser kurzen Zeit entwarf er großartige Pläne. Auf dem Grundriß eines gleichseitigen Dreiecks sollte das neue Schloß unter Einbeziehung des staufischen Bergfrieds, der eine barocke Haube erhielt, erstehen. Stegles Plan konnte jedoch nur zum Teil realisiert werden. Aber auch so entstand in den folgenden Jahren ein Bau, den man zu den schönsten Renaissance-Schlössern Deutschlands zählen kann.

Aber auch einen Bauleiter zu gewinnen, der für die Baudauer in Weikersheim blieb, war schwierig. Wolf Beringer aus Würzburg, ein Mitarbeiter Robins, blieb nur im – allerdings entscheidenden – Anfangsstadium. So mußte Wolfgang II. drei Handwerksmeistern die Aufgabe übertragen, die Pläne Stegles zu verwirklichen: dem Maurer Jakob Kauffmann, dem Steinmetz Servatius Körber und dem Zimmermann Lienhard Niebel. Graf Wolfgang blieb der interessierte und energische, schließlich sachkundige Bauherr, der für das Vorankommen des Baues sorgte. So entstand ein Schloß, das der idealen Renaissance-Schloßarchitektur entsprach, aber auch schon barocke Ansätze in sich trug. Im Jahr 1605 war der Bau – in den man vom Hof aus einreiten konnte – im wesentlichen vollendet, so vor allem die Verwaltungs- und Wirtschaftsräume sowie der große Rittersaal.

Aber nun begegnen wir einer merkwürdigen Tatsache: Graf Wolfgang II., der die ganzen Jahre über die Triebfeder der Arbeiten war, ist nie mit seinem gesamten Hofstaat in den Neubau umgezogen. Man ging nicht einmal daran, auch die Wohnräume im notwendigen Umfang auszubauen. Die alte Burg, deren Abbruch vorgesehen war, ist unter Wolfgang nie abgebrochen worden, und die weitergehenden Pläne Stegles wurden nie in Angriff genommen. Was war der Grund? Scheute der Graf eine zu hohe Verschuldung, oder überstieg die völlig Verwirklichung des Baues seine Kräfte? Im Jahr 1610 starb er im Alter von 64 Jahren.

Unter seinen Nachfolgern geschah zunächst nicht viel, zumal der Dreißigjährige Krieg keine großen Aktivitäten zuließ. Während des Krieges wurde im Sommer 1634 das Schloß durch die Truppen des Generals von Werth völlig ausgeplündert. Wenn »der Türke mit seinem Volk dagewesen wäre«, so berichteten die Diener dem abwesenden Grafen, »so hätte es nicht schlimmer aussehen können«. Der Enkel Wolfgangs, Graf Siegfried, verpflichtete schließlich 1679 den Baumeister Paul Platz aus Belfort. Dieser stellte eine sinnvolle und architektonisch wirksame Verbindung zwischen Schloß und Stadt her, indem er das Schloß erweiterte, den Marstall hinzufügte und repräsentative Portale schuf.

Nach dem baldigen Tod Siegfrieds vollendete Graf Karl Ludwig, der 1709 als ein rechter Barockfürst die Residenz übernahm, das begonnene Werk. Die Baumeister Johann Jakob Börel aus Esslingen und Johann Christian von Lüttich ergänzten den zentralen Bau durch Nebengebäude wie das Zeughaus. Auch stattete der Fürst die Innenräume reich aus und schuf vor allem aus dem bis dahin bescheidenen Garten nach dem Entwurf des Saarbrükkener Hofgärtners Mathieu den Hofgarten mit seinen zahlreichen Skulpturen und den von Johann Jakob Börel entworfenen Pavillons. Auch die Verklammerung und axiale Verbindung mit der Stadt wurde vervollkommnet. Die beiden in Viertelkreisen erstellten Arkadenbauten am Eingang wurden in anmutigem Rokokostil gestaltet. Zehn Jahre später wurde der Garten durch die Orangerie nach Lüttichs Entwurf vollendet, so, wie er heute überliefert ist.

Nach dem Tod Karl Ludwigs, der über fünfzig Jahre gewirkt hatte, fiel das Schloß an andere hohenlohische Linien. Deren Mitglieder bewohnten es in den folgenden Jahren nur zeitweilig, und zwar vorwiegend in den Sommermonaten. Erst als nach dem zweiten Weltkrieg Prinz Constantin

Auf den beiden Balustraden, die den Weikersheimer Garten zum Schloßgraben hin abschließen, stehen im Wechsel mit Vasen je acht Zwergenfiguren, die den Hofstaat karikieren.

von Hohenlohe aus Böhmen nach Weikersheim kam, erfüllte das Schloß neues Leben. Prinz Constantin war nicht nur ein kunstsinniger Mann, sondern auch selbst bildender Künstler. Er richtete im Schloß eine Malschule ein und begann, die vernachlässigten Räume zu restaurieren. Auch führte er »Internationale Sommerkurse« für Kammermusik ein und warb mit geschickten Maßnahmen für das Schloß. Nach seinem Tod erwarb es das Land Baden-Württemberg. Das Landesmuseum bemüht sich weiterhin um die Restaurierung. Die jährlichen Internationalen Sommerkurse der Musikalischen Jugend Deutschlands finden im Rittersaal, im Schloßhof und im Schloßpark statt. Häufig erklingt in den Konzerten die Musik gerade jener Zeit, in der der Rittersaal gebaut wurde.

Der durch zwei Stockwerke gehende Rittersaal mit seiner freitragenden Decke ist das Kern- und Prachtstück des Schlosses. Das prunkvolle Eingangsportal, dessen Kalkschneidearbeiten von Christoph Limmerich und Gerhard Schmidt besorgt wurden, wird von ritterlichen Figuren und Skulpturen bewaffneter Soldaten bewacht. Darüber ist eine Schlacht zwischen berittenen Heeren – vermutlich einem christlichen und einem türkischen – zu sehen, und ganz oben besiegt Georg den Drachen. Der heilige Georg ist zugleich der Schutzpatron der Stadt Weikersheim. Das Pendant zum Portal ist der gegenüberliegende, ebenfalls reich gearbeitete Kamin. Hier ist einerseits mit Gottvater auf der Weltkugel ein religiöses Motiv gewählt, andererseits wird die Eroberung einer von den Türken besetzten Stadt gezeigt. Beides umrahmt von reicher barocker Ornamentik. Die Kassettendecke zeigt Bilder von Balthasar Katzenberger aus Würzburg mit Jagdthemen. An den Längswänden sind in Lebensgröße Jagdtiere so modelliert, daß die Köpfe plastisch aus der Wand hervortreten; sogar ein Elefant ist vorhanden. Der Rittersaal, der mit seiner reichen Dekoration auch die Genealogie des gräflichen Hauses einbezieht, ist schon wegen der großartigen – von Elias Gunzenhäuser stammenden – Gesamtkonstruktion bemerkenswert und in Ausmaßen und Ausgestaltung imponierend. Er zählt zu den schönsten wohlerhaltenen Festsälen aus der Zeit des Deutschen Schloßbaues um 1600. Auch die anderen Repräsentations- und Wohnräume sind sehenswert und man hat den Eindruck, sie könnten jederzeit bezogen werden.

Schließlich gehört zu den besonderen Vorzügen Weikersheims der außergewöhnlich gut erhaltene Barockgarten, der anstelle des zunächst bestehenden Renaissance-Gartens angelegt worden ist. Die Skulpturen wurden von Johann Jakob Sommer und seinen beiden Söhnen geschaffen. Sie stecken voller Heiterkeit und Spott. Zwergenfiguren auf den beiden Balustraden, die den Garten zum Schloßgraben hin abschließen, karikieren den Hofstaat Karl Ludwigs. Im Garten selbst befinden sich griechische Götter, die Vier Elemente und die Vier Jahreszeiten. Den höchst effektvollen Abschluß des Gartens bildet heute noch die Orangerie mit den beiden Kolonnaden, deren Mitte den Blick in das reizvolle Taubertal freigibt. Der gesamte Park bildet eine streng symmetrische Anlage mit Wasserkünsten, Pavillons, Taxushecken, Blumenbeeten und reichem plastischem Schmuck.

Der Weikersheimer Rittersaal ist einer der wenigen wohlerhaltenen Festsäle aus der Zeit des deutschen Schloßbaues um 1600. Die großartige Konstruktion und die reiche Dekoration sind bewundernswert. Über dem großen Eingangsportal ist das Relief einer Türkenschlacht zu sehen, ganz oben kämpft der heilige Georg, der Patron der Stadt Weikersheim, mit einem Drachen; flankiert wird das Portal von kriegerischen Gestalten.

Das Gegenstück zum Eingangsportal bildet auf der gegenüberliegenden Schmalseite der ebenso reich geschmückte Kamin. Über dem Relief, das bisher noch nicht zweifelsfrei gedeutet werden konnte, befinden sich die Wappen von Hohenlohe und Nassau.

Zum Weikersheimer Schloß gehört der *Karlsberg* mit dem von Carl Ludwig geschaffenen Lustschloß, nur wenige Kilometer östlich von Weikersheim idyllisch im Wald gelegen. Das Schlößchen war eine reizende Schöpfung und zusammen mit den es umgebenden Pavillons in einer kreisförmigen Anordnung völlig nach geometrischen Gesichtspunkten erbaut. 1727 hatte Karl Ludwig mit dem Bau des Jagd- und Lustschlößchens begonnen, und 1736 konnte er es beziehen. Nach den erhaltenen Ansichten war das Äußere schlicht, mehr Wert wurde auf den Innenausbau gelegt. Die ganze Anlage wurde noch im 18. Jahrhundert durch eine Steinmauer eingefaßt. Das Schloß wurde fast nur im Sommer oder zur Jagdzeit bewohnt. Der Tod seines einzigen Sohnes, der 1744 auf einem Ritt von Weikersheim zum Karlsberg verunglückte, vergällte dem Fürsten jedoch in der Folgezeit die Freude an seiner Schöpfung.

Nach 1860 wurde das wenig solid gebaute Schlößchen samt einigen Pavillons abgerissen. Heute stehen nur noch das »Gelbe Haus«, der »Küchenpavillon«, der »Fräuleinpavillon« sowie das Keller- und Scheuergebäude des früheren Wirtschaftshofes. Im Jahr 1977 wurde der Karlsberg von der Stadt Weikersheim erworben und zu einem Wild- und Erholungspark ausgebaut. Außer den vorhandenen Wildschweinen wurden Hirsche, Rehe und Mufflons eingebürgert, die von den Besuchern auf den etwa fünf Kilometer langen Spazierwegen in freier Wildbahn betrachtet werden können. Das »Gelbe Haus« wurde zur Tagungsstätte mit Bewirtschaftung ausgebaut, und im »Küchenpavillon« befindet sich ein Forstmuseum. In dem früheren Keller- und Scheuergebäude ist ein Weinmuseum geplant.

6 Schloß Mergentheim. Zentrum des Deutschen Ordens

Wer heute das Schloß in Bad Mergentheim besucht, steht vor einem gewaltigen Komplex von Gebäuden, die durch Höfe gegliedert sind und eher einen abweisenden als einladenden Eindruck vermitteln. Von weit her überragt der Bläserturm, der Torturm der ehemaligen Burg, das Schloßareal. Aus einer Wasserburg, deren Anlage noch erkennbar ist, hat sich das große Schloß entwickelt, das jahrhundertelang dem Deutschen Orden als Residenz diente. Der strenge Gesamteindruck wird durch einzelne Ornamente gelockert und aufgegliedert, so durch die gestaffelten Renaissancegiebel oder den Torbau, durch den man über eine Brücke das Schloß betritt. Unübersehbar ist das große württembergische Wappen angebracht, seit 1809 anstelle des Ordenswappens mit dem schwarzen Kreuz auf weißem Grund und dem Reichsadler, dem Zeichen der Reichsfürstenwürde des Hochmeisters. Nur klein und bescheiden steht heute das schwarze Kreuz unter dem bombastischen Wappen des neuen Herrn. In unregelmäßiger Hufeisenform stehen die Gebäude der alten Burg, später umgebaut zum Residenzschloß der Hochmeister. Vom Innenhof her ist die in diesen Gebäudekomplex eingegliederte Hofkirche zu erreichen.

Der Hauptportalbau des Schlosses in Mergentheim entstand in den Jahren von 1626 bis 1628. Über den Graben führt eine gewölbte Brücke mit zwei Schilderhäuschen. Beim Tor fallen die vorspringenden übereinanderliegenden doppelten Säulen auf. Ein reicher Dachaufsatz und vier Volutengiebel krönen den Bau. Im Durchgang des Turms befindet sich rechts der Eingang zum Haupttreppenhaus des Schlosses, das zur einstigen prunkvollen Wohnung des Hoch- und Deutschmeisters führte. Das große Ordenswappen, das Johann Georg von der Auwera erst 1780 für den Hochmeister Maximilian Franz, Erzherzog von Österreich, geschaffen hatte, wurde 1809 abgenommen und durch das kurfürstlich württembergische Wappen ersetzt.

Zur Zeit der Merowinger stand an dieser Stelle vermutlich ein Königshof; die Anfänge der Burg reichen bis in jene Zeit zurück. Seit der Mitte des 12. Jahrhunderts saßen hier die Hohenlohe. Die große Stunde für Mergentheim und den Deutschen Orden schlug im Jahr 1219, als die drei Brüder Andreas, Friedrich und Heinrich von Hohenlohe dem »Deutschen Ritterorden« beitraten und ihre ansehnlichen Besitzungen sowie den Zoll, den Zehnten und die Gerichtsbarkeit im Orden einbrachten. Von fünf Brüdern entschlossen sich drei zu diesem Schritt; er bedeutete auch für die Geschichte des hohenlohischen Geschlechts und seine Besitzungen einen gewaltigen Einschnitt. Von diesem Jahr an war Mergentheim fast sechs Jahrhunderte lang eine Stadt des Deutschen Ritterordens. Aus der mittelalterlichen Burg, deren im Hof stehender Bergfried nach den Bauernkriegen abgebrochen wurde, entstand in Etappen das Ordensschloß. Die Mergentheimer Kommende des Deutschen Ordens blühte auf. Der Orden baute um 1330 eine Maueranlage um die Stadt, Kaiser Ludwig IV. verlieh ihm die höhere Gerichtsbarkeit sowie das Vogtei- und Steuerrecht in Mergentheim.

Der Deutsche Ritterorden war 1128 in Jerusalem als Bruderschaft »Zum St. Marienhospital« zur Betreuung von Pilgern gegründet worden, mußte sich aber dann, nachdem Jerusalem vom Islam wiedererobert worden war, nach Akkon zurückziehen. Um 1198 wurde die Bruderschaft zum »Deutschen Ritterorden« erhoben. Die selbstgestellten Aufgaben des Ordens waren Krankenpflege, Armenfürsorge und der Kampf gegen die Ungläubigen. Das Gelübde der Ordensangehörigen war Gehorsam, Armut und Keuschheit. Eine strenge Auslese mit unerbittlicher Ahnen- und Charakterprüfung war Voraussetzung für die Aufnahme. Als Nachfolger des mit Kaiser Friedrich II. befreundeten Hermann von Salza wurde Heinrich von Hohenlohe erst Deutsch-, dann Hochmeister des Ordens. Von Akkon wurde der Sitz des Hochmeisters erst nach Venedig, dann 1309 nach Westpreußen in die Marienburg und später nach Königsberg verlegt. Nach dem Zusammenbruch des Ordens im Osten blieb dem Deutschmeister Dietrich von Cleen mit dem Sitz auf der Burg Horneck bei Gundelsheim am Neckar die Aufgabe, möglichst viel von der bisherigen Position zu erhalten.

Nach der Zerstörung Hornecks im Jahr 1525 war Mergentheim der nächstliegende unversehrte Sitz des Ordens, und hier wurde der Nachfolger Cleens, Walter von Cronberg, nicht nur Deutsch-, sondern auch Hochmeister. Cronberg hob für die Mergentheimer Bürger die Leibeigenschaft auf, die jahrhundertelang das Leben in der Stadt nach den verschiedensten Richtungen hin gehemmt und die Einwohner der Stadt zur Teilnahme am Bauernaufstand veranlaßt hatte. Cronbergs Nachfolger Wolfgang Schutzbar, genannt Milchling, brachte es fertig, den Orden in der zweiten Hälfte des 16. Jahrhunderts zu festigen und so zu stärken, daß er wieder politische Bedeutung erlangte. Schutzbars Denkmal steht auf dem Mergentheimer Marktplatz.

Es ist selbstverständlich, daß der Ausbau der mittelalterlichen Burg die Folge einer solchen Entwicklung war. So begannen im Jahr 1568 die sich über eine lange Zeit erstreckenden Ausbauten der Burg zu einer repräsentativen Renaissance-Anlage. Der maßgebende Planer, der dem Schloß die noch heute sichtbare Form verlieh, war Blasius Berwart. Er hatte unter Aberlin Tretsch, dem Baumeister des Herzogs Christoph von

Die prächtigen Wendeltreppen im Mergentheimer Schloß haben seit ihrer Entstehung wegen ihrer kunstvollen Gestaltung, der eleganten Ausführung und der reichen Ornamentik immer die Bewunderung der Besucher gefunden.

Württemberg, gelernt und entwikkelte sich zu einem bedeutenden Architekten der deutschen Renaissance. Er gestaltete die der Stadt zugewandte Burgfront unter Einbeziehung des Bläserturms zu einer ansehnlichen Schloßfassade. Dem nordöstlichen Torbau gliederte er ein prächtiges Portal an. Von den Wendeltreppen, die vom Innenhof aus begehbar sind, ist vor allem die der nordwestlichen Hofecke von künstlerischer Bedeutung. Sie ist mit Rankenwerk geschmückt und windet sich frei ohne Spindel durch die Stockwerke, geschützt von gedrehten Pfeilern. Den oberen Endpunkt bildet ein Abbild der strahlenden Sonne. Bedeutend für den Orden war der Kapitelsaal, in dem die wichtigen Beschlüsse gefaßt wurden. Auch der äußere Schloßhof und die Befestigungsanlagen wurden ausgebaut. Von 1724 an plante man einen großen Umbau im Barockstil, wozu auch Balthasar Neumann Entwürfe lieferte. An größeren Bauten wurde jedoch nur der Neubau der Schloßkirche ausgeführt. Die Ausgestaltung des Parks geht auf den Hochmeister Maximilian Franz, Erzherzog von Österreich, zurück; sie wurde im letzten Jahrzehnt des 18. Jahrhunderts geplant und verwirklicht.

Mit der Säkularisierung, als durch eine Anordnung Napoleons vom 24. April 1809 der Deutsche Orden aufgehoben und Mergentheim dem Königreich Württemberg eingegliedert wurde, brach die große Entwicklung jäh ab. Die Stadt verlor ihre Funktion als Hochmeisterresidenz, und eine sechshundertjährige Tradition als Deutschordensstadt war plötzlich zu Ende. Die neuen Herren verlagerten die wertvolle Ordensbibliothek und einen großen Teil der Inneneinrichtung des Schlosses nach Stuttgart und Ludwigsburg, so daß von der Ausstattung der Räume außer dem restaurierten Kapitelsaal nicht viel geblieben ist. Das Deutschordensmuseum im Schloß enthält immerhin noch einige sehenswerte Erinnerungsstücke.

Überhaupt ging es bei der Besetzung Mergentheims durch württembergische Truppen nicht gerade friedlich zu. Als am 13. Juni die Huldigungsformel öffentlich gesprochen wurde, erhob niemand die Hand zum Schwur. Am nächsten Sonntag wurde das Gebet für den König durch lautes Geräusch übertönt. Und als Württemberg gleich mit der Aushebung von Rekruten beginnen wollte, entwaffneten und verprügelten die aus der Umgebung zusammengeströmten Bauern die wenigen Soldaten, die zum Schutz der Beamten abkommandiert worden waren. Selbst der Generalkommissär des Königs, General von Maucler, wurde mißhandelt und eingesperrt. Tagelang herrschte der Pöbel in Mergentheim. Die Bürger von Mergentheim selbst beließen es bei einem passiven Widerstand. König Friedrich und die Mergentheimer waren auch in der Folgezeit nie gut aufeinander zu sprechen. Zunächst wußte man nichts Rechtes mit dem Schloß anzufangen, bis es um 1860 als Kaserne Verwendung fand. Heute ist es voll restauriert und Sitz von Behörden. Im Jahr 1980 wurde der Reitstall umgebaut und verpachtet und die Turnhalle in ein Café umgewandelt. Schließlich wurden auch die Außenanlagen umgestaltet.

7 Ruine Neuhaus. Rüst- und Schatzkammer des Deutschen Ordens

Über die Burg Neuhaus, die heute als sehenswerte und markante Ruine auf einem Sporn des Kitzbergs über dem Ort Igersheim liegt – nur wenige Kilometer östlich von Bad Mergentheim –, gibt es eine traurige Geschichte. Ottmar Schönhuth, der um die Mitte des letzten Jahrhunderts so viele verdienstvolle Bücher zur Landesgeschichte geschrieben hat, erzählt sie in seinen im Jahr 1857 erschienenen »Sagen und Geschichten aus Hohenlohe«. Danach war der Nachfolger des Königs Rudolf von Habsburg, Adolf von Nassau, mit dem Burgherren von Neuhaus, dem Grafen Gottfried von Hohenlohe-Brauneck, gut befreundet. Er besuchte ihn im Jahr 1293 auf der Burg und hielt sich ein paar Tage dort auf. Er übernahm die Patenschaft für den soeben geborenen jüngsten Sohn der Familie, der den Namen Adolf erhielt.

Als im Jahr 1298 Albrecht von Österreich als Nebenbuhler Adolfs Rechte auf den Thron anmeldete, stellte sich der Burgherr von Neuhaus auf die Seite Adolfs von Nassau und zog zusammen mit seinem ältesten sechzehnjährigen Sohn in den Krieg. Seiner Frau Elsbeth, die den Sohn nicht ziehen lassen wollte, versprach er: »Ich bringe ihn dir wieder, ohne ihn will ich nimmer dein Antlitz sehen, so wahr mir Gott helfe«. Aber der Junker fiel in der Schlacht am Hasenbühl und wurde der Mutter tot überbracht. Nach seinem Schwur war dem Ritter die Heimkehr verwehrt, und er verbrachte sein restliches Leben in einem Mergentheimer Kloster. Die geschichtlichen Quellen allerdings berichten nichts von einem Besuch Adolfs von Nassau auf Neuhaus, wohl aber von zwei Besuchen in Mergentheim in den Jahren 1294 und 1295.

Viel weiter geht auch die Geschichte der Burg nicht zurück. Zwar wird angenommen, daß schon um 1170 hier eine feste Burg stand, aber urkundlich genannt wird sie erst 1282 als Sitz des Gebhard von Hohenlohe-Brauneck. Den Namen Neuhaus erhielt sie vermutlich als Nachfolgerin eines aufgegebenen alten Hauses auf dem gegenüberliegenden Ketterberg oder in Mergentheim. Später war die Burg würzburgisches Lehen und im Besitz der Grafen von Schwarzburg.

Mit dem Jahr 1431 begann die große Zeit für Neuhaus. Die Burg wurde Eigentum des Deutschen Ordens, der sie weiter ausbaute. Der Orden benutzte sie als Sommerresidenz und als Rüst- und Schatzkammer. Eine Liste des Inventars aus dem Jahr 1573 gibt Einblick in die Schätze, die hier einst lagerten: 180000 schwere Goldgulden und viele Goldstangen in der Schatzkammer und 14 vergoldete oder massiv versilberte Harnische, 16 eiserne Harnische, 64 stark mit Silber beschlagene Schwerter, 33 Armbrüste und viele andere Waffen in der Rüstkammer.

In den Jahrhunderten der politischen Bedeutung von Neuhaus hatte die Burg aber auch immer wieder harte Schicksalsschläge zu ertragen. Sowohl im Bauern- wie im Schmalkaldischen Krieg wurde die Burg erobert, ausgeplündert und zerstört, aber jedesmal vom Orden mit Sorgfalt wieder aufgebaut, wobei die Bewohner der umliegenden Dörfer zur Fron herangezogen wurden. Im Dreißigjährigen Krieg erbeuteten die Kaiserlichen auf Neuhaus das ganze Tafelgeschirr und zwei Maulesel-ladungen Gold des Marschalls Turenne, der zuvor die Pfalz verwüstet hatte.

Während des Dreißigjährigen Krieges wurde die Burg auch als Gefängnis und Hinrichtungsstätte benutzt. Im Folterkeller der Burg müssen sich in der Zeit der Hexenverfolgung furchtbare Szenen abgespielt haben. Innerhalb von vier Jahren wurden allein aus dem Ordensgebiet 115 der Hexerei Ver-

Die Burg Neuhaus ist vom Jahr 1793 an systematisch abgebrochen worden, nachdem der Hoch- und Deutschmeister 1879 beschlossen hatte, den Sitz des Amtmanns nach Igersheim zu verlegen. Trotz der Systematik des Abbaus ist doch soviel stehen geblieben, daß die Ruine noch einen tiefen Eindruck von dem großen Umfang der Anlage und der ehemaligen Verteidigungsbereitschaft gibt.

dächtige – meist nach schlimmen Foltern – hingerichtet, darunter ein neunjähriger Bub, weil er angeblich einen Hagelschlag herbeigezaubert hatte. Einige Fragen des peinlichen Verhörs sind überliefert: »Wann bist du zum erstenmal vom Teufel besucht worden?« »Wie hat dieser ausgesehen und geheißen?« »Wann hast du dich dem Bösen ergeben?« »Wo und bei wievielen Tänzen bist du zugegen gewesen?« »Wieviel Menschen und Vieh hast du umgebracht?« »Welchen Kindern hast du das Blut ausgesogen?« Weitere Fragen waren obszöner Natur.

Gestand der Angeklagte nicht, half der Folterknecht nach. Da wurden zuerst Daumenschrauben angelegt, zwischen denen die Daumen zerquetscht wurden. Durch Beinschrauben konnten Schienbein und Waden gepreßt und gebrochen werden. Waren der Sünder oder die Sünderin noch nicht gefügig, so wurden sie auf die Leiter gestreckt, auf der mit Winden die Arme und Beine aus den Gelenken gerenkt wurden. Brennende Kerzen wurden unter die Achselhöhlen gehalten. Im »Beichtstuhl« waren Sitz, Lehnen und Schemel mit spitzen Nägeln gespickt, und unter die Fuß- und Fingernägel wurden Kienspäne getrieben, die man anzündete.

Burg Neuhaus im Jahr 1780, also wenige Jahre vor ihrem Abbruch. Das Bild der wehrhaften Festung bestätigt: Dieses Herrenhaus hätte noch Jahrhunderten getrotzt.

Nach den vorliegenden Akten hat nur eine einzige Frau, eine Mutter, drei Monate lang alle Folterqualen ausgehalten. Sie ließ sich kein Geständnis abpressen und wurde ein halbes Jahr nach der Verhaftung aus dem Folterkeller der Burg Neuhaus entlassen. Im allgemeinen wurde aber sehr rasch das Geständnis erreicht, auf das die Hinrichtung mit dem Schwert oder auf dem Scheiterhaufen folgte. Das Vermögen der »Hexen« verfiel zum größten Teil der hochmeisterlichen Kasse.

Im Jahr 1704 wurde die Burg zum letztenmal wehrhaft gemacht und mit mehreren hundert Mann besetzt. Wenige Jahrzehnte später diente sie noch als Wohnung für den Amtmann und den Gutspächter, als Aufbewahrungsort für Urkunden und immer noch als Gefängnis. Die altgewordene morsche Zugbrücke wurde 1751 durch eine Steinbrücke ersetzt, aber sonst wurde nicht mehr viel gerichtet. Das Schicksal der Burg war endgültig besiegelt, als der Hoch- und Deutschmeister Maximilian 1789 beschloß, den Amtmannsitz nach Igersheim zu verlegen und die Festung abzutragen. »Die größte Freude – so heißt es in einem zeitgenössischen Bericht – hatte dieser Beschluß bei den zum Amt Neuhaus gehörenden Untertanen hervorgerufen, weil sie der Burg Neuhaus fronpflichtig gewesen waren. Jung und alt legten freudig Hand an beim Abbruch der Burg und suchten ihn möglichst zu beschleunigen.« Ein anderer zeitgenössischer Bericht meinte: »Dieses Herrenhaus hätte noch Jahrhunderten getrotzt.« Erhalten blieben jedoch die Ökonomiegebäude im äußeren Burgdorf und der Pulverturm. Als die Ruine mit der Ökonomie im Jahr 1809 an Württemberg fiel, wurde das große Gut Staatsdomäne. Seit 1892 wird das Gut von der Familie Zeiner verwaltet.

Obwohl nicht viel von der Burg übriggeblieben ist, geben doch die Reste noch einen Eindruck vom Umfang der großzügigen Anlage und ihrer ehemaligen Verteidigungskraft. Bemerkenswert sind die Tiefe und Breite des Burggrabens. Rechts von der Brükke imponiert ein mächtiger Rundturm, der frühere Pulverturm. Im Innenhof, der heute zur Grünanlage ausgestaltet ist, steht ein großer, vom Efeu überwucherter Turmstumpf. Drei Bögen führen ins Innere des Hofes. Mehrere Trakte sind noch erkennbar. Sehr schön ist der Ausblick auf Mergentheim.

8 Bartenstein. Aufwendige Hofhaltung im 18. Jahrhundert

Auf einem von dem Flüßchen Ette umspülten Bergsporn ragt – weit in das Land hinein sichtbar – das Hohenlohe-Schloß Bartenstein. Es liegt heute abseits der großen Straßen, aber in den Jahren nach 1790 war hier die große fremde Welt zu Hause. Flüchtlinge der Französischen Revolution von 1789 hatten nämlich auf den Schlössern Bartenstein und Schillingsfürst Zuflucht gefunden. Es waren Adelige und Geistliche, die aus ihrer Heimat vertrieben waren oder die Flucht vorzogen. Sie nahmen einen starken Einfluß auf das kulturelle Leben auf Schloß Bartenstein. Französische Sprache und Sitten waren bei Hof vorherrschend, und die Aufführung französischer Schauspiele wurde üblich. Die traditionelle Freundschaft und Verbundenheit der Fürsten von Hohenlohe mit dem bourbonischen Königshaus war der Anlaß, daß so viele Flüchtlinge nach Bartenstein kamen. Zwar waren es weniger als hundert, da aber Bartenstein damals nur etwa 500 Einwohner zählte, war das doch eine erhebliche Überfremdung. Die Versorgung der Refugiés jedoch war Angelegenheit des Fürsten und wurde aus seiner Privatschatulle bezahlt.

Bartenstein erlebte damals seine größte Blütezeit. Ein Hofmarschallamt mit einer Reihe von Hofdienern, ein Justizkollegium mit drei Hofräten, eine Hofkammer mit mehreren Beamten und Militär in der Stärke eines Regiments standen dem Serenissimus zur Verfügung, wie der offizielle Schloßführer berichtet. So konnte man es sogar wagen, sich diplomatisch und militärisch in die große Politik einzuschalten. Die Emigrantenarmee des Bourbonenprinzen Condé, der am Oberrhein sein Hauptquartier hatte, bedurfte der Verstärkung, und so kam es im Jahr 1792 zu einem Vertrag, nach dem das Fürstentum Hohenlohe-Bartenstein die Emigranten – vor allem die Legion Mirabeau – finanziell und militärisch unterstützen würde. Das Fürstentum stellte ein Jägerregiment zu Fuß, das dann unter dem Erbprinzen Ludwig Aloys zu Hohenlohe-Bartenstein im Verband der Armee des Prinzen Condé in der Pfalz und im Elsaß gegen die französischen Revolutionstruppen kämpfte. Alles das änderte sich im Jahr 1806 mit einem Schlag. Alle hohenlohischen Fürstentümer wurden mediatisiert, das heißt, sie verloren ihre Souveränität an Württemberg, das eben Königreich geworden war. Ein württembergischer Offizier nahm mit einer Kompanie Soldaten Bartenstein in Besitz, und ein paar Tage später nahm Graf Winzigrode namens des Königs den Bartensteinern den Treueid ab.

Schon vor diesen bewegten Zeiten konnte Bartenstein auf eine lange Geschichte zurückblicken. Zum erstenmal wird der Name, der sich von der Barte, der fränkischen Streitaxt, ableitet, im Jahr 1247 genannt, wo in einer Urkunde ein Gernodus de Bartenstein erwähnt wird. Er und seine Nachkommen waren offenbar Vasallen der Hohenlohe. Im Jahr 1383 wird Hans von Seldeneck von Bartenstein genannt. 1438 wurde Bartenstein, »weil die von Seldeneck von da aus geraubt hatten«, wegen Bruchs des Landfriedens eingenommen und der Herrschaft Hohenlohe übergeben. 1475 wurde die Herrschaft Bartenstein durch Kauf Eigentum des Hauses Hohenlohe, nachdem zuvor schon mehrere andere Familien als Mitbesitzer aufgetreten waren.

Von Bedeutung war, daß Bartenstein in der Nähe der Kaiserstraße lag, die Mergentheim mit Crailsheim verband und als Handelsstraße von Frankfurt nach Augsburg führte. Im Bauernkrieg wurde die Burg, deren Aussehen nicht überliefert ist, zerstört, aber bald notdürftig wieder aufgebaut. Nur das Gesinde wohnte dort,

Auf einem Bergsporn, der durch das gewundene Tal der Ette gebildet wird, liegt malerisch das Schloß Bartenstein. Es ist gelungen, im 18. Jahrhundert aus den verschiedenartigsten Bauelementen ein harmonisches Ganzes zu gestalten. Schloß, Kirche, Garten und das Städtchen bilden eine einheitliche Anlage. Festlich wirkt auf den Besucher der weiträumige Schloßhof, in dessen Mitte in einem Rosenrondell der reichverzierte Brunnen steht. Die Schloßkirche, die den Nordflügel bildet, erhält ihr besonderes Gepräge durch das in seiner natürlichen Maserung belassene, mit Gold verzierte Holz. Den Mittelbau des Schlosses schließt ein wappengeschmückter Dreiecksgiebel ab.

während die Grafen von Hohenlohe lediglich zu Jagden abstiegen. In einer Beschreibung der Burg aus jener Zeit heißt es: »Der Zustand war kein guter, ein Teil der Stuben und Kammern waren untüchtig zu bewohnen, in Gemächern war Frucht aufgeschüttet, die Hofstube diente als Kapelle.« Zu allem Unglück starb kurz darauf der Burgherr Graf Georg Friedrich, erst vierzig Jahre alt; er hinterließ eine Witwe mit mehreren unmündigen Kindern. Da die Burg auch weiterhin nur notdürftig wiederhergestellt war, fiel den Kroaten, die im Dreißigjährigen Krieg 1632 die Burg weiterhin zerstörten, sicher nicht viel Wertvolles in die Hände.

Bei der hohenlohischen Landesteilung von 1688 wurde Bartenstein Residenz der neugegründeten Linie Hohenlohe–Waldenburg–Bartenstein. Der erste Repräsentant der neuen Linie war Philipp Carl Graf zu Bartenstein. Von ihm stammen die noch heute existenten Linien ab: Hohenlohe-Bartenstein auf Schloß Bartenstein und Hohenlohe-Jagstberg mit dem Sitz auf Haltenbergstetten. Es war naheliegend, daß Graf Philipp Carl – Kaiserlicher und des Reiches Kammerrichter – den Entschluß faßte, die verfallenen Mauern und Türme der Burg niederzureißen und in den Jahren nach 1700 ein neues Schloß zu bauen. Der Architekt war der Bamberger Meister Bernhard Schüssler, ein Schüler Dientzenhofers. Zunächst wurde 1711 mit dem Bau der Schloßkirche begonnen. Die Waldenburger und die Bartensteiner Linien waren im Jahr 1667 zum katholischen Glauben übergetreten, eine katholische Hofkirche lag Graf Philipp Carl daher am Herzen. Die kirchliche Gemeinde war allerdings klein, da die ortsansässige Bevölkerung in der überwiegenden Mehrheit evangelisch geblieben war. Der Innenraum der im Jahr 1716 geweihten Kirche, der in einem schönen satten Braun gehalten ist, zeigt eine strenge saalartige Gliederung mit einem etwas eingeengten Chor und einem von korinthischen Pilastern flankierten Hochaltar. Gegenüber dem Chor ist auf der Empore unterhalb der Orgel die für die fürstliche Familie reservierte verglaste Loge eingebaut. Der Burgenforscher Walther-Gerd Fleck – auf den wir uns bei diesen Angaben stützen – nimmt an, daß der die Silhouette Bartensteins beherrschende Turm der Schloßkirche aus einem älteren Burgturm hervorgegangen ist. Ein Hofgarten entstand in Verlängerung der Schloßachse an der Bergseite, und das Städtchen Bartenstein wurde angelegt. Der Ausbau des Schlosses hielt sich jedoch unter Philipp Carl immer noch in Grenzen.

Erst die Erhebung seines Sohnes Carl Philipp in den Reichsfürstenstand im Jahr 1744 gab den Anlaß, in Bartenstein eine aufwendige Residenz im Sinne des 18. Jahrhunderts zu errichten. Unter dem Bauinspektor Wölfling – vermutlich einem Schüler Leopoldo Rettis – entstand in den Jahren 1756 bis 1760 das schöne Barockschloß mit dem weiträumigen Hof, das der Besucher heute bewundern kann. Die Mittelfront des Schlosses wurde verlängert, der linke Schloßflügel errichtet und die jetzige Einfahrt erstellt. Die Leistung des Architekten ist um so beachtlicher, als er mit erheblichen Schwierigkeiten zu kämpfen hatte. Zum ersten, weil es galt, aus einem Baukomplex, der in sich unregelmäßig war und aus verschiedenen Perioden stammte, etwas Einheitliches zu schaffen, und weil zweitens der enge Raum, der auf dem von der Ette umflossenen Bergsporn zur Verfügung stand, für ein barockes Residenzschloß wenig günstig war, denn Barockschlösser bedürfen eines weiten Raums. Trotzdem ist es Wölfling gelungen, eine großartige Anlage zu schaffen, die in ihrem Gesamteindruck, ihrer Geschlossenheit und in den Details künstlerisch stark beeindruckt. Ein elegant geschwungenes Doppeltreppenhaus führt zum Obergeschoß und dann durch den ganz in Weiß gehaltenen Gardesaal zum Hauptsaal, der wegen seiner abgerundeten Ecken fast als Oval angesprochen werden kann und durch seine in kräftigen Farben gehaltenen Säulen sehr lebendig wirkt. Eine Reihe von repräsentativen Gemächern, wie der Rote Salon mit einer Sammlung kostbaren Porzellans und andere Räume mit wertvollen Möbeln, Gemälden, Jagdtrophäen, kunstvollen Parketts und Fresken, schließen sich an. Auch die geschmackvolle Einfahrt stammt aus jener Zeit. An die Stelle des einfachen hölzernen Brunnens wurde ein Vierröhrenbrunnen mit einer mit einem orthodoxen Kreuz versehenen Ehrensäule gesetzt, die an den dem Fürsten verliehenen russischen St. Andreas-Orden erinnern soll. Die Vergoldung wurde mit reinem Dukatengold vorgenommen. Ein schöner Hofgarten mit einem wieder stilvoll restaurierten Pavillon ergänzte die Schloßanlage.

Dem äußeren Bild entsprach auch der Status des Hauses Hohenlohe-Bartenstein. Begüterte Frauen brachten ganze Grafschaften in die Ehe, und nach dem Tode Josefs zu Hohenlohe-Pfedelbach fielen den Bartensteinern weitere Besitzungen zu. Auch das Städtchen Bartenstein, das noch heute in seinem Baustil mit dem Schloß eine Einheit bildet, wurde vergrößert. Fürst Ludwig Carl Leopold zu Hohenlohe-Bartenstein nutzte seinen Reichtum zu einem erstaunlich vielseitigen kulturellen Leben. Als begeisterter Freund der Musik unterhielt er eine eigene Hofkapelle, und im Musikpavillon des Hofgartens ließ er Mozarts »Zauberflöte« aufführen. Fürst Ludwig Aloys zeichnete sich auf militärischem Gebiet aus. Nach der Teilnahme an vielen Schlachten und einer glanzvollen Laufbahn brachte er es zum Pair und Marschall von Frankreich. In dem ihm von der französischen Krone geschenkten Schloß Lunéville starb er und wurde in Paris beigesetzt. Er war es auch, der schon in jungen Jahren den französischen Emigranten sein Schloß zur Verfügung stellte.

Heute liegt Schloß Bartenstein in stiller Abgeschiedenheit. Der teilweise der Öffentlichkeit zugängliche Hofgarten mit seiner schönen Allee wird von steinernen kleinen – stark verwitterten – Löwen bewacht. Einen wunderschönen Blick auf Bartenstein und eine unberührte Landschaft hat man, wenn man vom Jagsttal her auf abgelegenen Straßen kommt. Fürst Ferdinand zu Hohenlohe-Bartenstein, der seit 1950 das Schloß besitzt, pflegt nicht nur sorgsam das Erbe seiner Väter, sondern hat auch im Schloß ein Militärmuseum eingerichtet, das rund hundert Uniformen, Fahnen, Dokumente, Waffen und Einrichtungsstücke aus dem Ersten Weltkrieg birgt.

9 Buchenbach. Burg über der Jagst

Das Schlößchen Buchenbach liegt hoch über dem gleichnamigen Ort auf einer der Kirche gegenüber vorspringenden Bergzunge – ein Stück des Jagsttals beherrschend. Es ist eine klassische Hangburg. Unter den Burgen und Schlössern der weiteren Umgebung nimmt Buchenbach wegen seiner Bauart eine Sonderstellung ein. Das in alten Urkunden einfach »Steinhaus« genannte Gebäude ist eher ein Turm als eine Burg im herkömmlichen Sinn, das durch einen Bergfried nur wenig überragt wird. Das turmartige Gebäude hat vier Stockwerke und einen aufgesetzten Fachwerkgiebel. Über dem dritten Geschoß läuft ein Gesims um, das an den Kanten kräftige Buckelquader aufweist. An der Nordwestecke erhebt sich der im Grunde quadratische Bergfried ohne Buckelquader. An der Westseite liegt der spitzbogige Eingang, die Nordseite ist – abgesehen von drei Schlitzöffnungen – fensterlos. Bemerkenswert ist ein Denkmal an der Außenseite, mit dem Simons von Stetten gedacht wird, einem der Besitzer aus dem 16. Jahrhundert. Er ist in reicher Rüstung und mit einem Hund dargestellt. Der Inschrift zufolge ist Simon von Stetten am St. Katharinentag, dem 25. November 1569, »seligst verschieden«.

Ungewöhnlich ist die Baugeschichte der Burg. Auf einem großen Relief mit dem Wappen der Herren von Bächlingen wird in einer Inschrift mitgeteilt, Herr Rezzo von Bächlingen habe im Jahr 1356 das Steinhaus gebaut. Es wird jedoch angenommen, daß er nur den Turm zum Steinhaus errichtet und dieses erneuert hat. Denn Buchenbach erscheint schon im 11. Jahrhundert als Sitz eines ritterlichen Geschlechts, und im Jahr 1286 tritt ein adeliger Ministeriale von Buchenbach auf. Auch die Familie von Stetten besaß schon früh mindestens einen Teil der Burg. Durch Kauf kam sie 1340 an die Herren von Bächlingen; aus diesem Jahr stammt auch die erste urkundliche Erwähnung.

Der letzte Herr von Bächlingen verkaufte um 1400 die Burg an Ulrich und Albrecht von Hohenlohe, die sie aber schon 1418 wieder an die Stetten weitergaben. Durch sie erhielt die Burg wohl erst ihre heutige Form. Die Familie von Stetten hatte die Burg jahrhundertelang bis zum Jahr 1974 in ihrem Besitz. Das Geschlecht gliederte sich im Jahr 1693 in drei Linien, die dritte nannte sich Stetten-Buchenbach. Im Herrschaftsbereich der Stetten spielte Buchenbach jedoch immer eine untergeordnete Rolle. Die Familie wohnte meistens in dem im Dorf stehenden Herrenhaus, das jetzt als Verwaltungsstelle der Ortschaft Buchenbach dient.

Die Burg war in der zweiten Hälfte des 16. Jahrhunderts so baufällig, daß Eberhard von Stetten seinen Lehensherrn, den Grafen Ludwig Casimir von Hohenlohe, um Holz zum Neubau seines Schlosses bat. Stattdessen überließ der Graf dem Bittsteller jedoch nur eine in Buchenbach neu gebaute Kelter und Scheune, während die Burg weiterhin baufällig blieb. Im Jahr 1714 werden endlich Ausbesserungsarbeiten erwähnt. 1856 wurde durch den Freiherrn Carl Heinrich von Stetten die vermutlich fünfhundertjährige Wiederkehr des Tages der Erbauung der Buchenbacher Burg festlich begangen. In dieser Zeit befand sich das Gebäude im Zustand ziemlicher Verwahrlosung.

Erst im Sommer 1891 wurde mit einer gründlichen Restaurierung begonnen. Das Dach wurde mit Eichenholz ausgebessert und mit neuen Balken versehen; die alten waren in den Ofen gewandert. Ähnliche grundlegende Maßnahmen mußten in allen Stockwerken getroffen werden. 1931 ließ Kurt Freiherr von Stetten die Halle wohnlicher gestalten und mit einem großen Fenster anstelle der

Das in früheren Jahrhunderten einfach „Steinhaus" genannte Schlößchen Buchenbach liegt nach zwei Seiten hin beherrschend über dem Jagsttal. Das turmartige Gebäude wird von einem Bergfried, der vermutlich seiner früheren Höhe beraubt ist, nur wenig überragt. Die Stirnseite zeigt einfache gotische Doppelfenster und einen Fachwerkaufbau mit Walmdach. Jahrhundertelang – bis zum Jahr 1974 – war die Burg im Besitz der angesehenen Familie der Freiherrn von Stetten. Buchenbach ist ein gutes Beispiel für den Typ einer kleinen Burg, wie er im süddeutschen Raum verbreitet ist. Die Wehrhaftigkeit solcher Anlagen war – je weiter die Zeit voranschritt – bescheiden, weil den Burgbesitzern eine Anpasssung an neue Waffentechniken oft nicht möglich war.

kleinen versehen, was dem bisher etwas düsteren Raum eine freundlichere Note gab.

Im Jahr 1974 verkaufte Freiherr Dr. Sigurd von Stetten das Schlößchen an den Freiherrn Johannes Treusch von Buttlar-Brandenfels, nachdem es jahrhundertelang zum Hause Stetten gehört hatte. Der neue Schloßherr restaurierte das Besitztum mit erheblichem Aufwand und baute es aus. Giebelwand, Dach und Innenräume wurden instand gesetzt sowie Rittersaal und Kapelle renoviert. Trotzdem blieben die Herren von Buttlar-Brandenfels nicht lange im Besitz des Schlosses. Sie verkauften es 1981 an den Stuttgarter Kaufmann Klaus Utz.

Nach einer alten Sage, über die Rudolf Schlauch berichtet, wohnte im Schloß einst ein altes Fräulein von Stetten, das sich die Leidenschaft des Kartenspiels bis ins hohe Alter bewahrt hatte. Weil sie niemanden unter ihresgleichen hatte, der mit ihr dem Spiel frönen wollte, mußte der Schulmeister, der ja Untergebener der Stetten war, jeweils zum Kartenspiel in das Schloß kommen. Der Schulmeister hatte zugleich die Aufgabe, das Glockenläuten in der Kirche zu besorgen. Diese Aufgabe war ihm unangenehm, und er stellte deshalb eines Tages beim Spiel die Bedingung, daß er im Falle des Sieges das Zwölfuhrläuten nicht mehr vornehmen müsse. Der Schulmeister gewann das Spiel, und fortan unterblieb das Glokkenläuten. Als Schloßherrin und Lehrer gestorben waren, wollte man das Zwölfuhrläuten wieder einführen. Doch als der neue Schulmeister zum erstenmal am Glockenseil zog, öffnete sich am Herrschaftsstuhl der Familie von Stetten ein Fenster, der Geist des alten Fräuleins erschien in der Fensteröffnung und gebot mit ängstlichem Winken dem Schulmeister, das Läuten zu unterlassen. Schreckensbleich floh der Lehrer aus der Kirche, und das Läuten unterblieb fortan, während man das Fenster am Herrschaftsstuhl zumauerte.

Nördlich von Buchenbach oberhalb Mulfingens lag einst die *Burg Jagstberg* auf der höchsten Stelle des gleichnamigen Ortes. Von der offenbar im 13. Jahrhundert erbauten Burg, die 1605 nochmals wiederhergestellt wurde, sind nur spärliche Mauerreste vorhanden. Die Burg selbst, die eine wechselvolle Geschichte mit vielen Besitzern hatte, wurde 1782, der Bergfried im Jahr 1822 abgebrochen.

10 Amlishagen. Das Schloß mit mächtiger Schildmauer

Amlishagen im Jahr 1840. Die Zeichnung H. Bürgers gibt ein eindrucksvolles Bild des Schlosses über dem Tal der Brettach mit seinen Steilhängen. Hinter dem Schloß, bei dem die wuchtigen Ecktürme besonders ins Auge fallen, lagert sich auf der Kuppe des Hügels die gleichnamige Ortschaft, die in ihrem Hauptteil erst nach dem Dreißigjährigen Krieg entstanden ist.

Von der mittelalterlichen Burg der Ritter von Amelungshagen, die um 1262 als Vasallen der Familie von Hohenlohe-Brauneck erstmals genannt werden, steht an Hochbauten nur noch die Schildmauer. Aber sie ist so gewaltig, daß sich in Hohenlohe kein Gegenstück zu ihr findet. Man kann sie noch begehen. In einer Höhe von 25 Metern stellte sie sich als ein Bollwerk vor die Burg, falls es einem Angreifer von der steilen Bergseite her gelungen wäre, Berg und Graben zu bezwingen. Im Inneren führt eine Wendeltreppe zu einem überwölbten Wehrgang. Die Schießscharten dieses durch Querwände mit Schlupfpforten gotischen Stils in vier Kammern geteilten Wehrganges gehen nach beiden Seiten. An der Mauer finden sich nahezu alle Bearbeitungsarten des Muschelkalks wieder, von kräftigen Eckbuckelquadern über mehr oder weniger grob behauene Steine bis hin zum Bruchsteinwerk einfachster Ausführung. Sicher hat jedoch der ursprüngliche Verputz zu einem einheitlichen Gesamtbild beigetragen.

Wie eine Ansicht aus dem 18. Jahrhundert zeigt, befand sich auf der Mauer ein Stockwerk. Die Burg, die auf den Resten einer keltischen Fliehburg erbaut ist, liegt auf einer Bergzunge steil über dem Brettachtal, etwas tiefer als das gleichnamige Dorf, unmittelbar bei Gerabronn. Sie wird von einer Ringmauer mit runden Ecktürmen umfaßt. In den Wehrtürmen sind Reste der Verließe und unterirdische Gänge erhalten, jedoch sind Burg und Schloß nicht zugänglich. Ehemalige Kasematten sind teilweise verschüttet. 1854 ist ein Teil der inneren Burg abgebrochen worden. Die Burganlage soll in den nächsten Jahren restauriert werden.

Das neue Schloß, das auf dem Gelände der ehemaligen Vorburg steht, ist von den Resten der Burg durch einen Graben getrennt, über den früher eine Zugbrücke führte, die natürlich längst durch eine Steinbrücke ersetzt wurde. Das Schloß stammt aus der Zeit der Renaissance. Nach einer

Das neue Schloß in Amlishagen ist von der alten Burg durch einen tiefen Graben getrennt. Es steht auf dem Gelände der ehemaligen Vorburg. Mit dem Bau wurde im Jahr 1580 begonnen; 1601 wurde es durch den damaligen Besitzer Konrad von Wollmershausen fertiggestellt und bezogen. Es zeigt außen Volutengiebel, im Inneren wuchtige Gewölbe. Ein Fachwerkbau wurde im Jahr 1788 an der Ostseite aufgeführt, ein runder Treppenturm schließt die Südostecke ab.

Inschrift wurde es 1601 von Konrad von Wollmershausen gebaut. Es besitzt einen runden Treppenturm und Fachwerk aus späterer Zeit. Schloß und Turm sind von lauschigem Weinlaub malerisch bedeckt.

Die mittelalterliche Burg war hohenlohisches Lehen der Ritter von Amelungshagen; sie wechselte dann mehrfach den Besitzer. Seit 1366 waren die Ritter von Wollmershausen Lehensträger eines Teiles, hundert Jahre später Besitzer der ganzen Herrschaft Amlishagen. Ihr wichtigster und interessantester Vertreter war Georg von Wollmershausen. Über den brandenburgischen Hofdienst kam er – wie Rudolf Schlauch berichtet – an den Hof Karls V. nach Madrid. Wollmershausen begleitete Karl V. auf seinen Reisen und zeichnete sich im Krieg gegen Franz I. von Frankreich aus. Er wurde Kammerherr, Truchsess und nannte sich in seinem Testament »Kaiserlicher Rat«. Der Kaiser verlieh dem unbedeutenden Flecken Amlishagen ein eigenes Halsgericht und Marktprivilegien.

Schließlich heiratete Georg eine spanische Hofdame namens Juana de Lodosa, eine reiche Frau, die eine prächtige Aussteuer in die Ehe einbrachte. Mit ihr kehrte er 1527 in die Heimat zurück, wo er in der fränkischen Ritterschaft Aufsehen erregte, als er mit seiner spanischen Gemahlin, einer inzwischen geborenen Tochter, mit Gefolge und edelsten spanischen Pferden in Amlishagen ankam. Für Juana de Lodosa war es sicher nicht einfach, sich nach dem betriebsamen Leben am Madrider Hof in dem abgelegenen hohenlohischen Schloß zurechtzufinden; zudem war die ganze Umgebung inzwischen evangelisch geworden, während das herrschaftliche Paar streng dem alten Glauben anhing. Georg von Wollmershausen starb schon zwei Jahre später, noch nicht fünfzig Jahre alt. Für die Witwe mit ihren zwei unmündigen Kindern kamen zunächst harte Jahre. Jedoch ging sie einige Zeit später mit Hans Sigmund von Absberg eine neue Ehe ein.

Die mächtige Schildmauer der mittelalterlichen Burg Amelungshagen stand wie ein Bollwerk dem von der Bergseite angreifenden Feind gegenüber. Sie stammt aus dem 13. Jahrhundert. Im Inneren führt eine Wendeltreppe zum Wehrgang.

Im Jahr 1708 starb das Geschlecht der Wollmershausen aus. Das Schloß kam in den Besitz der Schwiegersöhne des letzten Vertreters der Familie, an die Pappenheim, Clengel und Holtz. Von dem letzten Freiherrn von Holtz kaufte der Leibarzt Blüchers, Generalarzt von Horlacher, das Schloß.

Horlacher wurde von General Blücher außerordentlich geschätzt. Während der Befreiungskriege leitete Horlacher ein Lazarett, wobei er mit dem ergrauten General in Verbindung kam. Seitdem ließ Blücher »seinen Horlacher« nicht los. Er mußte in Blüchers Umgebung bleiben, der ihm sein Vertrauen schenkte und seine Ratschläge pünktlich befolgte, wie zeitgenössische Berichte bezeugen. Als der General, wie er es gern zu tun pflegte, bis nach Mitternacht beim Spiel saß und darüber von Horlacher zur Rede gestellt wurde, lenkte der sonst aufbrausende Blücher ein: »Ja, Horlacher, Ihr seid ein braver Kerl. Ich werde in meinem ganzen Leben nicht vergessen, was Ihr an mir getan habt und zum Beweis, daß ich Euch und Euere Vorschriften hochachte, will ich alles im Stiche lassen und sofort zu Bette gehen.« Im April 1813 schrieb Blücher an seine Frau: »Ich bin wieder völlig gesund. Das verdammte Fieber hat mich recht geschoren. Aber mein alter Horlacher wußte bald Rat.«

Später führte Horlacher eine ausgedehnte Privatpraxis. Beim Fürsten Hardenberg wurde er Hausarzt, und auch König Friedrich Wilhelm III. konsultierte ihn. 1823 ging er in den Ruhestand und kaufte das Schloß Amlishagen. Er wohnte nicht ständig dort – häufiger in Crailsheim –, aber er leistete in drei Jahrzehnten als Patronatsherr Außerordentliches für den Ausbau des Wegenetzes, für Kirche, Schule und Feuerwehr.

Der jetzige Besitzer des Schlosses, Wolfgang Bürger, ist ein Großneffe des Generalarztes von Horlacher. Die Mitglieder der Familie Bürger sitzen seit 1702 auf dem Schloß, zunächst als Verwalter, Rentamtmänner und seit 1852 als Besitzer. Seit über vierzig Jahren fühlt sich Wolfgang Bürger nach seinen Angaben mit dem Land Saudi-Arabien und seinem Königshaus verbunden. Nach dem Tod von König Feisal gab er daher dem Schloß den Namen »Feisal«, wie es auch am Eingang steht. Darüber befinden sich gekreuzte Krummschwerter in roter Farbe. Im Schloß ist die Forst- und Schloßverwaltung untergebracht. Eine Etage ist vermietet.

Ebenfalls unmittelbar bei Gerabronn ist beim Hof Bemberg noch der Turmstumpf der ehemals ansehnlichen *Bebenburg* zu sehen. Dieser Rest eines mit Buckelquadern versehenen Bergfrieds aus dem 12. Jahrhundert ist wegen des schlechten Geländes schwer zugänglich. Die Ruine ist im Gebüsch und im Unterholz völlig verborgen. Die um 1140 erstmals genannten Ritter von Bebenburg waren ein bedeutendes Geschlecht. Wolfram von Bebenburg gründete um 1157 das Kloster Schöntal. In einer Urkunde Barbarossas vom 15. März dieses Jahres wurde die dem Zisterzienserorden übergebene Klosterstiftung anerkannt und unter kaiserlichen Schutz gestellt. Wolfram hatte damit ein Kreuzzugsgelübde eingelöst. Ein bedeutender Vertreter des Geschlechts war Lupold, Verfasser staatspolitischer Schriften und elf Jahre lang Bischof von Bamberg. Er war auch der Gründer des Klosters Anhausen bei Gröningen. Sein Standbild ist an der »Anhäuser Mauer«, dem letzten Rest des Klosters – zusammen mit vier anderen Persönlichkeiten aus dem Geschlecht der Bebenburg –, noch heute zu sehen.

Die meisten späteren Angehörigen des Geschlechts waren Bürger von Rothenburg, andere standen im Dienst des Markgrafen von Ansbach. Burg und Herrschaft verkauften sie um 1380, im Jahr 1449 wurde die Burg zerstört.

Südlich der Bebenburg – im Wald versteckt – liegt die *Ruine Werdeck* am Rand des Brettachtals. Nur noch Reste der Schildmauer und der Gräben sind vorhanden. Die Burg wurde 1220 erstmals erwähnt; sie kam später an die Hohenlohe und die Burggrafen von Nürnberg. Der Zeitpunkt ihrer Zerstörung ist unbekannt, 1542 soll sie jedoch noch gestanden haben.

11 Schloß Kirchberg. Einst prunkvolle fürstliche Residenz

Steil über der Jagst ragt der gewaltige langgestreckte Komplex des Hohenlohe-Schlosses Kirchberg. Der Fluß führt hier in weitem Bogen um Schloß und Städtchen, die beide eine Einheit bilden. Die Gebäude des Schlosses gruppieren sich um drei Höfe. Um 1240 stand hier eine Burg der Herren von Kirchberg, die im Jahr 1313 jedoch schon in den Besitz des Geschlechts der Hohenlohe gelangte. Sechzig Jahre später genehmigte Kaiser Karl IV. den Hohenlohe, bei der Burg eine Stadt zu errichten. Kurz darauf verpfändete Ulrich von Hohenlohe allerdings seinen Besitz an die drei Reichsstädte Rothenburg, Hall und Dinkelsbühl, und wenig später wurde aus der Verpfändung sogar ein Verkauf. Die Städte bemühten sich, Burg und Stadt festungsmäßig auszubauen; nur noch ein Teil der Stadtbefestigung ist heute von dieser reichsstädtischen Bautätigkeit erhalten. Erst rund 150 Jahre nach dem Verkauf, im Jahr 1562, konnte Graf Johann Casimir von Hohenlohe Burg und Stadt zurückerwerben. Aber organisatorische Schwierigkeiten, die Einführung der Reformation und sein baldiger Tod verhinderten Veränderungen an der verwohnten Burg.

Erst Graf Wolfgang II., der gleichzeitig auch den Ausbau von Weikersheim mit so großer Aktivität betrieb, plante um 1590, Kirchberg einerseits zu einer modernen Festung auszubauen und andererseits die Burg in einen wohnlichen Zustand zu versetzen. Jedoch kam die Befestigung der Stadt überhaupt nicht, der Ausbau des Schlosses nur teilweise zur Ausführung. Wohl wurde das Schloß von Grund aus neu erbaut, aber es war allenfalls ein wehrhafter Bau, nicht jedoch die vorgesehene Festung. Der Neubau, zu dessen Planung Graf Wolfgang den schon in Weikersheim bewährten Baumeister Georg Stegle heranzog, enthielt die Fundamente der alten Burg und bekam eine Vierflügelanlage mit Eckbastionen und einen Rittersaal. Unter den Ausführenden des Baues ist vor allem Servatius Körber zu nennen, dessen Amtsführung zwar von den Neuensteiner Räten beanstandet wurde, weil sich in der Tat immer wieder Risse und andere Schäden zeigten, der aber trotz solcher Mißerfolge leitender Baumeister blieb. 1597 wurde der Bau vollendet.

Unter Graf Carl August, dem einzigen überlebenden Sohn von elf Geschwistern, entwickelte sich das Schloß zur Barockresidenz. Mit 18 Jahren war Carl August von seinem Vater für einige Zeit nach Paris geschickt worden. Als Dreißigjähriger übernahm er die Regierung des Ländchens. In Paris hatte er so viel vom Wesen der Baukunst in sich aufgenommen, daß er sich zutraute, in der Heimat etwas Besonderes zu schaffen. Er wandte sich an den Italiener Leopoldo Retti, der seit 1730 am Hof des Markgrafen von Brandenburg-Ansbach als Baudirektor wirkte, um sich seiner Mitarbeit zu versichern. Der Markgraf von Brandenburg-Ansbach war mit einer Schwester Friedrichs des Großen vermählt und fühlte sich verpflichtet, etwas von dem königlichen Glanze auch in Ansbach erstrahlen zu lassen. Retti hatte von seinem Onkel Frisoni in Ludwigsburg viel gelernt und war ein junger, moderner Architekt, der großzügig zu planen und zu bauen verstand. Retti lockerte den strengen Bau im Stil der Zeit auf und gab ihm barocke Züge. Aus dem Vorhof wurde ein Ehrenhof mit zwei leicht nach hinten zusammenlaufenden Flügeln, die den Hof tiefer erscheinen ließen. Zwei gegenüberliegende Brunnenhäuser wurden vor die beiden Flügelbauten gesetzt. Die nun steinerne Brücke über den zum Schloß führenden Graben flankierten malerische Schilderhäuschen, auf denen zwei aus den Flammen aufsteigende

Phönixe – Tiere des hohenlohischen Hausordens – postiert waren. Ein großes Wachhaus wurde in die Mitte gesetzt, so daß der Ehrenhof nicht über die Mittelachse betreten werden konnte, sondern nur von den beiden Seiten. Für den von der Stadt ankommenden Besucher bietet sich das Bild eines weiträumigen Schlosses.

Auch an der inneren Ausgestaltung des Schlosses war Retti wesentlich beteiligt. Die ausführenden Kräfte stammten zum Teil aus dem Land, wobei sie sich oft als beachtliche Könner erwiesen. Die Arbeiten wurden im Jahr 1738 begonnen und dauerten bis etwa 1760. Die hervorstechendste Leistung Rettis liegt besonders in der weitgehenden Erhaltung des Renaissance-Baues und der harmonischen Zusammenführung unterschiedlicher Bauelemente zu einer Einheit.

Carl August gehört in die Reihe der baulustigen Barockfürsten, wie sie für das 18. Jahrhundert typisch sind. Es ist ihm anzurechnen, daß er trotz aller Freude am Prunk immer mit den beschränkten finanziellen Möglichkeiten rechnete, die ihm sein kleines Ländchen gewährte. Unter ihm wandelte sich der ernste Charakter des Renaissance-Schlosses zum sinnesfrohen Barockbau. Das Schloß ist das Beispiel einer hohenlohischen Residenz, die allein vom Architektonischen her und weniger durch die Proportionen und die künstlerische Leistung wirkt. Die bauliche Entwicklung vom Renaissance- zum Barockschloß erstreckt sich im wesentlichen auf die Jahre von 1590 bis 1760, also einen Zeitraum von rund 170 Jahren. In den folgenden Jahrzehnten ist nicht mehr viel Entscheidendes am Schloß geschehen.

Wenn der Platz auf dem Bergsporn, auf dem das Schloß liegt, nicht so sehr beschränkt gewesen wäre, hätte Carl August sicher einen dem Schloß adäquaten Hofgarten anlegen lassen. So aber mußte er sich mit Kompromissen begnügen. Der bis dahin bestehende Hofgarten hatte keine räumliche Verbindung mit dem Schloß. Die natürlichen Voraussetzungen des Geländes waren wegen des steilen Abfalls für die Anlage eines Gartens im französischen Stil ungünstig. Die große Zeit für den Kirchberger Garten kam erst, als der »Englische Garten« modern wurde, denn jetzt konnten die natürlichen Gegebenheiten einbezogen werden. Jeder Quadratmeter wurde genutzt. Auch unter den Brücken, die einzelne Schloßteile verbinden, schmücken heute Blumenrabatten, Gebüsch und Grasflächen das Gelände, wobei sich oft ein hübscher Durchblick ergibt.

Auch der Sohn Carl Augusts, Graf (später Fürst) Christian Friedrich Carl, hat bis in die heutige Zeit Nachwirkendes geschaffen. Er baute den Garten großzügig aus und plante darüber hinaus eine figürliche Ausstattung des Gartens. Dazu mußte er auswärtige Kräfte heranziehen. Seine Wahl fiel dabei auf den Bildhauer Georg Kaspar Clemm aus Sachsen-Hildburghausen. Ihm und dem Hofbildhauer Johann Michael Meyer verdanken wir die reizvollen Putten in ihren tänzerischen Posen und Tierfiguren sowie den Aufgang zum Schloß bewachenden Löwen, die alle heute noch den Besucher erfreuen. An diesen Schloßherrn erinnert eine Tafel am Stadttor: »Der Vater des Vaterlandes Fürst Christian Friedrich Carl gab dem ehemals baufälligen Eingang die gegenwärtige Gestalt. 1774.«

Im Jahr 1861 starb die Familie Hohenlohe-Kirchberg, die eine selbständige Linie des Hauses Hohenlohe war, aus. Nun stand der riesige Bau jahrzehntelang leer. Erst nach dem Zweiten Weltkrieg, im Jahr 1947, wurde das Schloß einer neuen Bestimmung zugeführt

und als Alten- und Pflegeheim der Evangelischen Heimstiftung eingerichtet. Natürlich mußte es zu diesem Zweck umgebaut werden. Die meisten Räume wurden verkleinert und der Rittersaal zu einem ansprechenden Vortrags- und Konzertsaal umgebaut. Die Originalgemälde in der Kassettendecke des Saales wurden ausgebaut und nach Neuenstein gebracht, wohin auch ein großer Teil der Möbel verbracht wurde. 1979 fertigte der Maler Alfons Hirt Kopien der Gemälde. Da der Vorbesitzer Fürst Kraft zu Hohenlohe-Öhringen alle beweglichen Einrichtungsgegenstände entfernt hat, ist das Schloß natürlich an Kunstwerken ärmer geworden. Aber vieles Schöne, wie beispielsweise die Haupttreppe, blieb erhalten. Vierfach gebrochen steigt bei ihr der Handlauf um einen von Pfeilern getragenen quadratischen Schacht, der immer neue Durchsichten bietet. Auf den Treppenenden thronen Sphinxe. Die Außenfassade wurde neu verputzt. Der Charakter des Schlosses als Barockresidenz blieb gewahrt, und auch in der kleinen Stadt, die mit dem Schloß eine Einheit bildet, stößt man immer wieder auf Spuren der Vergangenheit.

Die harmonische Zusammengehörigkeit des langgestreckten Kirchberger Schlosses mit dem Ort zeigt sich auf diesem Bild, das auf halbem Weg zum Jagsttal aufgenommen ist, ganz deutlich. Das Schloß und das alte Residenzstädtchen bilden eine Einheit. Die Schloßgebäude sind um drei Innenhöfe gelagert. Den mittleren Hof umgeben die vier Flügel des eigentlichen Schlosses, das sich auf dem Platz einer Burg der Herren von Kirchberg erhebt.

12 Hornberg. Von der Burg zum Renaissance-Schloß

Gegenüber der mächtigen Front des Kirchberger Schlosses liegt jenseits der Jagst auf einer schmalen, steil abfallenden Bergzunge die vollständig erhaltene Burg Hornberg, ein eindrucksvoller Edelsitz aus dem Mittelalter, der sich im Lauf der Jahrhunderte zum Schloß entwickelt hat. Als ihre Erbauer gelten die Herren von Sulz, deren ursprüngliche Burg auf dem benachbarten Bergsporn lag; von ihr sind noch geringe Reste vorhanden. Nur kurze Zeit saß das Geschlecht von Sulz auf der um 1216 erbauten neuen Burg, denn schon bald veräußerten sie die Anlage an ihre Verwandten, die Edlen von Horneck zu Hornberg, Lehensleute des Grafen von Hohenlohe. Die Herren von Hornberg waren in jener Zeit sehr begütert und wurden mehrfach in Urkunden genannt. So verschrieben im Jahr 1328 die Brüder Hermann, Heinrich und Engelhard von Hornberg sich und ihre Burg auf drei Jahre dem Dienst Krafts II. von Hohenlohe, der im Besitz des nahen Kirchberg war. Gerlach von Hornberg erhielt von Kaiser Karl IV. die Erlaubnis, zu »Hornburk eine Stadt zu bauen und daselbst einen Stock und Galgen zu haben«. Er machte jedoch von dem Recht der Ausübung einer eigenen Gerichtsbarkeit keinen Gebrauch.

Bis 1589 – wohl dem Jahr ihres Aussterbens – läßt sich die Familie Hornberg in wichtigen Ämtern nachweisen, zu einer Zeit also, in der sie nicht mehr auf ihrer Burg saß. Damals bestanden auch verwandtschaftliche Beziehungen zwischen den Familien Hornberg und Crailsheim. 1571 heiratete Hans von Crailsheim Amalie von Hornberg-Horneck. Die Burg Hornberg gehörte nacheinander dem Bischof von Würzburg, dem Pfalzgrafen bei Rhein und den Hundt von Wenkheim. Lange Zeit war sie eine Ganerbenburg, das heißt eine Burg, in deren Besitz sich mehrere Geschlechter teilten.

In der zweiten Hälfte des 15. Jahrhunderts wurde die Burg in Etappen von den Freiherren von Crailsheim erworben, denen sie noch heute gehört. 1456 kam der Hundtsche Teil an sie, 1504 der pfälzische. Im letzten Fall ging eine ernste Demütigung des Pfalzgrafen bei Rhein voraus. Über ihn wurde die Acht erklärt, und damit war auch sein Anteil an Hornberg verloren, und die Lehensherrschaft fiel an den Markgrafen von Brandenburg. Die Soldaten des Markgrafen belagerten den Teil der Burg, die dem Pfalzgrafen bei Rhein gehörte, und hätten sie zerstört, wenn sich die Besatzung nicht ergeben hätte. In einer zeitgenössischen Chronik liest sich das so: »Am Sonntag nach St. Galli (20. Oktober) 1504, eine Stund vor Mittag, ist Hornpurg an der Jaxt, der Theil, so dem Pfalzgrafen zu lehen gehet, in des Markgrafen Friedrich Namen eingenommen worden und ist Hauptmann gewest Wendel von Schrotzberg, hat gehabt 28 zu Fuss und 8 Pferd (Reisige)«.

Die Burg hatte damals drei Tore, je eines vor und hinter der Zugbrücke und eines zum inneren Hof führend. Der Hauptmann ließ vor dem äußeren Tor ein Geschütz auffahren, worauf die kleine Besatzung die Tore öffnete und sich ergab. Der Markgraf von Brandenburg belehnte daraufhin den Freiherrn Schwan von Crailsheim mit der zweiten Hälfte von Hornberg.

Während des Bauernkrieges, im Mai 1525, wurde die Burg – wie auch die benachbarten Schlösser Sulz und Lobenhausen – teilweise zerstört. Ein Mitglied der Familie, Caspar von Crailsheim, wurde im nahen Erkenbrechtshausen in seinem Haus gefangen gehalten und gezwungen, der Bauernschaft beizutreten und sich Hans Bauer zu nennen. Beim Durchzug Karls V. im November 1546 wurde die Burg in Verteidigungszustand versetzt, was beweist, daß sie bereits wieder aufgebaut war.

Von der mittelalterlichen Burg Hornberg ist aus der Stauferzeit der mit der Schildmauer verbundene Bergfried aus Buckelquadern übriggeblieben. An der West- und Nordseite umschließen die beiden Wohngebäude den Hof. Sie sind durch einen Treppenturm verbunden und zeigen Renaissanceformen des ausgehenden 16. Jahrhunderts.

Von Bedeutung für das Bauwerk war vor allem Johann Philipp von Crailsheim-Morstein, der von 1563 bis 1627 lebte und vorwiegend auf Hornberg seinen Sitz hatte. Er baute die Burg zu einem Renaissance-Schloß um. Johann Philipp ist auch der Gründer des Dorfes Hornberg. Bis zum Jahr 1588 bestanden nur das Schloß und eine kleine Domäne. Erst von da an bildete sich eine zunächst recht ärmliche Gemeinde, die lange Zuschuß aus Mitteln der Familie der Freiherren von Crailsheim und auch staatliche Unterstützung benötigte. Johann Philipp hat über die Gründung berichtet: »1588 habe ich, Hans Philipp von Crailsheim angefangen, den Flecken vor dem Schloß zu bauen, und erstlich das Pfarrhaus auf meine Kosten gebaut und einen eigenen Pfarrherrn anher verordnet. Folgendes

Jahr hab ich das Wirtshaus erbaut und so von Jahr zu Jahr den Unterthanen neue Häuser aufrichten lassen«. Also zuerst eine Obrigkeit ohne Untertanen, Kirche und Pfarrer ohne Gemeinde, ein Wirtshaus ohne Volk, wie die Gerabronner Amtsbeschreibung von 1847 treffend bemerkt.

Der Dreißigjährige Krieg forderte von den Crailsheimern so große Opfer, daß die in Hornberg lebende Linie nach dem Tod von vier männlichen Mitgliedern ausstarb und das Erbe an eine andere Linie fiel. Wesentliche Umbauten des Schlosses erfolgten in den Jahren zwischen 1705 und 1729 unter Friedrich Wilhelm von Crailsheim. Es ist noch heute im Besitz der Familie von Crailsheim, die es aber nicht selbst bewohnt.

Das Schloß – das nicht besichtigt werden kann – ist durch einen breiten und tiefen Graben, über den eine Steinbrücke führt, vom Dorf getrennt. Aus der Stauferzeit ist noch der mit einer hohen und starken Schildmauer verbundene viereckige Bergfried vorhanden. Er lehnt sich von außen an die Mauer an. Ringsum führt ein ummauerter Zwinger. Im Norden und Westen befinden sich die Wohngebäude. Zwei geschweifte Renaissance-Giebel fallen am Westflügel auf. Der Nordflügel setzt sich zusammen aus zwei Häusern, die durch eine gemeinsame Wendeltreppe miteinander verbunden sind.

In *Gröningen*, nahe Satteldorf, erbauten Hans Philipp von Crailsheim und seine Gattin Anna Margarete von Berlichingen in den Jahren zwischen 1623 und 1625 ein Renaissance-Schloß mit schönem Giebel, Fries und zierlichen Erkern. Über dem Eingangstor befindet sich das Allianzwappen derer von Crailsheim und von Berlichingen. Schon Jahrhunderte vor dem Schloßbau hatten die Freiherren von Crailsheim Besitz in Gröningen sowie auch im nahegelegenen Erkenbrechtshausen. Der Bauherr konnte sein neues Schloß nicht lange bewohnen, da er zwei Jahre nach der Vollendung im Alter von siebzig Jahren starb. Durch Erbschaft und Kauf ging das Gebäude später an die Herren von Seckendorff über. Um die Mitte des 18. Jahrhunderts ließ die Familie das Schloß für einige hundert Gulden herrichten, jedoch war es um 1800 schon wieder so verwahrlost, daß nur mit Mühe ein Käufer gefunden werden konnte. Mehrere bürgerliche Familien wechselten im Abstand von einigen Jahren als Besitzer. Seit 1963 gehört das Schloß Frau Hedwig Thoma. Das Erdgeschoß ist als Gaststätte verpachtet, die Räume wurden 1976 renoviert und modernisiert; die beiden oberen Stockwerke stehen seit 1971 leer.

Südlich von Hornberg und Kirchberg erhebt sich über dem Gaggstatter Teilort Lobenhausen der Burgberg, auf dem einst die *Burg Lobenhausen* stand. Sie lag auf dem östlichen schmalen Teil eines Bergrückens. Durch ein Rundbogentor betritt man den früheren Burgplatz, auf dem heute moderne Bauernhäuser stehen. Von der Hauptburg und der Mauer sind nur noch geringe Reste vorhanden, im Burgbezirk an Gebäuden noch die evangelische Kapelle. Die Herren von Lobenhausen erbauten über dem Ort eine Höhenburg, die zwar urkundlich zum erstenmal zu Beginn des 14. Jahrhunderts erwähnt wird, aber schon viel früher bestanden haben muß. Schon 1298 war sie im Besitz der Hohenlohe. Kurz zuvor soll auf der Burg ein Nonnenkloster gegründet worden sein, das bald nach Mistlau verlegt wurde. Die Burg wechselte mehrfach den Besitzer und wurde 1645 durch französische Truppen geplündert und wahrscheinlich auch teilweise zerstört. Im 18. Jahrhundert wurden die Burggebäude an private Interessenten verkauft.

13 Burleswagen. Einst Doppelburg – heute repräsentatives Schloß

In der langen Geschichte des Schlosses Burleswagen war das Jahr 1634 das schlimmste. Es brachte Vernichtung und Zerstörung durch die nach der Schlacht von Nördlingen zurückflutenden siegreichen kaiserlichen Truppen, da das nördlich von Crailsheim auf einem Bergsporn in der Nähe des Ortes Satteldorf gelegene Schloß auf ihrem Weg lag.

Ein großer Teil der Bewohner von Satteldorf hatte in dem vom Freiherrn von Wollmershausen verlassenen Schloß Zuflucht gefunden. Als ein Trupp kaiserlicher Dragoner vor dem durch Wall, Graben und Palisadenzaun geschützten Schloß erschien, schossen einige Bauern und trafen den das Unternehmen leitenden Fähnrich der Dragoner tödlich. Schon öfter war es den Bauern unter der unerschrockenen Führung ihres tapferen Pfarrers Simon Löw gelungen, durch solche Attacken Soldaten während des Dreißigjährigen Krieges zu vertreiben. Diesmal aber kehrten die Dragoner mit Verstärkung zurück und beschossen das Schloß. In Angst und Verwirrung flüchteten viele der Eingeschlossenen, indem sie sich an Seilen und Stricken über die hintere Mauer des Schlosses herabließen und durch die Jagst in die Freiheit schwammen.

Die Zurückgebliebenen, meist Frauen, Kinder und Greise, wollten sich ergeben, konnten aber das Tor nicht öffnen, weil der Schultheiß auf der Flucht unbedachterweise die Schlüssel mitgenommen hatte. Darauf öffneten die Kaiserlichen das Tor mit Gewalt und töteten jeden, den sie erreichen konnten. Das Schloß steckten sie in Brand. Diese Zerstörung war die entscheidende Zäsur in der Geschichte von Burleswagen. Noch im Jahr 1689 war ein großer Teil des Schlosses nicht viel mehr als ein Steinhaufen. Erst später entstanden über längere Zeiträume die heutigen Bauten.

Die Geschichte von Burleswagen läßt sich weit zurückverfolgen. Schon im Jahr 1085 erscheint die Burg als Sitz der Edelfreien von Burleswagen. Der ursprüngliche Name war Burlougesuac, was etwa Burgwald heißen mag. Nach der Sage soll ein Kaiser, der nach Rothenburg an der Tauber zog, vor den Räubern von Burleswagen gewarnt worden sein; darauf sei die Burg in Reichsbesitz übernommen und als Lehen an verschiedene Geschlechter vergeben worden. Seit der Mitte des 14. Jahrhunderts wurde die Burg ständig vergrößert, bis eine weitläufige Doppelanlage entstand. Es gab eine vordere und eine hintere Burg, die beide wieder in verschieden große Besitzanteile zerfielen, so daß die Geschichte von Burleswagen außerordentlich verwickelt ist.

Es war eine ausgesprochene Ganerbenburg, also eine Anlage, die von mehreren Geschlechtern gleichzeitig bewohnt wurde. Da erscheinen die Berlichingen, die Bebenburg, die Wollmershausen, die Lickhartshausen, die Ellrichshausen, die Wildenholz, das Geschlecht der Füchse von Dornheim und andere Namen. Die Oberlehensrechte hatten eine Zeitlang Würzburg, Brandenburg-Ansbach und Hohenlohe, aber an ihre Stelle traten bald andere Lehensträger. In einem Lehensvertrag von 1398 empfing beispielsweise Arnolt von Bebenburg einzelne, genau aufgezählte Teile der Anlage von dem Grafen Ulrich von Hohenlohe. Die Besitzverhältnisse waren so verwickelt wie kaum sonstwo in Hohenlohe und daher kaum zu überschauen. So war am Ende des 15. Jahrhunderts die hintere Burg zu vier Neunteln brandenburgisches Lehen, zu drei Neunteln würzburgisch, zu zwei Neunteln hohenlohisch. Der dauernde Besitzwechsel und die hohe Zahl von Ganerben brachte viele Streitigkeiten mit sich.

Erst im 18. Jahrhundert wurden die Verhältnisse durchsichti-

Schloß Burleswagen mit Neidenfels nach einer Lithographie von Pons um 1825.

ger, nachdem auch das Schloß in neuem Glanz erstanden war. Die vordere Burg war seit 1759 ganz im Besitz der Familie von Seckendorff, die 1820 diese an den Regierungsrat von Pistorius verkaufte. Pistorius war offenbar eine eigenwillige Persönlichkeit. Er hatte noch an der Karlsakademie, der Gründung des Herzogs Karl Eugen, studiert und bekleidete im Staatsdienst die Stelle eines Kameralbeamten in Heilbronn. Dort wurde er aus unbekannten Gründen entlassen und bot daraufhin seine Dienste der österreichischen Regierung an. Der Briefwechsel wurde abgefangen, Pistorius als Staatsverbrecher nach Backnang gebracht und unter polizeiliche Aufsicht gestellt. Erst nach dem Tod König Friedrichs kam er frei und brachte Burleswagen durch Kauf in seinen Besitz.

Graf Üxküll-Gyllenband, der nächste Schloßbesitzer, erstellte um die Mitte des 19. Jahrhunderts neue Wohnbauten auf der Südseite und gestaltete den ehemaligen im Erdgeschoß an der Nordwestecke befindlichen Pferdestall in eine Grabkapelle für seine Gattin

Der Unterbau des „Steinhauses“ an der Nordwestecke des hervorragend restaurierten Schlosses Burleswagen stammt aus dem Mittelalter, der Oberbau wohl aus dem 17. Jahrhundert. Reizvoll ist das runde Ecktürmchen, das in Kegelform vorgekragt und aus starken Quadern gefügt ist. Auch auf der Nordseite finden sich noch Reste der alten Umfassungsmauer mit zwei Türmen, an der Südwestecke ein neuer Turm auf alten Grundmauern vielleicht des 10. Jahrhunderts.

um. 1876 ging der Besitz an den General von Soden, unter dem das Rittergut aufgelöst wurde. Der handschriftliche Kaufvertrag liegt noch vor und regelte Einzelheiten. Später bewohnte eine Erbengemeinschaft Stutz sowie ein Major Mörike – ein Verwandter des Dichters – das Schloß, bis es 1923 in den Besitz der Familie Thorban überging, der es noch heute gehört. Die Familie übernahm das leere Schloß und mußte es völlig neu einrichten. 1937 wurde das Schloß zudem erweitert. Die jetzigen Besitzer, die Brüder Thorban –

Gustav, ein Fabrikant und vielseitiger Sammler und der Chirurg Professor Dr. Wilhelm Thorban – haben das Schloß in den Jahren 1966 und 1977 hervorragend restauriert und zu einer beachtlichen Anlage ausgebaut. Der Architekt Peter Haag, der auch beim Wiederaufbau von Langenburg beteiligt war, leitete den Ausbau.

Auch die mittelalterlichen Teile sind gut gepflegt. Im grasbewachsenen Schloßhof steht der eindrucksvoll erneuerte Stumpf des Bergfrieds mit Buckelquadern aus der Stauferzeit, der sogenannte Römerturm. Reste der alten Burgmauer stecken noch am Hang im Boden. Am markantesten wirkt der auf alten Grundmauern des Mittelalters ruhende, weithin vom Tal sichtbare Wohnturm an der Nordwestecke.

Direkt unterhalb von Schloß Burleswagen stand seit dem Ende des 14. Jahrhunderts die *Burg Neidenfels*. Sie wurde 1085 zum erstenmal als Besitz des Hartmut Fuchs von Dornheim erwähnt, der zuvor auf Burleswagen saß. Er ist vermutlich der Erbauer. Auch sie wechselte häufig die Besitzer. Im Dreißigjährigen Krieg wurde sie zerstört, aber bald von den Freiherren von Ellrichshausen als Komplex zweier aneinanderstoßender Flügel – einem Wohngebäude für den Besitzer und einem Wirtschaftsgebäude – wieder errichtet. Burleswagen und Neidenfels standen jahrhundertelang in engem Kontakt.

Die dicht an der Jagst gelegene Burg wurde mehrfach durch Wolkenbrüche und Überschwemmungen heimgesucht. Im Jahr 1702 konnten sich die Bewohner nur mit Mühe auf einen Felsen retten, wo sie die Nacht verbringen mußten. Das herrschaftliche Schloßgebäude und die Kapelle, die der heiligen Mechthild geweiht war, mußten 1850 wegen Baufälligkeit abgebrochen werden, das Wirtschaftsgebäude stand noch bis 1974. Heute erinnern nur noch der Keller und ein Mauerrest an das Schloß. Aus dem Schloßhof ist ein Parkplatz geworden.

Am östlichen Rand des hohenlohischen Gebiets südlich von Crailsheim stößt man in dem gleichnamigen Dorf auf die stattliche *Burg Rechenberg,* die reizvoll über einem Stausee inmitten dunkler Wälder liegt. Im Jahr 1229 wurde die Übergabe der Burg durch die Grafen von Öttingen an die Familie von Rechenberg erwähnt; sie muß also schon früher erbaut worden sein. Von den zahlreichen Adelsfamilien, die das Schloß besaßen, war eine der bedeutendsten die Familie Steinhäuser von Neidenfels, die die Burg 1532 von Ellwangen erwarb und zum Schloß ausbaute. Unter ihr trat der Ort zur Reformation über. Deutlich sind die verschiedenen Bauabschnitte zu erkennen. Vorne der gedrungene, breit hingelagerte wehrhafte Rundbau, der sich schützend vor die ganze Anlage stellt mit den aufgestockten späteren Teilen. Schräg dahinter der mit rot-weißen Fensterläden und schönem Fachwerk versehene Wohnbau mit Tor und Türmchen. Graben und hohe Mauern schützen das Anwesen. Die Gemeinde Rechenberg erwarb 1842 das Schloß und veräußerte es 1966 an das Deutsche Jugendherbergswerk. Einige Jahre wurde die Anlage zugleich als Bürgermeisteramt und Jugendherberge genutzt, seit 1974 dient sie jedoch ausschließlich als Jugendherberge.

14 Schloß Vellberg – inmitten einer mittelalterlichen Stadt

Das an einer Schleife des kleinen Flusses Bühler aufragende Vellberg hat einen Schloßbau, der auf den Fundamenten einer ehemaligen mittelalterlichen Burg ruht. Aber im Grunde genommen ist das ganze Städtchen eine Burg. Mit Geschütztürmen, wohlbefestigten Toren, unterirdischen Wehrgängen, Zwingeranlagen und einer gewaltigen Bastion hat sich Vellberg ganz den Eindruck einer mittelalterlichen Stadt erhalten, die für ihre Verteidigung alles getan hat. In der Tat konnte Vellberg auch als einzige Ansiedlung in weitem Umkreis allen Kriegsstürmen trotzen. Die Stadtverwaltung hat sich mit Sorgfalt und Sachkenntnis bemüht, dieses alte Bild, das noch vor sechs Jahrzehnten vom Verfall bedroht war, wieder instand zu setzen. Hermann Künstner faßt als sachkundiger Führer in einer Broschüre alles Wissenswerte für die Besucher zusammen; ihm folgen auch wir.

Als bedeutendstes Gebäude innerhalb der Stadtmauer darf das heutige Schloß gelten, das um 1546 auf den Mauern der 1523 durch den Schwäbischen Bund zerstörten mittelalterlichen Burg vollendet wurde. Diese alte Burg gehörte dem Ritter Wilhelm von Vellberg. Das Schloß, das schön instand gehalten ist und heute als Rathaus und Hotel zugleich dient, fällt schon von weitem durch seine unregelmäßigen merkwürdigen Staffelgiebelaufbauten auf. Im erhaltengebliebenen Unterbau befindet sich die alte Schloßkapelle mit gotischen Fenstern. Sie enthält Fresken aus dem Jahr 1549, die Szenen aus der Leidenszeit Jesu zeigen. Bis 1929 waren sie übertüncht; erst 1961 wurden sie restauriert. Den Altar schmücken Plastiken aus der Riemenschneiderschule. Die Ritter von Vellberg konnten ihre Hauskapelle direkt von den Schloßräumen aus betreten. Die zweischiffige Halle des Erdgeschosses soll einst die Waffenkammer gewesen sein. Im ersten Stock des Schlosses befand sich der Rittersaal.

Wenn der Besucher das Städtchen betritt, durchschreitet er den mächtigen Torturm, das wichtigste Bollwerk auf der Südwestseite. Von hier aus öffnet sich ein weites Rund schöner alter Gebäude. Mit jedem Schritt ergeben sich neue Einblicke. Die oberen Stockwerke des Turms sind mit Schießscharten versehen, auch sind noch Spuren eines Fallgatters und die Öffnung der Pechnase zu erkennen. Am Ende des Torwegs befindet sich der Eingang zu einem unterirdischen Wehrgang, der zum Teil noch heute begehbar ist. Er zog sich einst um die ganze Stadt und ist als einziger in Süddeutschland noch erhalten geblieben. Es ist geplant, ihn wieder ganz freizulegen. Von dem oberirdischen Wehrgang ist heute nichts mehr vorhanden.

An wichtigen Stellen der Befestigungsanlage, mit deren Bau im Jahr 1466 begonnen wurde, dienten Wehrtürme der Sicherung der Burg; von ihnen ist noch ein einziger erhalten. Auf dem Bergvorsprung, der fast senkrecht aus dem Bühlertal aufsteigt, ist heute eine breite Bastion angelegt, die früher den unteren Burghof bildete und Kasematten enthielt. Der gewaltigste Zeuge der einstigen Befestigungsanlage ist der Kanonenturm, der am unteren Zwingertor – dem Zugang vom Bühlertal her – einen wichtigen Teil zum Schutz der Burg bildete. Hinter dem Turm ist man auf mehrere Gänge und Gewölbe gestoßen.

Die Herkunft der Ritter von Vellberg ist nicht bekannt. Das Geschlecht muß indes schon im 9. Jahrhundert in der Gegend gelebt haben. Urkundlich nachweisbar ist die Familie seit 1102. Aus späterer Zeit gibt es rund 300 Urkunden über sie. Aus ihnen geht hervor, daß Vellberg im Jahr 1351 ein Lehen von Hohenlohe war, daß ein Konrad von Vellberg das Kloster Gnadental beschenkt hat

Das Bild zeigt zwei Bauten, die für das Stadtbild Vellbergs charakteristisch sind: Das Schloß, das auf den Grundmauern der Hauptburg der Ritter von Vellberg steht und von weither durch die merkwürdigen Staffelgiebel-Aufbauten auffällt. In ihm sind heute Rathaus und Schloßhotel unter einem Dach vereint. Zum anderen die mächtige Bastion, die früher den unteren Burghof bildete und später befestigt wurde. Heute genießt man von ihr eine schöne Aussicht.

und die Herren von Vellberg an vielen Turnieren in Würzburg teilgenommen haben. Um 1500 erhielt Vellberg städtische Rechte, die Besitztümer und Einkünfte nahmen zu, und Angehörige der adeligen Familie wurden Äbte auf der Comburg. Auch auf der Reichsburg Leofels saßen zeitweilig Ritter von Vellberg und standen dort im Dienste des Kaisers. Mehrere Familienmitglieder teilten sich in den Besitz der Burg Vellberg, die damit zur Ganerbenburg wurde. Die starken Befestigungsanlagen hielten vielen Angriffen stand, und nur im Jahr 1523, als die Vellberger dem Raubritter Wilhelm von Absberg Unterschlupf boten, wurde die Stadt vom Schwäbischen Bund erobert und die Burg zerstört. Konrad von Vellberg baute sie wieder auf und machte die Stadt zur Festung.

Im Jahr 1592 starb das Geschlecht der Herren von Vellberg aus, die Stadt fiel an den Lehensherrn – das Haus Hohenlohe – zurück, der es um 140000 Gulden an die Freie Reichstadt Hall verkaufte. Das Schloß war von diesem Zeitpunkt an Sitz des Amtmanns der Reichstadt. Eine Belagerung im Dreißigjährigen Krieg überstand Vellberg ohne Einbußen, jedoch wurde die Bevölkerung durch die Pest dezimiert. Im Jahr 1802 fiel die Stadt an Württemberg und wurde Sitz verschiedener Behörden. Das mittelalterliche Stadtbild wurde indes vernachlässigt. Um einen weiteren Verfall aufzuhalten, wurde 1936 die »Baugesellschaft Stadtmauer« gegründet, die Vellberg wieder ein mittelalterliches Aussehen verlieh.

Auf der gegenüberliegenden Höhe des Bühlertals liegt die *Stökkenburg,* eine spätgotische Kirche, die dem heiligen Martin gewidmet ist. An ihrer Stelle stand – nachdem etwa um 300 die Kelten den Alemannen wichen – vermutlich eine alemannische vorchristliche Kultstätte, aus der die Franken, als sie nach 500 in das Land drangen, einen Königshof machten. Der Name des erstmals im Jahr 742 urkundlich erwähnten Königshofs Stöckenburg bedeutet nichts anderes, als daß hier eine Befestigung aus Holz stand. Reste wurden nicht gefunden. Eine »Burg« in fränkischer Zeit darf nicht mit einer hochmittelalterlichen Ritterburg verglichen werden. Sie sah wesentlich einfacher aus und besaß lediglich Holzbefestigungen. Etwa um die gleiche Zeit wurde die Martinskirche gebaut, die innerhalb des Lagers oder der Festung Stöckenburg lag. Der Hügel ist damit einer der ältesten christlichen Plätze Nordwürttembergs.

15 Die Tannenburg. Frühere Grenzfeste über dem Bühlertal

Wer von Bühlerzell aus in nördlicher Richtung wandert oder fährt, hat die Tannenburg vor sich. Deutlich sind erkennbar: Rechts das aus dem 16. Jahrhundert stammende Wohnhaus, anschließend der Wohnbau von 1822, ganz links der Palas und vor ihm die ehemalige Burgkapelle.

Ohne den persönlichen Einsatz und ohne die beispielhafte Eigenleistung der Familie Zipperer wäre die Tannenburg heute wohl kaum die eindrucksvolle Anlage, wie sie sich dem Besucher präsentiert. Der in Ulm geborene Ernst Zipperer senior sollte eigentlich das väterliche Sattlergeschäft in der Donaustadt übernehmen. Es zog ihn jedoch mehr zur Kunst. So studierte er und ließ sich zunächst als Maler in Berlin nieder. Aber im Jahr 1931 erwarb er von dem Rittmeister Manfred von Gleich die Tannenburg mitsamt 78 Hektar Land um 80000 Reichsmark und hatte damit seine Lebensaufgabe gefunden: Eine große mittelalterliche Burg zu restaurieren. Dabei fehlte es zunächst am Einfachsten. Der Vorgänger hatte das gesamte Inventar versteigern lassen, und die wichtigste Aufgabe war, die 24 Räume zu möblieren.

Als sein Sohn Ernst Zipperer im Jahr 1950 aus der Kriegsgefangenschaft zurückgekehrt war, übernahm er Hof und Burg. Was er seitdem mit seiner Frau und seinen sechs Söhnen geleistet hat, ist beachtenswert. So wurde – vor allem seit 1970 – die Anlage weitgehend renoviert, der Palas und die Ringmauer restauriert sowie die Wohnhausfassade unter Freilegung ursprünglichen Fachwerks instand gesetzt. Im Sommer 1981 wurden auch der spitzbogige Eingang zur Burg und die Südseite hergerichtet sowie der Hof mit Platten ausgelegt. Das Landesdenkmalamt hat in den letzten Jahren rund fünfzig Prozent der Restaurierungskosten beigesteuert. Da die Familie viele handwerkliche Arbeiten aus eigener Kraft leistete, konnte mit dieser Summe viel mehr erreicht werden. Die 24 Räume, von denen zwei Drittel im Sommer an Feriengäste vermietet werden, enthalten zum großen Teil wertvolle alte Bauernmöbel. Im ehemaligen Palas ist ein kleines Museum eingerichtet; der Raum dient außerdem Familienfesten. Hauptberuflich betreibt die Familie auf dem Gelände der ehemaligen Vorburg einen landwirtschaftlichen Betrieb.

Wie wird die Burg offiziell gewertet? Am Eingangsportal ist seit dem Stauferjahr 1977 eine Tafel angebracht: »Die noch ziemlich intakte Burganlage – eine der geschlossensten Schildmauerburgen des Landes – ist vom Kloster Ellwangen zur Sicherung seines Territoriums angelegt worden. Die spätstaufische Anlage entstammt dem Ausbau der ersten, wohl schwächeren Anlage des 11./12. Jahrhunderts. Unter den noch erhaltenen hochmittelalterlichen Teilen verdient vor allem die Schildmauer Beachtung. Mit ihren vier Metern Stärke ist sie die dickste im Land.«

Die Burg liegt rund zwei Kilometer südlich von Bühlertann auf einer in das Bühlertal vorspringenden Bergzunge. Unterhalb der Burg verlief die wichtige Reichsstraße von Schwäbisch Hall über Ellwangen nach Nördlingen. Im Jahr 1223 wurde die Burg erstmals als ellwangische Grenzveste im Zusammenhang mit einer Familie von Tannenburg erwähnt, deren Mitglieder teils Domherren von Würzburg, teils ellwangische Ministerialen waren. Seit 1300 war die Burg im Besitz der Äbte von Ellwangen, die sie auch häufig besuchten, bisweilen auch länger in ihr residierten. Immer wieder wird die Tannenburg als ellwangische Veste genannt, auf der adelige Vögte mit klangvollen Namen wohnten. Kloster und Stift Ellwangen hatten damals große politische Bedeutung. Die Äbte des Benediktiner-Klosters Ellwangen gehörten seit dem 12. Jahrhundert zu den Fürsten des Reiches. Sie hatten oberhalb ihres Klosters und der Stadt Ellwangen unter der Leitung des Abtes Kuno eine Burg gebaut, die heute den Kern des umfangreichen Schlosses bildet. Einige gebuckelte Ringmauern erinnern noch an die Stauferzeit. Nach einer Zerstörung im Jahr 1279 wurde das Schloß Ellwangen mehrmals erweitert und schließlich zu einem Renaissance-Schloß umgebaut, bis es im Lauf des 18. Jahrhunderts seine heutige prächtige barocke Gestalt erhielt. Von 1460 an regierten Fürstpröpste, Persönlichkeiten, die eine ganze Anzahl hoher Ämter ausübten. Die Tannenburg dient diesen ellwangischen Herren als landwirtschaftliche Reserve und als Erholungssitz für ihre Untergebenen.

Am Ende des 14. Jahrhunderts muß die Tannenburg zerstört

Die Tannenburg im Jahr 1907 von Nordosten.

worden sein, denn der Baumeister Konrad Müller von Giengen erhielt 1398 den Auftrag, die Burg wieder aufzubauen und zu erweitern. Von Kraft von Killingen, dem langjährigen Pfleger der Abtei Ellwangen, ist ein entsprechender Vertrag erhalten. Danach hatte Müller mit seinen Söhnen die Mauern an der Veste Tannenburg nach der alten Stärke aufzurichten, wozu ihnen Ellwangen die Steine, Kalk und Sand, Wasser, Rüstholz und Bretter zu liefern hatte. Die Knechte mußten von Müller auf eigene Kosten gestellt werden. Der Lohn wurde recht kompliziert auf die einzelnen Leistungen aufgegliedert. Aus dem 14. Jahrhundert ist auch eine Aufstellung bekannt über die Abgaben, welche die umliegenden Dörfer, Weiler und Höfe für die Bauten auf der Tannenburg zu liefern hatten. Die Bauern waren dadurch enorm belastet.

Als Herzog Christoph von Württemberg um die Mitte des 16. Jahrhunderts im Streit mit Ellwangen lag, besetzte der Weinsberger Amtmann auf Befehl des Herzogs die ellwangische Tannenburg; zerstört wurde sie jedoch nicht. Während des Dreißigjährigen Krieges wurden schwedische Truppen, die in die Tannenburg eindringen wollten, zurückgeworfen und ihre Geschütze erbeutet. Trotzdem muß die Burg in diesen schlimmen Jahren sehr gelitten haben, denn zahlreiche Rechnungen über Einbauten oder Reparaturen weisen darauf hin.

Als Ellwangen im Jahr 1803 seine Selbständigkeit verlor, wurden Teile der ihm gehörenden Tannenburg an Untertanen verkauft, der Fruchtkasten diente als Speicher, der Förster bezog Wohnung in der Burg, von der weite Teile zerfielen. Wie das Schultheißenamt berichtete, wurden Öfen, Türen, Fenster und selbst Dachziegel gestohlen. Im Jahr 1821 kaufte der Deutschordenshofkammerrat und Kommunalverwalter von Gleich die Tannenburg und restaurierte sie. Von dessen Nachkommen erwarb dann Ernst Zipperer senior die Burg.

Wer die Tannenburg betritt, muß zuvor drei ehemalige Gräben überqueren, deren Zwischengelände heute als Garten genutzt wird. Durch ein spitzförmiges Tor erreicht man den für eine Stauferburg auffallend großen Hof. In ihm überragt eine große, über dreihundert Jahre alte Linde die Dächer. Sachkenner wollen wissen, daß sie im Jahr 1648 nach dem Dreißigjährigen Krieg als Friedenslinde gepflanzt wurde. In ihrer Nähe betritt man den aus dem Jahr 1566 stammenden Renaissance-Wohnbau und den unmittelbar anschließenden Biedermeiertrakt aus dem Jahr 1822 mit den seit 160 Jahren nicht mehr erneuerten, aber trotzdem wohlerhaltenen Treppen. Hier war der herrschaftliche Eingang. In den langen Korridoren stehen die schönen Bauernmöbel, in den Zimmern auch Biedermeier-Möbel. Die Nordseite nimmt die Ringmauer ein. Die mächtige Schildmauer mit ihrer Stärke von über vier Metern beherrscht die Anlage. Den Abschluß der Schildmauer bildet ein efeuumranktes Türmchen aus der Renaissance-Zeit mit einem reizvollen Aufgang und einem wunderbaren Fernblick. An die Westseite der Ringmauer stößt der Palas, in dessen unterem Stockwerk sich eine hohe gewölbte Halle mit gotischen spitzbogigen Fenstern befindet, die jedoch nicht sakralen Zwecken diente. Etwas Ähnliches findet sich im Lande nur in der Burg Ramsberg auf der Schwäbischen Alb. Die ehemalige Burgkapelle – sie gehört zum Gesamtbild der Burg – aus dem 17. Jahrhundert verfällt leider. Sie befindet sich im Besitz der katholischen Kirchengemeinde Bühlertann. Ihre Innenausstattung hat in der 1974 erbauten Kirche im nahen Fronrot Aufnahme gefunden.

16 Comburg. Wehrhafte Burg des Glaubens

Die Comburg bei Schwäbisch Hall in einem Buch über Burgen und Schlösser zu behandeln, ist problematisch. Denn der Gebäudekomplex ist mehr Kloster, Kirche und Chorherrenstift als eine Burg. Indessen sind Kloster und Stift aus einer Burganlage entstanden. Zudem wäre eine Betrachtung über Hohenlohe unvollständig, wenn die Comburg außer acht gelassen würde.

Angehörige der Familie der Grafen von Comburg, die den Kochergau beherrschten und vorher vielleicht in Dettwang bei Rothenburg oder Wülfingen bei Forchtenberg gelebt hatten, bauten sich zu Beginn des 11. Jahrhunderts auf dem Berg südöstlich von Hall eine Burg. Sie gehörten damit zu den zahlreichen Familien, die ihre Sitze in oder bei Orten in der Ebene verließen und auf Höhenburgen zogen. Nur zwei oder drei Generationen lang – also erst kurz vor ihrem Aussterben – treten die Grafen von Comburg wirklich faßbar aus dem geschichtlichen Dunkel des an Urkunden nicht reichen 11. Jahrhunderts hervor, aber ihr Name und ihre Taten sind auch noch heute ein Begriff.

Die Urkunde, in der sie erstmals erwähnt werden, ist der »Öhringer Stiftungsbrief« von 1037. Durch ihn wissen wir, daß damals ein Burkhard von Comburg Graf des Kochergaues gewesen ist. Ihm wurde durch diese Urkunde die Vogtei über das gleichzeitig an Regensburg vergebene Stift Öhringen übertragen und als Entlohnung die Hälfte der Siedlung Hall zu Lehen gegeben. Die Grafen von Comburg waren eine angesehene und einflußreiche Familie und nächste Blutsverwandte des regierenden Herrscherhauses der Salier. Graf Burkhard saß offenbar schon damals auf der Comburg. Von 1079 an verwandelte er die Burg, zunächst ohne Einverständnis seiner Brüder Heinrich, Rogger und Emehard, in ein Kloster. Es wird berichtet, daß Burkhard, dem der westliche Teil der Burg gehörte, jedesmal, wenn sein Bruder, der Kriegsmann Rogger, unterwegs war, ein Stück der großen Ritterburg zu einem Mönchskloster umbaute. Wie eine Prüfung der im Jahr 1948 wiederaufgefundenen Gebeine ergab, war Burkhard verwachsen und damit kriegsuntauglich. Er konnte an den kaiserlichen Heerzügen nicht teilnehmen und wandte sich dem geistlichen Leben zu. Schließlich trat er selbst in ein Kloster ein.

Der Vorgang, daß eine Hochadelsburg in ein Kloster umgewandelt wurde, ist im 11. Jahrhundert nicht selten. Allerdings ging dann in der Regel die Errichtung einer neuen Residenz voraus. Wenn also die Grafen von Comburg ihre namengebende Burg aufgaben und den Platz geistlichen Herren überantworteten, ist anzunehmen, daß sie einen mindestens gleichwertigen Hauptsitz fest in der Hand gehabt haben. Hansmartin Decker-Hauff zieht den Schluß, daß dieser Sitz Hall war, wo ja die Comburger durch den Vertrag von 1037 schon Herrenrechte besaßen.

Im Jahr 1116 starb als letzter seines Geschlechts im Alter von fünfzig Jahren Graf Heinrich von Comburg, Schirmvogt der von seiner Familie in ein Benediktinerkloster umgewandelten Burg. Die Klostervogtei fiel als Erbe an die Staufer und danach an die Bischöfe von Würzburg, in deren Diözese die Comburg lag. Das 12. Jahrhundert bildete unter dem Abt Hartwig (oft auch Hertwig genannt) die Blütezeit des Klosters. Er ließ die Kirche mit prachtvollen Kunstwerken ausstatten und gründete das Frauenkloster gegenüber auf der Kleincomburg. Über dreißig Jahre stand er dem Kloster als Abt vor. Doch der religiöse Schwung erlahmte nach seinem Tod. Nach einer Zeitspanne des Verfalls wurde das Kloster 1488 in ein weltliches adeliges Chorherrenstift umgewandelt. Die meisten Pröpste und Chorherren wurden vom Würzburger Bischof gestellt. In der Zeit der Gegenreformation um die Mitte des 16. Jahrhunderts wurde eine neue Blütezeit eingeleitet, die mit dem barocken Neubau der Stiftskirche um 1715 einen Höhepunkt fand. 1802 fiel das reichsunmittelbare Chorherrenstift der Säkularisation zum Opfer. Von 1807 bis 1810 wurden Teile der Comburg, und zwar die Neue Dekanei, als Residenz für den jüngeren Sohn des Königs Friedrichs, den Prinzen Paul, zugeteilt. Sie war dann neunzig Jahre lang Sitz des Königlichen Ehreninvalidenkorps. 1926 wurde sie Heimvolksschule; und seit 1947 wirkt die Staatliche Akademie für Lehrerbildung in den Stiftsgebäuden.

Obwohl durch die Jahrhunderte hindurch die Bauwerke verändert oder neue hinzugefügt wurden, ist doch noch vieles vom ursprünglichen wehrhaften Charakter der Burg erhalten geblieben. Die ganze Burg ist von einer im 16. Jahrhundert von dem Abt Erasmus Neustetter angelegten 460 Meter langen Ringmauer mit Wehrgang umgeben. Ihr militärischer Wert war nie bedeutend, denn man hatte vergessen, Geschützstellungen einzubauen und zudem einige Schießscharten

Die Schönheit der landschaftlichen Umgebung und die künstlerische Bedeutung machen die Comburg zu einem stets beliebten Ziel. Sie erinnert auch heute noch an das Bild eines befestigten Benediktiner-Bergklosters aus der Blütezeit des Ordens. Das ehemalige Kloster, das ursprünglich eine Grafenburg war, liegt auf einem Umlaufberg des Kochers in unmittelbarer Nähe von Schwäbisch Hall. Hinter der Ringmauer und ihren runden Türmen ragt ein Komplex von verschiedenen Gebäuden, die sich um die Kirche scharen.

falsch angeordnet. So war es ein Glück, daß die Ringmauer nie einer Belastungsprobe ausgesetzt wurde.

Dagegen ist der kunsthistorische Wert des Baues von höchster Bedeutung. Auch die Kunstschätze, die die Kirche birgt, zählen zu den Kostbarkeiten des Mittelalters. Schon das erste Burgtor – das von dem Kloster- und Stiftswappen gekrönt wird – ist in seiner barocken Ausgestaltung sehr eindrucksvoll. Das zweite Tor ist vom Renaissance-Stil geprägt, aber mit den Außenwerken der alten Burg eng verbunden. Der dritte Torbau schließlich bildet den Sockel der ehrwürdigen Michaelskapelle. Neun zierliche Arkadenbögen lokkern die Wand auf. In dem weiten, mehrfach gegliederten Hof ist der Besucher von aus verschiedener Zeit stammenden, teils nach früheren Äbten benannten Bautrakten umgeben, so der Alten und Neuen Dekanei, dem Adelmannbau, dem Wamboldbau, dem Gebsattelbau und anderen.

Am meisten wird aber – neben der Kirche – der Blick gefesselt von dem sechseckigen Bauwerk zwischen der Neuen Dekanei und der Kirche, das im Untergeschoß einen Treppendurchgang und im Obergeschoß eine Galerie enthält. Es ist die Erhardskapelle,

Der Besucher der Comburg muß – bevor er die Kirche erreicht – sich einem gewundenen Anstieg durch Tore und enge Höfe unterziehen, vorbei an rauschenden Brunnen und Renaissance- oder Barockbauten. Über dem ersten Burgtor, das aus der Zeit um 1700 stammt, erscheint das Kloster- und Stiftswappen, ein Leopardenkopf, der in einen Sparren beißt; das Wappen geht auf die Comburger Grafen zurück.

die wahrscheinlich um die Mitte des 12. Jahrhunderts errichtet und um 1230 ausgebaut wurde. Erhard war ein Heiliger, der vor allem im Elsaß, einem Schwerpunkt der staufischen Hausmacht, verehrt wurde. Die Bedeutung dieses in der abendländischen Baugeschichte einmaligen sechseckigen Bauwerks mit seiner Zwerggalerie ist nicht ganz geklärt. Urkunden über Entstehung und Zweck fehlen. War es eine Votivkapelle, ein Reliquienhaus oder ein Baptisterium? Es wird angenommen, daß die Kapelle ein Geschenk des Stauferkönigs Konrad III. war, der nach seinem Sieg über die Welfen bei Weinsberg das Weihnachtsfest 1140 auf der Comburg verbrachte. Vielleicht hat der erste Stauferkönig das Gebäude als eine Votivkapelle in Erfüllung eines uns unbekannten Gelübdes gestiftet. Die Erhardskapelle ist kein Bau aus einem Guß. Es muß mehrere Umbauphasen gegeben haben, auch wurden die Schmuckdekorationen nachträglich angebracht. Der heutige Aufgang zur Galerie ist erst im 18. Jahrhundert angefügt worden. Das Innere der Kapelle enthält wertvolle mittelalterliche Wandmalereien, die erst in jüngster Zeit freigelegt worden sind.

Den Mittelpunkt der Comburg bildet die ursprünglich romanische Kirche, die nach 1700 weitgehend abgerissen wurde und durch Josef Greising als eine vor allem im Inneren barocke Kirche wiederentstanden ist. Sie enthält zwei weltbekannte mittelalterliche Kunstwerke; Deutschlands schönsten und besterhaltenen Radleuchter aus der Mitte des 12. Jahrhunderts mit einem Umfang von über fünfzehn Metern und das Antependium, also den Altarvorsatz. Beide Schöpfungen werden in der Kunstgeschichte als »Spitzenwerke romanischer Goldschmiedekunst« gerühmt. Der Radleuchter symbolisiert das himmlische Jerusalem mit seinen Türmen, das als Stadt des Lichtes aufstrahlt. 412 Figuren, vor allem Propheten und Heilige, bilden die ornamentalen Verzierungen.

Im Antependium erscheint Christus in der Mandorla. Ihm unaufdringlich zugeordnet und in leichter Bewegung werden die zwölf Apostel dargestellt. Seit seinem Bau war das Antependium mit wertvollen Edelsteinen besetzt. Eine Anekdote weiß zu berichten, daß König Friedrich, der ja zu Beginn des 19. Jahrhunderts die ihm neu zugeschlagenen Gebiete ziemlich hart und rücksichtslos behandelte, einige Edelsteine nach Stuttgart bringen ließ. Als König Karl bei einem Besuch das Fehlen der Edelsteine bemerkte, soll der Mesner auf eine entsprechende Frage geantwortet haben: »Majestät, die hat seinerzeit Ihr Herr Großvater gestohlen.« Beide Kunstwerke – der Radleuchter und das Antependium – sind wie vieles andere Abt Hartwig zu verdanken. Im früheren Kapitelsaal, in dem einst je ein Kapitel aus der Heiligen Schrift verlesen wurde, erinnert ein steinernes Lesepult an ihn. Als das Kloster in ein Chorherrenstift umgewandelt wurde und man keinen Kapitelsaal mehr brauchte, wurden in ihm die Grabdenkmäler der Schenken von Limpurg neben der Schenkenkapelle aufgestellt. Durch viele Jahrhunderte hindurch ist die Comburg eine Burg des Glaubens geblieben.

Von den mittelalterlichen, in unmittelbarer Nähe von Schwäbisch Hall gelegenen Burgen sind die Suhlburg und die Geyersburg erwähnenswert. Von der *Suhlburg,* die am Eingang des gleichnamigen Ortes liegt, sind nur geringe Reste übriggeblieben. Von der Straße aus sind sie überhaupt kaum zu erkennen, weil auf ihnen ein Wohnhaus errichtet worden ist. Wer sich die Mühe macht – nur mit Erlaubnis des Besitzers –, einen Hang hinunterzuklettern und sie von unten anzusehen, gewahrt indes mittelalterliche Grundmauern eines Steinhauses in einer Höhe von zwei Stockwerken, auf denen das Haus aufsitzt. Außerdem sind daneben Mauern erhalten geblieben. Die Burg war der Stammsitz der alten hällischen Familie Sulmeister von Sulburg, die sich später Senft von Sulburg nannte. Sie hatte das Unterhändleramt zwischen Lehen und Erbe bei der Saline. Die Burg soll im Jahr 1543 durch fahrlässige Brandstiftung zerstört worden sein. Aus dem Jahr 1622 ist ein Versuch bekannt, sie wieder aufzubauen, der jedoch offenbar nicht in die Tat umgesetzt wurde.

Weitaus ansehnlicher sind die Reste der ehemaligen *Geyersburg,* die im Jahr 1981 restauriert wurde. Sie ist vom Ort Sülz auf einem knapp viertelstündigen Weg den Hangtrauf entlang zu erreichen und liegt verborgen im Wald. Der Bau ist bemerkenswert, weil es sich bei ihm um einen achteckigen Wohnturm handelt, wie er sonst im Lande nicht vorkommt. Er erinnert vielmehr an staufische Burgen in Süditalien. Der Wohnturm, der heute noch etwa 15 Meter hoch ist, wurde im Jahr 1391 von einer Angehörigen der Haller Familie Veldner (oft auch Feldner genannt), einer geborenen Geyer, errichtet. Schon im Jahr 1441 soll er zerstört worden sein. Nach einer anderen Version soll er später den Herren von Münkheim und dann dem Haus Hohenlohe gehört haben, das die Burg verfallen ließ. Während des Bauernkrieges suchten flüchtende Bauern in der verlassenen Burg Zuflucht.

17 Ruine Limpurg. Einstiger Widersacher der Reichsstadt Hall

Bis zum Jahr 1904 kannte man nur die Stelle, an der einst die Limpurg gestanden hatte. Von den Mauern waren nur wenige Reste vorhanden, die zum Aufbau eines Turmes verwendet wurden. Bei Planierungsarbeiten stieß man plötzlich auf eine wohlgefügte Mauerung, die sich als der Bergfried der Burg erwies. Das gab den Anstoß zu Ausgrabungen, bei denen im Laufe eines Jahres große Teile der Burgruine freigelegt und instand gesetzt wurden. Die Ruine liegt südöstlich der Stadt Schwäbisch Hall – die ihre Pflege übernommen hat – auf einer Höhe über dem Kochertal unterhalb eines landwirtschaftlichen Anwesens. Ein kurzer steiler Weg führt zum früheren weitläufigen Burgareal, das die mittelalterliche Anlage noch erkennen läßt, obwohl die Mauern seit der gewaltsamen Zerstörung im Jahr 1575 stark abgetragen sind. Verschiedene Teile wurden wieder aufgemauert, wie ein großer schlanker Torbogen, der Stumpf des Bergfrieds, der früher wohl in den Palas eingebaut war, sowie Zwischenwände, die die Gemächer voneinander trennten, und Reste der Ringmauer. Vom Zwinger hat man einen schönen Blick auf die Stadt.

Die Burg wurde um 1230 durch Walter Schenk von Schüpf erbaut und blieb mehr als drei Jahrhunderte der Stammsitz der Schenken, die sich schon in der nächsten Generation nach ihrer Burg »von Limpurg« nannten. Die Schenken waren ursprünglich staufische Dienstleute, die als Vertreter des Königs von Böhmen – des Erzschenken – das Amt des Reichsschenken ausübten. Der Schenk von Limpurg hatte bei den Krönungen der Könige und Kaiser oder bei feierlichen Hofhaltungen der Kaiser die Stelle des Erzschenken des Heiligen Römischen Reiches zu vertreten. In der »Goldenen Bulle« von 1356, dem Reichsgrundgesetz, das die Königswahl regelte, werden die Schenken von Limpurg in ihrem Amt ausdrücklich bestätigt. Der Schenk zeigte sich bei solchen festlichen Gelegenheiten öffentlich zu Pferde mit einem vergoldeten silbernen Becher, in dem Wein mit Wasser gemischt war, und begab sich zu Fuß zum Kaiser oder König, um ihm aus dem Becher einen Trunk darzureichen. Die Schenken übten nicht nur ein zeremonielles Hofamt aus, sie gehörten zur ständigen Umgebung des Königs und begleiteten die Könige auch auf ihren Feldzügen nach Italien und Polen und auf den Kreuzzügen in das Heilige Land. Ihr Amt galt als wichtig.

Ludwig Uhland hat in seiner Ballade »Der Schenk von Limpurg« – die allerdings jeder historischen Grundlage entbehrt – berichtet, wie das Geschlecht der Limpurg, das damals noch »von Schüpf« hieß, zu dieser Ehre gekommen ist. Demnach soll der Kaiser auf der Jagd sein Gefolge verloren und an einer Quelle von einem hinzukommenden Ritter einen Trunk Wasser dargeboten bekommen haben. »Du schwenktest mir den Becher und füllst ihn bis zum Rand, Du hieltest mir zum Munde das labende Getränk. Du bist von dieser Stunde des Deutschen Reiches Schenk.«

Das Geschlecht der Schenken von Limpurg war im Mittelalter äußerst angesehen. Drei Angehörige des Hauses wurden Bischöfe von Würzburg, Bamberg und Straßburg. Weibliche Mitglieder des Geschlechts amtierten als Äbtissinen der Klöster Gnadental, Lichtenstern und Himmeltal. Zudem festigten die Schenken durch Heiraten innerhalb des süddeutschen Hochadels ihre Stellung. Ihr kaiserliches Hofamt und ihre enge Verbindung zu den hohenstaufischen Kaisern vermehrte ihr Ansehen. Im Streit zwischen dem Hohenstaufenkaiser Friedrich II. und seinem Sohn Heinrich stellte sich Schenk Walter von Limpurg auf

Wie weit die aus einer Veröffentlichung des Jahres 1545 stammende Zeichnung der Limpurg mit dem Fahnenschwinger im Vordergrund den Tatsachen entspricht oder wie weit der Phantasie Spielraum gelassen worden ist, kann heute nicht mehr gesagt werden.

die Seite des Sohnes. Nach dessen Niederlage mußte er seine Haltung mit erheblichen Gebietsverlusten büßen.

Auch auf dem Gebiet der Kunst ist ein Limpurg hervorgetreten: Friedrich von Limpurg war an den Höfen ein geachteter Minnesänger. Er hat am Zug Konradins nach Italien teilgenommen. Wie viele andere Dichter des Mittelalters, in dem der Winter als besonders hart empfunden wurde, besang er mit Vorliebe den Frühling und den Sommer. »Sit willekommen, Frou Sumerzit, sit willekommen, Herr Meie.«

Mit dem unmittelbaren Nachbarn – der Reichsstadt Hall – lebten die Limpurger in fast ständiger Fehde. Hall wäre eigentlich die natürliche Hauptstadt für die Limpurger gewesen. Im staufischen Reich waren beide Glieder des gleichen Herrschaftsbereiches. Aber nach dem Untergang der staufischen Macht kam es zur unnatürlichen Trennung und zu erbitterten Auseinandersetzungen zwischen den staufischen Dienstmannen, die in der Stadt regierten, und den Reichsschenken auf der Limpurg. Die Schenken brauchten Hall als natürliche Hauptstadt des Territoriums, und die Haller brauchten das Holz aus den schenkischen Wäldern zum Betrieb der Saline. Aber die Ritter in Hall erkannten den Schenken nicht als ihren Fürsten an, denn für sie war er ein Dienstmann wie sie, wenn auch von höherem Rang. Die Auseinandersetzungen wurden diplomatisch wie politisch, wirtschaftlich und gerichtlich, aber auch militärisch geführt. Brennende Mühlen und Bauernhöfe, weggetriebenes Vieh, Gefangene und Tote waren das Resultat.

Aber die Stadt Hall behauptete mit Erfolg ihre Selbständigkeit. Alle Kämpfe der Limpurger um die Rechte in der Stadt blieben vergeblich, lediglich das wichtige Zollregal vor den Toren und Brükken der Stadt verblieb ihnen. Die Haller mauerten den Hauptzugang zu ihrer Stadt von der Limpurger Seite her zu. Als der Schenk beim Kaiser darüber Klage führte, soll Sigismund geantwortet haben: »Mögen meine lieben Söhne zu Hall alle ihre Tore zumauern und mit Leitern über ihre Mauern steigen.« Woraus hervorgeht, daß damals dem Deutschen Kaiser die Städte wichtiger waren als die Ministerialen. Volle 112 Jahre blieb es bei diesem Zustand des vermauerten Tores, bis im Jahr 1541 die Stadt Hall die Limpurg von Schenk Erasmus käuflich erwerben konnte. Die Steuerrechnung Nr. 457 des Stadtarchivs in Hall, die den Zeitraum vom Oktober 1540 bis zum Januar 1541 umfaßt, enthält den Eintrag: »Michael Schletz und der Stadtschreiber bey Kay (serlicher) M(ajestä)t im Niderlandt um limburgische Belehnung nachgesucht und erhalten.« Damit war der limpurgische Kauf abgeschlossen. Ein Tag des Triumphes für Hall.

Die Freude der Reichstädter darüber, daß sich die Stadt jetzt freier und ungehinderter entwickeln konnte, zeigt sich an einer Inschrift in der Nähe des früheren Limpurg-Tores: »Gemeiner Nutz that mich vor Jarn vermäuren, Derselb mich yetz wiederumb liess öffnen und erneuren.« anno Domini 1543, den 31. Tag Juli.

Zunächst versuchten die Haller den Palas der Limpurg zu restaurieren. Im Jahr 1575 aber rissen sie doch die ganze Burg nieder. Dafür waren zwei Gründe maßgebend. Man wollte verhindern, daß ein militärischer Gegner so nah bei der Stadt sich einen Stützpunkt schaffen konnte. Zum anderen wäre die Instandsetzung nach den Erfordernissen der modernen Befestigungstechnik zu teuer geworden. Die Ruine zerfiel, bis sie im Jahr 1904 wiederentdeckt wurde.

Die Schenken von Limpurg errichteten sich neue Residenzen in Obersontheim, Gaildorf, Schmiedelfeld, Speckfeld (bei Markt Einersheim in Mittelfranken) und in Michelbach an der Bilz. Der Schenkentitel war zum Bestandteil des Namens geworden, das alte Hofamt reduzierte sich im Lauf der Zeit auf eine rein zeremonielle Teilnahme an der Kaiserkrönung. Im 15. Jahrhundert wurden von neun Söhnen eines Schenken von Limpurg sieben Geistliche, die restlichen blieben kinderlos. Das Geschlecht der Limpurg starb 1713 im Mannesstamm aus. In der „Schenkenkapelle“ auf der Comburg, in und neben dem früheren Kapitelsaal, fanden viele Angehörige des Geschlechts ihre letzte Ruhestätte. Noch heute sind dort ihre Grabsteine mit Wappen und Abbildern erhalten.

Als Schenk Erasmus von Limpurg im Jahr 1541 den Stammsitz

An Hochbauten ist nicht viel übriggeblieben von der einst mächtigen Limpurg, die zu Beginn des 13. Jahrhunderts erbaut und 1575 von den Bürgern der Reichsstadt Hall zerstört wurde. Die Reste eines Torbogens werden sorgsam gepflegt und vor weiterem Verfall geschützt.

Jahrhundertelang fühlten sich die Haller durch die Limpurg, die direkt über ihnen lag, bedrängt. „Kalter Krieg" und erbitterte Auseinandersetzungen wechselten. Aber die Reichsstadt bewahrte mit Erfolg ihre Selbständigkeit.

Limpurg an die Stadt Hall verkauft hatte, übersiedelte er nach *Obersontheim,* das den Limpurgern gehörte, und begann in den folgenden Jahren mit dem Bau eines Schlosses an der Stelle, an der eine hinfällige Burg der Herren von Suntheim stand. Das Schloß ist noch heute eine große, einheitlich gebaute Anlage. Gegen das Flüßchen Bühler hin ruht es mit seinen zwei Rundtürmen auf mächtigen Stützmauern. An den drei anderen Seiten war es ursprünglich durch Gräben geschützt. Nach dem Betreten der Brücke, die den Burggraben überspannt, und nach dem Durchschreiten des äußeren Wirtschaftshofes – dort befindet sich ein Brunnen aus dem Jahr 1766 – steht man in einem schönen großen Innenhof, der von den drei Flügeln des Schlosses eingefaßt ist. Von Erasmus stammt nur der Südostflügel des Schlosses sowie ein Spital, das er zur gleichen Zeit errichtete.

Sein Sohn und Nachfolger Schenk Friedrich VII. ist der eigentliche Gestalter Obersontheims. Ihm ist die rege Bautätigkeit zu danken, die dem Ort noch heute das Gepräge gibt. Für seine zahlreiche Familie – er hatte fünfzehn Kinder – erbaute er den Nordwestfügel und verband ihn mit dem älteren Flügel durch einen Mittelbau. Das Schloß umgab er mit Mauern, Türmen, Toren und Brücken. Schon einige Jahre zuvor hatte der baufreudige Friedrich, der 43 Jahre lang regierte, seinen Untertanen eine neue Kirche samt Pfarrhaus gestiftet sowie ein Rathaus, wie es zu jener Zeit kein anderes Dorf aufzuweisen vermochte. Diese Gebäude in einheitlichem Renaissance-Stil gruppieren sich um den hochgelegenen Marktplatz abseits der Durchgangsstraße zu einem äußerst eindrucksvollen Bild.

Die Residenz des Limpurger Ländchens erlebte damals einen beachtlichen wirtschaftlichen Aufschwung, und zahlreiche Handwerker ließen sich dort nieder. Nach dem Tode Friedrichs VII. ging es abwärts. Keiner der sieben Söhne erbte die Tatkraft und den Schwung des Vaters. Schenk Vollrath, mit dem im Jahr 1713 das limpurgische Gesamthaus ausstarb, leistete den letzten Mundschenkendienst im Jahr 1690 in Frankfurt bei der Kaiserkrönung Josephs I. Die Hofhaltung wurde in Obersontheim noch bis 1746 weitergeführt, dann stand das Schloß lange leer. Stück um Stück wurde das herrenlos gewordene Gebäude von den Herzögen von Württemberg aufgekauft. Im 19. Jahrhundert bewohnte ein Graf von Pückler-Limpurg und nach ihm kurz der Ritter von Huderoth aus Österreich das Schloß. Seit 1903 befindet es sich im Besitz der Samariterstiftung, deren Sitz in Nürtingen liegt. Sie hat in den Gebäuden ein Pflegeheim für behinderte und pflegebedürftige Frauen eingerichtet.

Die limpurgischen Schlösser Gaildorf und Schmiedelfeld liegen nicht mehr auf hohenlohischem Gebiet, aber sie sollen doch der Vollständigkeit wegen Erwähnung finden. In *Gaildorf* waren die Schenken von Limpurg seit 1374 besitzberechtigt. Schon acht Jahre später war der Bau ihres Schlosses – ein Wasserschloß – vollendet. In den folgenden Jahrhunderten wurde es ausgebaut; vieles stammt aus der Zeit zwischen 1560 und 1660. Der mächtige, unmittelbar an der Kocherbrücke gelegene Bau hat burg- und festungsartigen Charakter. Von der Stadtseite her betritt man das Schloß durch ein von zwei Rundtürmen flankiertes Tor. Treppentürme, Arkaden und Galerien lockern den etwas düsteren Eindruck des Innenhofs auf.

Das ehemalige *Schloß Schmiedelfeld,* das bei Sulzbach am Kocher auf einem von zwei Schluchten eingefaßten Bergrücken liegt, zeigt heute nur wenig von der Vergangenheit einer limpurgischen Residenz. Eine langgezogene mittelalterliche Mauer erinnert an die Stauferzeit, auch Spuren aus der Renaissance und dem Rokoko sind noch zu erkennen, jedoch ist der Bau seit langem verwahrlost. Zum erstenmal wurde die Burg 1172 als einem Siegfried von Schmiedelfeld gehörend genannt. Anfang des 14. Jahrhunderts wurde die Burg hohenlohisch, aber schon kurz nach 1300 kam sie an die Schenken von Limpurg und wurde 1557 Residenz einer Nebenlinie. Bald darauf erbauten die Limpurger ein Renaissance-Schloß neben der Stauferburg, und um 1740 entstand ein palaisartiger Rokokobau. Schon 1780, also vor der Säkularisation, kam das Schloß durch Kauf an Württemberg, das nichts zur Erhaltung unternahm. Seit rund 150 Jahren ist es im Besitz der Gemeinde, die nach einem stilwidrigen Umbau eines Schloßflügels zeitweilig dort eine Brauerei betrieb und die einst ansehnliche Schloßkapelle zu einer Gastwirtschaft umgestaltete. Heute ist die Kapelle in einem erbarmungswürdigen Zustand.

Das südöstlich von Schwäbisch Hall liegende jüngste Limpurger *Schloß Michelbach* an der Bilz wurde an der höchsten Stelle des Ortes erbaut. In den Jahren 1609 bis 1611 ließ es Schenk Wilhelm zu Obersontheim als Witwenbau für seine Gemahlin Dorothea, geborene Reuss, errichten. Das Schloß wurde jedoch nie von ihr bewohnt, weil sie vor ihrem Mann starb. Es blieb sogar dreihundert Jahre leer und unbewohnt, wenn man von gelegentlichen gewaltsamen Einquartierungen während des Dreißigjährigen Krieges und des Spanischen Erbfolgekrieges absieht. Auch als das Amt Michelbach nach dem Aussterben der Schenken von Limpurg im Mannesstamm an das Haus Löwenstein-Wertheim-Freudenberg fiel, wurden nur gelegentlich Jagdessen im »Kleinen Schloß« veranstaltet. Sonst diente es nur als Dienstwohnung für Förster und andere Amtspersonen.

Das Schloß verkam, und als es im Jahr 1926 – nach verschiedenen vergeblichen Versuchen, es auf Abbruch zu verkaufen – an Ludwig Wunder vermietet wurde, der in ihm ein vegetarisches Landerziehungsheim etablieren wollte, kamen nach der ersten im Schloß verbrachten Nacht einige Dorfbewohner zu diesem, um sich zu erkundigen, ob er noch am Leben sei. Es ging nämlich die Sage, daß die Gräfin Dorothea in der Nacht als »Weiße Frau« durch das Haus geistere. Es gehörte viel Mut und Idealismus dazu, die Räume wieder bewohnbar zu machen. Bis zum Ende des Zweiten Weltkrieges konnte sich das Heim dort halten. Seit 1946 hat das »Evangelische Aufbaugymnasium mit Heim« im Schloß Michelbach an der Bilz seinen Sitz. Es gehört der Evangelischen Landeskirche von Württemberg, die das Schloß in den vergangenen Jahrzehnten gründlich restaurieren ließ.

Das dreistöckige Schloßgebäude und seine Flügelbauten umschließen einen reizvollen Innenhof. Dem Hauptgebäude ist auf der Hofseite ein breiter Turm mit einer Wendeltreppe vorgelagert. Eine zierliche Sonnenuhr von 1771 lockert ihn auf; sie hielt beim Einmarsch der Amerikaner dem Beschuß des Ortes nicht stand, fiel herunter, wurde aber bald wieder restauriert. Obelisken und Schnecken zieren die Giebel der Gebäude, Fachwerkbauten flankieren das Eingangsportal.

Übrigens wird der Fremde vergeblich nach einem Flüßchen Bilz suchen, denn die Bezeichnung »an der Bilz« bezieht sich auf eine Höhenplatte, die zu den Limpurger Bergen gehört.

18 Leofels. Reichsburg der Staufer

Die Ruine Leofels steht auf einem das Jagsttal überragenden Bergsporn in der Nähe der Orte Dünsbach und Ruppertshofen. Vom Ort Leofels ist sie durch einen Graben getrennt. Auf verhältnismäßig kleinem Raum erscheint sie als eine imposante Burganlage, bei der nicht nur die Gesamtanlage beeindruckt, sondern auch manches Detail, wie beispielsweise die Reste schöner spätromanischer Palasfenster. Noch um die Mitte des letzten Jahrhunderts war die Burg in einzelnen Teilen so gut erhalten, daß sie für die Verwaltung eines hohenlohischen Amtes benutzt wurde. Im Jahr 1864 wurden die Dachziegel und andere bewegliche Teile der damals dem Haus Hohenlohe gehörenden Burg versteigert. Glücklicherweise sind jedoch die staufischen Mauern und manche architektonisch wertvollen Teile, wie einzelne der wunderbaren Fenster, erhalten geblieben. Aber sie waren damals schutzlos der Witterung ausgesetzt und verfielen, bis man sich in späteren Jahrzehnten ihrer annahm.

Das Bemerkenswerteste an der Geschichte der Burg ist der im Hohenlohischen nicht sehr häufig anzutreffende Umstand, daß es nie eine Familie von Leofels gegeben hat. Während sonst auf den Burgen Ritter wohnten, die sich

Die Ansicht der Burg Leofels stammt aus dem Jahr 1860. Kurz danach wurde die Burg abgebrochen.

nach der Burg benannten und deren Nachkommen oft noch auf der Burg saßen, findet sich hier kein Ministerialenadel, keine Familie, deren Name und Schicksal mit diesem Wohnsitz verbunden war. Leofels war eine Reichsburg, in der Beauftragte des Reichsoberhauptes lebten, die seine Interessen wahrnahmen. Sie wurde zu einem Zweck erbaut, der für das Reich Bedeutung hatte, und war ganz speziell auf die Benutzung durch den Kaiser und sein Gefolge zugeschnitten. Aus stilkritischen Gründen ergibt sich der Hinweis, daß die Burg Leofels erst nach 1230 durch den Hohenstaufenkaiser Friedrich II. erbaut worden ist. Überraschend ist die Ähnlichkeit mit der Burg Celano in der italienischen Provinz Aquila. Die Fensterarchitekturen, die Kapitelle und Gliederungen haben dort fast die gleichen Formen, und auch diese Burg wurde von Friedrich II. erbaut.

Die Burg Leofels, mit der sich in den letzten Jahrzehnten der ehemalige Leiter des Hohenloher

Den besonderen Reiz der Ruine der mittelalterlichen Burg Leofels machen die spätromanischen und gotischen Formen der Überreste der Wohnbauten aus. Bei den reich geschmückten Palasfenstern handelt es sich meist um Doppelfenster, die durch eine zierliche Mittelstütze getrennt sind. Die Fenster sind aus geglätteten Quadersteinen gearbeitet und sorgfältig in das umgebende Buckelquaderwerk eingefügt. Man kann sich unschwer vorstellen, daß die Mauer mit den aneinandergereihten Doppelfenstern einen großen Saal einschloß. Die Gestaltung dieser Burg war von dem Gedanken der würdigen Vertretung der kaiserlichen Macht getragen.

Zentralarchivs, Karl Schumm, und nach ihm die Burgenforscher und Architekten Dankwart Leistikow und Walther-Gerd Fleck beschäftigt haben, weist alle typischen Merkmale der Stauferburg auf. So ist die Ringmauer nach außen völlig in Buckelquadern ausgeführt, während an der Innenseite die Steine glatt bearbeitet sind. Die innere Burg hatte einen ziemlich regelmäßigen Grundriß. Eine Umfassungsmauer von 33 Meter Länge erhebt sich heute noch in beträchtlicher Höhe; der Zugang zur Burg lag auf der Bergseite. Innerhalb der Ringmauer befanden sich drei wichtige Gebäude: Ein Palas, ein weiterer Wohnbau und der Bergfried. Erhalten sind – neben der Mauer – noch der Stumpf des Bergfrieds und die Reste der beiden Wohnbauten, deren architektonischer Reichtum beachtlich ist. Der Palas war – nach Fleck – entlang der Südmauer fast 40 Meter lang, allerdings vermutlich nur sieben Meter breit. Im Erdgeschoß befand sich wohl eine Kapelle und daneben die Dürnitz, also der Raum für das Gefolge. Hier sind noch vier gleiche, in tiefen Nischen liegende Fenster vorhanden. Nach Osten schlossen sich einige kleine fensterlose Schlafräume an. Ähnlich war das Obergeschoß, das wohl über eine Freitreppe vom Hof her zugänglich war, eingeteilt. Über der Dürnitz befand sich der Hauptsaal mit drei großen Fensternischen mit Zwischensäulen, die Kleeblatt- und Spitzbogenformen aufweisen. Die Kapitelle sind aus einer Kelchblockform entwickelt und mit Blattwerk reich dekoriert. Auch die Andeutung eines Austritts oder eines Erkers findet sich. Östlich vom Saal, nur vom Hof her belichtet, mögen die Privaträume der wichtigsten Würdenträger, unter Umständen auch des Kaisers, gewesen sein. Sicher hatte der Palas, von dem nur noch die Außenmauer steht, ein heute nicht mehr nachweisbares Obergeschoß.

Der zweite Wohnbau war wesentlich kleiner. Er hatte etwa die halbe Länge des Palas, aber dieselbe Breite. Auch er zeigt ähnlich schöne Fenster wie der Palas, woraus Fleck schließt, daß der mit seiner Familie und seinem Gefolge hier ständig wohnende Burghauptmann von recht bedeutendem Rang gewesen sein muß. Daß dieser Bau der ständig bewohnte Teil der Burg war, geht daraus hervor, daß er neben verschiedenen Wohnräumen eine größere Anzahl von Wirtschaftsräumen enthielt. Zwischen diesem Gebäude und dem Palas muß eine Verbindung bestanden haben. Der Bergfried,

Die guterhaltenen Fenster der Ruine Leofels liegen bündig in der Außenwand und sind kantig in das Mauerwerk eingeschnitten. Die Mittelsäulen stehen auf der Fensterbank mit einfach rechteckigem Sockel und flacher Basis.

der auf einer Abbildung aus dem Jahr 1607 noch die ganze Anlage überragte, während heute nur noch ein Stumpf vorhanden ist, stand in staufischer Zeit nicht frei. Sicher war er damals sowohl vom Palas wie vom Wohnhaus her zugänglich.

Als nach dem Tod Konradins im Jahr 1268 das staufische Reich zerfiel, betrachtete der Bischof von Würzburg als höchster Machthaber in Franken – er hatte auch die Herzogsgewalt inne – Leofels als unter seiner Lehenshoheit stehend. Die Burg wurde zu Beginn des 14. Jahrhunderts Luitpold von Weiltingen übergeben, einem Angehörigen einer Familie, die in der Reichstadt Rothenburg die Rechte der Staufer wahrnahm. Die Weiltingen konnten jedoch die Burg nicht halten, weil der Lehensbesitz finanziell wenig erträglich war. Nach einem kurzen Zwischenspiel gelang es um 1350 dem Grafen Ulrich IV. von Württemberg, vom Bischof von Würzburg die Burg Leofels aufgrund einer Schuld als Pfand zu erhalten. Da Würzburg das Pfand nicht einlöste, wurde Leofels württembergisches Eigentum. 1409 wurde die Burg an einen Zweig der Herren von Vellberg unter Anerkennung der Lehensherrschaft von Württemberg übertragen.

Damit begann ein neuer Abschnitt in der Geschichte von Leofels. Über zweihundert Jahre saßen die Herren von Vellberg auf der Burg. Sie nahmen in den letzten Jahrzehnten des 15. Jahrhunderts An- und Umbauten vor, beließen jedoch die staufischen Merkmale. So wurden die alten Fensteröffnungen mit ihrem Schmuck in das Neue einbezogen. Starke Rötungen am Stein verraten, daß einmal ein Brand die Burg heimgesucht haben muß. Mit ihren gleichnamigen Vettern auf der heimatlichen Burg Vellberg lebte die Familie nicht immer in Harmonie, aber auch mit Schwäbisch Hall gab es Differenzen. 1593 starb der letzte Namensträger der Familie Vellberg. Die Burg fiel an den Lehensherrn Württemberg zurück, der sie jedoch als Lehen an die Hohenloher weitergab. Auch diese besaßen die Burg jahrhundertelang. Nach einem Blitzschlag im Jahr 1707 besserte man die Räume nur notdürftig aus. 1861 starb die fürstliche Familie Hohenlohe-Kirchberg aus, die auf Leofels ein kleines Amt errichtet hatte. Da die Hohenloher-Langenburger, die nunmehr Leofels übernahmen, dort nur noch ein Forstamt beließen und dieses dazu noch in einem nahe der Burg liegenden – heute noch gepflegten – Haus unterbrachten, verlor die Burg ihre Bedeutung. 1864 erschien in den Zeitungen der benachbarten Oberämter eine Anzeige, mit der die nutzbaren Teile, wie Dachziegel und das Holz, zur Versteigerung angeboten wurden. Seitdem ist Leofels eine Ruine. Schon vor dem Ersten Weltkrieg wurden erhebliche Aufwendungen zu ihrer Erhaltung gemacht. So wurde 1898 versucht, dem Verfall durch Einführung eines Strebepfeilers zu begegnen. Seit 1976 gehört die Ruine nicht mehr dem Haus Hohenlohe-Langenburg, sondern der Stadt Ilshofen. In jüngster Zeit, vor allem zum Stauferjahr 1977, wurde Leofels mit staatlichen Sondermitteln restauriert.

Im Burghof ist eine Gedenktafel für den erwähnten Karl Schumm angebracht, »den Erforscher und Künder der Geschichte und Kultur seiner hohenlohischen Heimat«.

19 Schloß Morstein. Synthese von Wehrkraft und Idylle

Schloß Morstein im Jahr 1840. Zeichnung von H. Bach. Lithographie von Sitzler.

Eingebettet in bewaldete Anhöhen liegt auf einer Bergzunge, etwa 150 Meter über dem Jagsttal, die kleine Burg Morstein, ursprünglich den Herren von Morstein gehörend, seit über sechs Jahrzehnten aber im Besitz der Herren von Crailsheim. Die Lage auf einem Geländesporn zwischen zwei Tälern und die Absicherung gegen die Ebene durch zwei Gräben entspricht einem Bauschema für Höhenburgen des 13. Jahrhunderts.

Der ursprüngliche Wehrcharakter der Anlage ist noch gut erkennbar, obwohl der hölzerne Wehrgang auf der Umfassungsmauer, das Türmerhaus, die Zugbrücken und das ehemalige Falkenhaus am Bergfried sowie die Schloßkirche der Zeit zum Opfer gefallen sind. Heute führen Steinbrücken über die beiden Gräben in den äußeren und inneren Burghof. Ein romantisch-verträumtes Fachwerk-Torhaus, 1758 erbaut vom Ansbacher Hofbaumeister Johann David Steingruber auf dem alten Fundament, ist der jüngste Teil der Anlage. Die ehemalige Vogtei, das sogenannte Amtshaus und eine dreistöckige Scheune begrenzen die Seiten des äußeren Hofes.

Weithin sichtbar ragt der wuchtige Bergfried mit seinen Buckelquadern in die Landschaft, erbaut noch vor der Erfindung der Steinzange im 13. Jahrhundert. Wie üblich, war diese letzte Zuflucht ursprünglich nur durch einen hoch über dem Boden angebrachten Eingang zugänglich. Heute ist dieser vom Erdboden aus erreichbar. An den Bergfried lehnt sich der Hauptbau mit seinem Renaissance-Staffelgiebel und dem schönen Sandsteingeländer des Umganges um den Rundturm an. Dieser Turm wurde 1571 anstelle einer »vor unvordenklichen Zeiten ausgebrannten“ Kemenate erbaut. Er ist teilweise unmittelbar auf den gewachsenen Felsen gesetzt.

Das noch nach alten Sicherheitsvorstellungen vertikal gegliederte Haus enthält außer einem saalartigen Raum im zweiten Wohngeschoß nur wenige mittelgroße, einfach möblierte Wohnräume und ist noch heute von der Familie von Crailsheim bewohnt. Die nach der Talseite an das Haupthaus angebaute Kirche – seit 1688 Gemeindekirche – wurde 1969 durch einen Brand zerstört. Vom Resttrakt konnte nur die ehemalige – 1425 am Heiligkreuztag geweihte – Burgkapelle äußerlich wiederhergestellt werden.

Die kleine Burg mit ihren aus verschiedenen Jahrhunderten stammenden Gebäuden und mittelalterlichen Wehranlagen ist zu einer eigentümlichen Einheit zusammengewachsen, deren Reiz weniger in den Details als in der Ausstrahlung von Harmonie, Idylle und stiller Verträumtheit besteht. Reizvoll wirken die schwarz-gelben Fensterläden. Ein besonders schönes Bild bietet sich vom abfallenden Zugangsweg oder dem erhöhten Standort links von der Steinbrücke aus. Wegen der privaten Nutzung ist keine Innenbesichtigung möglich. Es mag die romantische Stimmung gewesen sein, die Morstein und der Landschaft des Hohenloher Landes zu eigen ist, die die Heimatschriftstellerin und Dichterin Agnes Günther um die Jahrhundertwende zu ihrem empfindsamen und gefühlvollen Roman »Die Heilige und ihr Narr« inspiriert hat, in dem Morstein unter dem Namen Thorstein einem breiten Leserpublikum bekannt wurde.

Die Herren von Morstein nannten sich vermutlich nach ihrer Burg, die im Jahr 1240 zum erstenmal urkundlich erwähnt wurde. Der erste auftauchende Name war Murestan oder Morestan. Was dies bedeutet, ist nicht ganz klar. Das erste Hospital der Johanniter in Jerusalem hieß Muristan, ein persisches Wort, das nach sachkundiger Auskunft mit Hospiz zu übersetzen ist. Es ist also nicht ausgeschlossen, daß die Benennung der Burg im Zusammenhang mit den Kreuzzügen erfolgte. Die Familie Morstein war in mehreren Linien hauptsächlich in Hall und Rothenburg ansässig. Ihre Mitglieder besaßen als Schultheißen, Schöffen und hohenlohische Vögte wichtige Ämter. Im Türkenkrieg zeichnete sich 1532 Ludwig von Morstein als Hauptmann des hällischen Kontingents vor Wien aus. 1682 starb der letzte Morstein, und das Lehen fiel an Hohenlohe zurück. Die Herren von Crailsheim erwarben in zeitlichen Abständen seit 1337 bis 1431 die Burg von den ihnen vielfach verschwägerten Morstein. Schon 1350 saß Fritz von Crailsheim auf Morstein, für 1357 ist Heintz von Crailsheim als Bewohner der Burg bezeugt.

Die hohe Gerichtsbarkeit wurde den Herren von Crailsheim auf ihrem Morsteiner Gebiet von Kaiser Maximilian II. im Jahr 1566 mit Blutbann, Halsgericht, Stock und Galgen verliehen, ein Vorrecht, das nur wenigen fränkischen Ritterfamilien gegeben wurde. Im Vogteigebäude im Vorhof der Burg tagte das aus zwölf Bürgern bestehende Gericht unter dem Vorsitz des Crailsheimschen Amtmannes. Der Gerichtsherr war von der Teilnahme ausgeschlossen. Der noch bis 1811 stehende Galgen brauchte nach den noch vorhandenen Gerichtsakten nicht in Funktion zu treten. Bei Verhängung der Todesstrafe erfolgte lediglich eine Ausweisung des Delinquenten aus dem Morsteiner »Hoheitsgebiet«.

Soweit die Ereignisse der Deutschen Geschichte in Kriegen bestanden, forderten sie von der Familie der Ritter und späteren Freiherren von Crailsheim stets einen hohen Blutzoll. So war die im Jahr 1618 noch aus 28 männlichen Mitgliedern bestehende Familie nach dem Dreißigjährigen Krieg bis auf einen Crailsheim – Johann Ulrich – zusammengeschmolzen. Auch an Vermögen ging manches zugrunde. Als 1631 der Schloßherr von Morstein, Wolf von Crailsheim, mit zwölf Reisekästen und Schreinen – gefüllt mit seinem Vermögen und den wichtigsten Wertgegenständen – nach Langenburg geflüchtet war, fiel das ganze übrige Besitztum in die Hände der gegnerischen Soldaten.

Andere Angehörige der Familie standen in der vordersten Reihe der Zeitgeschichte. Bernulph von Crailsheim brachte als schwedischer Reichsmarschall die Leiche Gustav Adolfs nach Stockholm. Das Herz des Königs übergab er in seinem eigenen Brusttuch. Das Tuch mit dem Crailsheimschen Wappen wird im Museum in Stockholm aufbewahrt. Aus der gleichen Linie der Familie stammt auch Graf Crafft von Crailsheim, der als bayerischer Ministerpräsident jahrzehntelang die Entwicklung Bayerns zur Zeit Ludwigs II. und des Prinzregenten Luitpold bestimmt hat. Die Familie Crailsheim ist auch heute noch hauptsächlich in Franken in mehreren Linien verbreitet und genießt über die engere Heimat hinaus hohes Ansehen. Der heutige Besitzer von Burg Morstein ist Dieter Freiherr von Crailsheim.

Die Reiherhalde, ein unweit der Burg gelegenes Naturschutzgebiet, wurde schon in einer Urkunde des 16. Jahrhunderts als »seit un-

Hinter dem Durchgang unter dem Torhaus mit dem hübschen Fachwerkbau öffnet sich der Hof des Schlosses Morstein mit dem Bergfried und dem an ihn angelehnten Hauptbau. Der wuchtige Bergfried überragt alle anderen Gebäude. Reizvoll ist der Hauptbau mit seinem Renaissance-Staffelgiebel und dem Sandsteingeländer des Umgangs um den Rundturm.

Das Luftbild zeigt deutlich die Waldeinsamkeit, in der das Schloß Morstein versteckt liegt.

vordenklichen Zeiten bestehend« bezeichnet. Möglicherweise war sie sogar, wegen der in der Stauferzeit bevorzugten Reiherjagd mit Falken, Anlaß zur Errichtung der Burg mit dem Falkenhaus. Die Burgherren hatten die Verpflichtung, jährlich einige Jungreiher an die Markgrafen von Ansbach zu liefern, woraus ein jahrelanger »Reiherkrieg« vor Gericht entstand, weil die Crailsheim den stetig steigenden Anforderungen von allen Seiten nicht nachkommen konnten, ohne den Bestand zu gefährden. Heute ist das uralte, von der Familie jahrhundertelang geschützte und weithin bekannte Gebiet mit auf den Bäumen brütenden Reihern verwaist. Unvernunft der Besucher und unbedachte Eingriffe der Behörden in die Umwelt haben in den letzten Jahren die Vögel vertrieben. Noch 1847 wird in der Oberamtsbeschreibung berichtet, daß die hauptsächlich aus Steinlinden bestehenden Horstbäume acht bis zehn Nester trugen, so daß bis zum Flüggewerden jährlich etwa achthundert Reiher sich hier aufhielten. Heute gehört das noch vor wenigen Jahren tägliche Bild der fliegenden grazilen Graureiher mit den schwarzen Kopffedern und einer Spannweite von annähernd zwei Metern endgültig der Vergangenheit an.

Zwischen Morstein und Langenburg, nördlich von dem Weiler Hürden, lag einst die *Burg Katzenstein,* von der nur noch eine Sage berichtet, die Rudolf Schlauch wiedergibt. Demzufolge soll auf der Burg im Mittelalter ein hartherziger Ritter gewohnt haben. Er war sehr eingebildet und stolz, und nur Leute seines Standes durften die Burg betreten. Seine Bauern behandelte er hart, obwohl er sich an die Gesetze hielt. Seine Frau war früh gestorben, und nur sein Sohn lebte mit ihm auf der Burg. Dieser war ganz anders geartet als sein Vater. Er hielt sich des öfteren im Dorf auf und pflegte Freundschaft mit einigen Bauernsöhnen, obwohl ihm dies verboten war. Als der Sohn die Liebe einer Bauerntochter gewonnen hatte, lauerte der Vater den beiden an der Jagstbrücke auf und warf das Mädchen in den Fluß. Wie durch ein Wunder wurde das Mädchen gerettet, was der Ritter jedoch nicht bemerkte. Noch in derselben Nacht verschwand auch der Sohn und fand bei Verwandten des Mädchens Unterschlupf. Dort heiratete das junge Paar. Nach einigen Jahren sah sich der einsame Ritter den Maientanz der Dorfjugend an und freute sich an einem lieblichen Mädchen, das er zu sich holen ließ und beschenkte, ohne zu wissen, daß es sein Enkelkind war. Als der Sohn merkte, daß das Herz des Vaters weicher geworden war, versöhnte er sich mit ihm und zog auf die Burg, die bald darauf durch Kriegswirren völlig zerstört wurde.

20 Langenburg. Residenzschloß im Renaissancestil

In der Nacht vom 23. zum 24. Januar 1963 wurden die Bewohner des Schlosses Langenburg und die Bürger der Stadt jäh aus dem Schlummer gerissen. Kurz nach ein Uhr brach im Ostflügel des Schlosses ein Brand aus, der mit rasender Geschwindigkeit um sich griff. Ursache war ein Kaminbrand, der in dem alten Gemäuer schnell Nahrung fand. Eine Temperatur von fast minus zwanzig Grad erschwerte die Löscharbeiten. Als erste der Feuerwehren aus der Umgebung traf die Mannschaft aus Gerabronn ein, vier weitere bemühten sich schon kurz danach mit vier Löschfahrzeugen und rund neunzig Feuerwehrleuten um den Brand. Trotzdem konnte das Feuer nicht wesentlich eingedämmt werden. Um zwei Uhr war der zur Stadt hin gelegene Ostflügel eine einzige Feuerwand, und die Flammen sprangen schon auf den Nord- und Südflügel über.

Alles hing nun von der rechtzeitigen Ankunft der Stuttgarter Berufsfeuerwehr ab, die mit fünfzehn Fahrzeugen und 140 Männern auf vereisten Straßen bei klirrender Kälte der Hohenlohe-Stadt zuraste. Um fünf Uhr traf sie ein – wohlinformiert über das Schloß, in dem sie zwei Jahre zuvor eine Übung abgehalten hatte. Aber was damals so gut geklappt hatte, nämlich eine Leitung von der 150 Meter tiefer gelegenen Talsohle der Jagst auf die Höhe zu legen, scheiterte diesmal an der grimmigen Kälte. Das Wasser gefror in der Leitung, weshalb Tanklöschfahrzeuge eingesetzt werden mußten. Es gelang jedoch, eine weitere Ausdehnung des Feuers zu verhindern. Bibliothek und Waffensammlung waren erhalten geblieben, der Ostflügel mit dem Bettenturm, dem Uhrenturm und wertvollen kunstgeschichtlichen Schätzen war jedoch vernichtet. In einem vier Jahre dauernden Wiederaufbau wurde das Schloß bis zum Jahr 1967 wiederhergestellt.

Das Schloß, das seit dem 13. Jahrhundert über 22 Generationen im Besitz des Hauses Hohenlohe ist, hat eine lange und wechselvolle Geschichte. Hoch über dem anmutigen Jagsttal, auf der äußersten Kuppe eines nach drei Seiten steil abfallenden Bergsporns stand schon im 12. Jahrhundert eine Burg. In einer Schenkungsurkunde von 1201 ist ein sich nach der Burg nennender Walther de Langenberc nachzuweisen. Jedoch schon im Jahr 1235 übernahm Gottfried von Hohenlohe, dessen Mutter eine geborene von Langenburg war, den Besitz. Er war ein treuer Anhänger des Staufenkaisers Friedrich II., der ihm und seinem Bruder Konrad die Einkünfte aus der Grafschaft Romagna in Oberitalien übertrug. In den Auseinandersetzungen zwischen Friedrich II. und seinem Sohn, dem zum Deutschen König gewählten Heinrich VII., stand Gottfried auf der Seite des kaiserlichen Vaters. König Heinrich sprach ihm daher Langenburg ab, aber als der nach Deutschland geeilte Kaiser Friedrich II. seinen Sohn absetzte, kam Gottfried von Hohenlohe wieder in den unangefochtenen Besitz der Burg.

Unter seinen Nachkommen, unter denen der im Haus Hohenlohe heute noch übliche Vorname Kraft mehrfach vorkommt, wurde die Burg einigemal verpfändet, aber sie blieb doch fest in hohenlohischen Händen. In den späteren Jahrhunderten wurde immer wieder an der Burg gebaut, die bei den verschiedenen Erbteilungen innerhalb der hohenlohischen Hauptlinien Neuenstein und Waldenburg sowie ihrer Besitzungen in Öhringen, Neuenstein, Langenburg, Weikersheim, Bartenstein, Ingelfingen, Kirchberg, Schrozberg, Pfedelbach und anderen immer eine große Rolle spielte.

Die Bauakten des Schlosses reichen nur bis in das 16. Jahrhundert zurück. Erkenntnisse über die davorliegenden Zeiten wurden je-

Schloß Langenburg mit dem Jagsttal und den Dörfern Oberregenbach und Unterregenbach. Das Schloß ist eine vielgestaltige, doch als Einheit wirkende Anlage. Die Außenecken werden von mächtigen Rundtürmen begrenzt, die auf Fundamenten aus Buckelquadern ruhen. Links vorne der Archivturm, rechts vorne der Kapellenturm, in dem sich die Schloßkapelle befindet, rechts hinten der Bettenturm. Ganz rechts die nach Westen vorgeschobene Bastion Lindenstamm, in der Mitte vorne vorspringend der große Renaissance-Bau. Ein Rundgang oberhalb des Steilabfalls um das Schloß läßt deutlich erkennen, wie stark die Burg einst befestigt war.

doch durch bauliche Untersuchungen und andere historische Zeugnisse einigermaßen erschlossen. In der langen Zeit, in der das Schloß ununterbrochen im Besitz des Hauses Hohenlohe ist, erfuhr es so viele Umgestaltungen, Erweiterungen und Veränderungen, daß es kaum mehr möglich ist, die Baugeschichte präzise nachzuweisen. Die erste Burg war vermutlich nur eine einfache Anlage mit Schildmauer und Graben. Noch heute sind Reste dieser Burg aus romanischer Zeit nachweisbar. Für eine Zerstörung der Burg, die 1234 von König Heinrich VII. angeordnet worden sein soll, gibt es keinen überzeugenden Beweis. Indessen wurde die Burg in den folgenden Jahrzehnten so stark ausgebaut, daß die Anlage offenbar schon so weiträumig war wie der heutige Schloßkomplex. Auf diesem ganzen Areal lassen sich Baureste aus jener Zeit – mit staufischen Steinmetzzeichen – feststellen.

Als die Feuerwaffen aufkamen – etwa von 1450 an –, wurden die Verteidigungsanlagen ausgebaut. Die beiden Ecktürme an der Ostflanke wurden erweitert und im Westen die Bastion »Lindenstamm« ausgebaut, so daß dort auch schwere Geschütze aufgestellt werden konnten. Der Betten- und der Kapellenturm erhielten drei bis vier Meter starke Mauern und wurden aufgestockt, wobei festzuhalten ist, daß die heute gebräuchlichen Bezeichnungen der Türme erst im 18. Jahrhundert auftauchten.

Von 1575 an wurde die mittelalterliche Burg zum Residenzschloß im Stil der Renaissance umgebaut. Es ist bemerkenswert, daß über diese Bauperiode bis vor kurzem nicht haltbare Auffassungen bestanden, die auch im offiziellen Schloßführer ihren Niederschlag gefunden haben. Erst im Jahr 1979 hat Gerhard Taddey, der verdienstvolle Leiter des Hohenlohe-Zentralarchivs in Schloß Neuenstein, diese Irrtümer aufgedeckt und die Akzente richtiggesetzt. Als Quellen dienten ihm Hausordnungen und vor allem Rechnungen, über die von der Burgverwaltung genau Buch geführt wurde, so daß die Bautätigkeit in Gulden und Pfennig exakt nachgewiesen werden kann.

Nach diesen Quellen wurde Langenburg bis 1610 durch den Grafen Wolfgang, der 1573 das damals recht baufällige Langenburg übernahm, und seinen Bruder Friedrich, der einen Neubau am Nordflügel errichtete, nur notdürftig instand gehalten. Erst unter dem Grafen Philipp Ernst entstand von 1610 an der nahezu tota-

Der Renaissance-Innenhof des Schlosses Langenburg gehört mit seinem harmonischen Aufbau, seinen Treppenhaustürmen und den reizvollen Galerien zu den prächtigsten Baulichkeiten seiner Art. Der hier gezeigte Ostflügel des Schlosses war durch den Brand des Jahres 1963 am meisten in Mitleidenschaft gezogen; er wurde jedoch binnen vier Jahren in seiner alten Schönheit wiederhergestellt.

le Neubau im Renaissancestil, mit zwei Sälen in den beiden Hauptflügeln, den schönen Galerien im Innenhof, dem hohen Turm und anderen Gebäudeteilen. Auch das Torhaus am Südflügel entstand zu dieser Zeit. In der Barockperiode wurde das Schloß, das weder im Bauernkrieg noch im Dreißigjährigen Krieg zerstört worden war, vollends zu einer repräsentativen Residenz ausgebaut.

Von 1756 an wurde eine Barocktreppe im Inneren errichtet, die äußere Fassade des Ostflügels um über drei Meter nach Osten vorverlegt und mit dem Kapellenturm durch einen Zwischenbau verbunden. Am Südhang gegen das Dorf Bächlingen wurde eine Orangerie mit Gewächshäusern und ein geometrischer Barockgarten angelegt. Auf dem Gelände zwischen den beiden Schloßgräben entstanden Wach- und Kavaliershäuschen mit Arkaden.

Heute stellt sich Langenburg als eine vielgestaltige, trotzdem einheitliche Anlage dar, die im Grundriß ein langgestrecktes, regelmäßiges Rechteck bildet. Es dominiert der Stil der deutschen Renaissance, nur der Ostflügel zeigt stadtwärts eine Barockfassade. Der Renaissanceinnenhof in seinem harmonischen Aufbau mit den hübschen Treppenhaustürmen und den reizvollen Galerien gehört zu den schönsten Baulichkeiten dieser Art. Die gewaltigen Rundtürme wirken monumental, und ein Rundgang um das Schloß zeigt, wie stark Burg und Schloß befestigt waren. Wehrmauern, Schloßgräben, Zwinger, Türme und die nach Westen vorgeschobene Bastion Lindenstamm beeindrucken auch heute noch den Besucher. Ein tiefer Graben trennt das Schloß von der sich lang hinziehenden Stadt mit ihren alten schönen Bauten. Eine breite Straße führt zum Schloß und schafft gleichzeitig eine Verbindung zur Stadt. Im Inneren findet der Besucher eine Fülle von Kostbarkeiten nicht nur aus der Geschichte des Hauses Hohenlohe, sondern aus aller Welt. Außerdem enthält das Schloß eine Einrichtung von hohem Wert, wie prächtige Stuckdekken, Porzellane, Vasen, Gläser, Möbel und Deckenleuchter, Ahnenbilder und vieles andere. Im Ostflügel befinden sich die fürstlichen Wohn- und Repräsentationsräume. Der ehemalige Marstall beherbergt ein Automuseum.

Fürsten sind die Hohenlohe-Langenburg seit dem Jahr 1764. Bis zur Mediatisierung im Jahr 1806 widmeten sie sich ihrem kleinen Land, das ihnen viel zu verdanken hat. Danach wirkten sie teilweise in hohen Ämtern des öffentlichen Lebens, in militärischen Funktionen und in der Politik des Landes Württemberg oder des Deutschen Reiches. Fürst Ernst I. wurde 1835 Präsident der Kammer der Standesherren in Württemberg, Fürst Hermann war Vizepräsident des Reichstages und 1894 bis 1905 Statthalter von Elsaß-Lothringen. Fürst Ernst II. übte fünf Jahre lang die Regentschaft des Herzogtums Sachsen-Coburg-Gotha aus. Der jetzige Schloßbesitzer ist Fürst Kraft, der 1960 auf seinen Vater Fürst Gottfried folgte.

Wenige Kilometer nordöstlich von Langenburg liegt das *Schlößchen Ludwigsruhe,* das sich Graf Christian Albrecht Ludwig von Langenburg von dem markgräflich-ansbachischen Hofbaumeister Leopoldo Retti in den Jahren 1736 bis 1743 erbauen ließ. Mindestens seit dem 16. Jahrhundert war hier der Hof Lindenbrunn, den die Familie von Hohenlohe so ausbaute, daß in weitem Rechteck Wohnungen und Ökonomiegebäude entstanden, an denen heute noch Details aus der Renaissancezeit sichtbar sind. Auch ein Tiergehege wurde angelegt. An die Stelle eines dieser Gebäude wurde dann das Schlößchen erbaut, ein in sich abgewogener und wohlproportionierter Bau.

21 Schloß Tierberg. Einst Zankapfel zwischen den Geschlechtern

Das malerische Schloß Tierberg liegt weit vorgeschoben auf einem dicht bewaldeten Bergvorsprung zwischen zwei Seitentälern des Kochers. Besonders ins Auge fällt der wuchtige Bergfried, der nicht wie sonst meistens üblich die Schildmauer flankiert, sondern in sie hineingebaut ist. Gegen das Tal hin wurde der Palas angegliedert, der durch zwei parallele Mauern mit der Schildmauer verbunden ist, so daß ein Innenhof entsteht. Die Burg besaß eine hohe Verteidigungskraft und bewährte sich in allen Phasen der Fehde zwischen den Geschlechtern der Hohenlohe und der Stetten.

Um das malerische Schloß Tierberg, das fernab des Verkehrs auf einem dichtbewaldeten Bergvorsprung steht, hat es im 15. Jahrhundert einen Streit gegeben, der zunächst als Kleinkrieg zwischen zwei adeligen Familien begann, sich dann aber zu reichsweiten Verwicklungen und Auseinandersetzungen auswuchs. Das Haus Hohenlohe hatte dem Freiherrn von Stetten, der in der Nähe seinen Sitz hatte, Schloß Tierberg mit einem Rückkaufsrecht abgetreten. Als nach geraumer Zeit die Hohenlohe den Bau zum gleichen Preis zurückverlangten, weigerten sich die Freiherren von Stetten, weil sie Tierberg inzwischen zu einem ansehnlichen Jagdschloß ausgebaut hatten und dafür einen Aufpreis verlangten.

Darüber kam es zu einem Streit zwischen dem mächtigen Grafengeschlecht der Hohenlohe und der freiherrlichen Familie von Stetten, während dessen hohenlohische Truppen bis in die Vorburg von Stetten eindrangen. Die Burg selbst konnten sie nicht erobern. Der Bischof von Mainz und der Markgraf von Brandenburg nahmen Partei für die Stetten, der Pfalzgraf bei Rhein und der Graf von Württemberg standen den Hohenlohe zur Seite. Auch der Kaiser mischte sich ein. Schließlich kam es nach vielen langwierigen Komplikationen zu einem Kompromiß: Hohenlohe bekam Tierberg ohne Aufpreis zurück, die Freiherren von Stetten konnten die Jagdhoheit weiterhin uneingeschränkt ausüben. Es gibt keine Burg in Hohenlohe, um die so hartnäckig gestritten wurde.

Der älteste Teil der Burg, die Schildmauer und der damit verbundene Bergfried, stammt aus der Zeit um 1220. Die erste urkundliche Nennung erfolgte 1226 im Zusammenhang mit einem Arnold von Tierbach, der im Dienst der Herren von Langenburg stand. So ist es auch auf der Tafel neben dem Burgeingang festgehalten. Die Tierbachs nannten sich offenbar später Tierberg. Um 1300 kam die Burg in den Besitz der Patrizierfamilie Feldner aus Schwäbisch Hall. 1354 wurde sie von den Hohenlohe, 1387 von den Stetten erworben und 1474 unter den erwähnten schwierigen Umständen von den Hohenlohe beansprucht und übernommen. Unter Albrecht von Hohenlohe wurden in der Mitte des 16. Jahrhunderts umfangreiche Bauarbeiten ausgeführt, denen fast ununterbrochen weitere Um- und Ausbauten folgten. Die letzten Bauten stammen aus dem 18. Jahrhundert, als die Burg noch als Jagdschloß diente.

Das Aquarell eines unbekannten Malers zeigt das Schloß Tierberg im Jahr 1840.

Auch im 19. Jahrhundert diente die Burg vorwiegend Jagdunternehmungen. Der älteste Einwohner Tierbergs erinnerte sich im Jahr 1978 noch genau, daß tagelang vor einer Jagd nicht nur die Burg wohnlich hergerichtet wurde, sondern auch ganze Fuhrwerke mit Lebensmitteln und Bedarfsgegenständen aus Langenburg eintrafen. Ununterbrochen war die Burg seit dem Ende des 15. Jahrhunderts in hohenlohischem Besitz. Erst 1974 erwarb der jetzige Besitzer, der Bildhauer, Zeichner und Kunsthistoriker Thomas Lenk, das Schloß vom Fürsten Kraft zu Hohenlohe-Langenburg. Der neue Besitzer hat Tierberg, das von der Öffentlichkeit nicht besichtigt werden kann, von Grund auf saniert. Für den Fürsten von Hohenlohe-Langenburg war die Restaurierung seines teilweise abgebrannten Schlosses in Langenburg eine so schwere finanzielle Belastung, daß er Schloß Tierberg – nach seinen eigenen Worten – »nur schweren Herzens« abgab.

Die Schloßanlage paßt sich dem spitz zulaufenden Bergrücken an. Am äußersten Punkt zur Talseite, direkt auf dem Felsen, steht der Palas. Im Osten schützt eine hohe Schildmauer mit dem starken Bergfried die Anlage. Durch flankierende Mauern ist der ganze Bau verbunden, so daß ein geschützter Innenhof entsteht. Der Eingang zum inneren Zwinger an der Südostecke ist überbaut mit dem »Jägerhaus«, dessen gemauertes Erdgeschoß ein Obergeschoß in Fachwerk trägt. Der ganze Komplex ist umgeben von einer dem Geländeverlauf entsprechend stark abfallenden Ringmauer. Vor der Ringmauer ist der Bergrücken im Osten von einem tiefen Graben durchschnitten.

In Agnes Günthers Roman »Die Heilige und ihr Narr«, in dem auch Langenburg und Morstein eine Rolle spielen, ist Tierberg das Schloß »Schweigen«. Dieser Name paßt gut zu dem abseits gelegenen, landschaftlich so reizvollen und verträumten Schloß. Agnes Günthers Buch, das vor rund sieben Jahrzehnten entstand und in seiner gefühlsbetonten Darstellung sehr zeitgebunden ist, beschäftigt auch heute noch viele Besucher der hohenlohischen Landschaft. Nicht wenige der Besucher und Feriengäste – vor allem die älteren – erkundigen sich nach Einzelheiten und möchten die Schauplätze des Romans kennenlernen.

Dabei war Agnes Günther gar nicht aus dem Hohenlohischen gebürtig. Sie wurde 1863 in Stuttgart geboren und wuchs in einer geistig anregenden Umgebung in der Landeshauptstadt auf, sprach Englisch und Französisch und war lange in Genf und London, woher ihre Mutter stammte. Der Vater starb schon im Alter von 32 Jahren. Aus der Zeit ihrer Verlobung mit dem Theologen Dr. Rudolf Günther sind ihre ersten literarischen Versuche bekannt. Als im Jahr 1891 ihr Mann Dekan in Langenburg wurde, war sie bald von der Atmosphäre der Landschaft und der hohenlohischen Menschen beglückt. Aus vielen Wanderungen in den Wäldern, Besuchen auf Schlössern und Gesprächen mit einer Vielzahl von Menschen wuchsen ihr die Gestalten ihrer Romane zu. Nichts in ihrer Darstellung der Ortschaften, der Landschaft und der Baulichkeiten ist erfunden. Langenburg erscheint als Schloß Brauneck, Morstein als Thorstein und Tierberg als Schweigen. Die Reiherhalde, der »Weihnachtswald«, die Gänge, Winkel und Türme der Schlösser sind nicht ihrer Phantasie entsprungen, sie hat ihre eigenen Eindrücke festgehalten und über das Ganze einen Schleier des Verträumten, Beseelten gebreitet. So wurde die Welt ihrer neuen Heimat für sie lebendig und blieb es für ihre Leser.

22 Stetten. Die besterhaltene Stauferburg Deutschlands

Bodo Ebhardt hat Schloß Stetten als die am besten erhaltene Stauferburg Deutschlands bezeichnet. Ebhardt gilt seit Jahrzehnten als absolute Autorität auf dem Gebiet des Burgenbaues, obwohl er schon lange tot ist. Er hat zahlreiche Burgen restauriert oder wieder aufgebaut, darunter auch die Hoh-Königsburg bei Schlettstadt im Elsaß. Aber auch der Laie steht voll Bewunderung vor dem gewaltigen und harmonischen Schloß Stetten, das auf einem steilen Bergvorsprung über dem Kochertal steht und das Dorf Kocherstetten überragt.

Für Stetten, das eigentlich mehr eine Burg als ein Schloß ist, sind zwei Fakten besonders bemerkenswert. Es ist seit seinem Bestehen – Mitte des 12. Jahrhunderts – mehr als 800 Jahre im Besitz der Freiherren von Stetten. Im Jahr 1098 wurde der erste Stetten urkundlich erwähnt, seit 1166 ist der Ahnennachweis lückenlos. Außerdem ist das Schloß Stetten niemals erobert worden, trotz mehrmaliger schwerer Bedrohung. Immer konnte es vor der Zerstörung durch wirksame Verteidigung oder geschicktes Verhandeln bewahrt werden. Die trapezförmige Anlage der Kernburg ist teils durch steile Hänge, teils durch tiefe Gräben geschützt. Natürlich haben Generationen an der Burg gebaut, und immer wieder ist um- und angebaut worden. Die einzelnen Phasen gehen nahtlos ineinander über.

In der zweiten Hälfte des 12. Jahrhunderts ist die mittelalterliche Burg – vielleicht als Nachfolgerin einer noch früheren kleineren Anlage – erbaut worden. Der Kern der mittelalterlichen Burg ist noch in den Grundmauern des »Inneren Hauses«, in der drei Meter dicken Schildmauer und im Bergfried erhalten. Noch heute ist der innere Burghof wie früher dicht von Gebäuden, darunter dem Palas – dem Wohnhaus –, umgeben, so daß nur ein schmaler Hofraum verbleibt. Der rechte Anbau im Innenhof ist durch das überhängende fränkische Fachwerk gekennzeichnet; jedes höhere Stockwerk überragt das untere. Der Bergfried konnte im Mittelalter, wie es damals die Regel war, nicht von der ebenen Erde aus betreten werden. Man erreichte ihn in Stetten über eine Leiter, die von einer kleinen Plattform des Wehrganges ausging. Aber schon 1585 war eine Besteigung über eine hölzerne Wendeltreppe möglich. Der Bergfried war bis zum Jahr 1830 rund acht bis zehn Meter höher als heute. Damals wurden die beiden obersten Stockwerke wegen Baufälligkeit abgetragen.

Bemerkenswert ist die sich an den Bergfried anschließende mächtige Schildmauer, deren Errichtung sich ziemlich genau durch die staufischen Buckelquader auf die Zeit von 1180 bis 1220 datieren läßt. Wir folgen hier – wie überhaupt bei diesem Kapitel – den Angaben des Schloßherrn Dr. Wolfgang Freiherr von Stetten, der eine Broschüre über die Burg und ihre Geschichte geschrieben hat, die in einer außerordentlich geglückten Verknüpfung von Tiefgründigkeit und Leichtfaßlichkeit die Besucher informiert. Hoch oben über dem Burgtor, das durch die Schildmauer führt, ist noch eine Pechnase erhalten, aus der auf die Angreifer heißes Pech, Schwefel oder siedendes Wasser gegossen wurde. Der Erker links an der Wehrmauer ist erst Ende des 16. Jahrhunderts aufgerichtet worden, seinerzeit wegen Beeinträchtigung der Abwehrkraft der Mauer eine umstrittene Maßnahme. Das Tor durch die Schildmauer ist in der ersten Hälfte des 19. Jahrhunderts in stilwidriger Weise verbreitert worden, da Freiherr Max von Stetten vierspännig in den Hof einfahren wollte. Der verschwendungssüchtige »Fürst Max«, wie er genannt wurde, erschoß sich später unter Hinterlassung von 80 000 Gulden Schulden.

Das Luftbild läßt die einzelnen Bauten des Schlosses Stetten gut erkennen. Rechts in der Mitte ist die Zugangsbrücke mit dem Torhaus, dahinter das Barockschloß, der jüngste Teil der Anlage, links davon die Burgkapelle, daneben der Bergfried, der im Mittelalter höher war. Vor ihm die mächtige Schildmauer mit dem Durchgang zum ältesten Teil der Burg und dem schmalen Innenhof. Vorne von links nach rechts der Brigittenturm, der Archivturm und der Liebesturm.

Ein Zeuge des hohen Alters der Burg ist ein rätselhafter Stein über dem Tor der Schildmauer. Leider ist er wegen des überhängenden Gebüsches nur schwer erkennbar. Rechts auf dem Stein zeigt sich ein stark vortretender männlicher Kopf, links ist im Flachrelief ein Esel dargestellt. Trotz starker Verwitterung ist bei dem Kopf zu erkennen, daß er die Zunge herausstreckt. Die Augen sind bei Mensch und Tier durch Vertiefungen gekennzeichnet. Die Bedeutung des Steins ist nicht endgültig geklärt, doch weist manches darauf hin, daß es sich um eine keltisch-religiöse Symbolik aus den ersten Jahrhunderten nach Christus handelt.

Die alte Anlage aus der Stauferzeit erwies sich als so stabil, daß erst nach rund zwei Jahrhunderten Neuerungen und Verstärkungen notwendig wurden und von 1400 an eine zweite große Bauperiode einsetzte. Eine äußere Mauer wurde angelegt, so daß ein breiter Zwinger entstand, Türme wurden geschaffen und in der Vorburg neue Gebäude errichtet. Damals entstand auch die sehenswerte Kapelle mit dem reizvollen Fachwerk, die 1971 völlig erneuert wurde. Schönes Fachwerk finden wir auch beim Torwartshaus auf der Brücke, die anstelle einer früheren Zugbrücke erst vor hundert Jahren in Stein erbaut wurde. Bis vor wenigen Jahren diente das Häuschen noch als Wohnung für den Torwart.

Das jüngste Gebäude innerhalb der Burganlage ist der Barockbau auf den Grundfesten der ehemaligen Vorburg, der um 1716 vollendet wurde. Dieser Bau, an dessen Eingang das reichverzierte Allianzwappen Stetten-Ellrichshausen angebracht ist, wird im Gegensatz zum »Inneren Haus« das »Äußere Haus« genannt. Vom Tal aus sieht der Beschauer außer dem Bergfried noch weitere eindrucksvolle Türme, den Brigittenturm, den Liebesturm und den Archivturm, in dem bis 1966 das Freiherrlich von Stettensche Territorial- und Hausarchiv untergebracht war. Der Liebesturm hat seinen Namen nicht ohne Grund, denn zur Zeit Napoleons, als französische Truppen das Schloß besetzt hielten, war ein russischer General als Gefangener in diesem Turm untergebracht worden. Damit er sich nicht langweilte, erlaubten ihm die auf diesem Gebiet sehr großzügigen Franzosen einige Annehmlichkeiten, von denen er reichlich Gebrauch gemacht haben soll.

Eine freiherrliche Familie, die so viele Jahrhunderte in ununterbrochener Tradition lebt, hat natürlich auch die Geschichte Hohenlohes weitgehend mitbestimmt und darüber hinaus mit vielen ihrer Mitglieder an wichtigen Ereignissen der Deutschen Geschichte teilgenommen. Die von Stetten schloßen sich schon frühzeitig der Reformation an. Diese Entscheidung war einschneidend für ihre Zukunft, da die Familie von da an – wie Wolfgang von Stetten schreibt – keinen Anteil mehr an den geistlichen Ämtern und Pfründen hatte. Die Reichsritterschaft hatte es immer verstanden, allen Widerständen aus den Reihen der Fürsten zum Trotz die geistlichen Stellen der Bistümer in ihren Reihen zu halten. So waren es fast ausschließlich Reichsritter, die zum Beispiel in Mainz oder Würzburg zu Bischofswürden aufstiegen und damit dem Reichsfürstenstand angehörten. Die evangelischen Geschlechter mußten sich als Berater, Verwalter oder Offiziere an Fürstenhöfe oder an den Kaiserhof verdingen. So kam es, daß es kaum eine Auseinandersetzung oder einen Krieg gab, an denen nicht auf beiden Seiten ein Stetten beratend oder kämpfend beteiligt war. Die Stetten stellten beim Deutschorden den Hochmeister und Deutschmeister, waren Generäle, Ritterräte, Offiziere und Diplomaten. Ihr Wahlspruch war durch die Jahrhunderte hindurch »Allzeit scharff«. Aus der Geschichte Hohenlohes sei nur die »Tierberger Fehde« erwähnt, die sich zu einem reichsweiten Streit auswuchs. Sie ist im vorangehenden Kapitel über Tierberg behandelt.

Heute wird Schloß Stetten, das nur wenige Kilometer östlich von Künzelsau liegt, nicht nur von Familienmitgliedern bewohnt. Schon 1930 hat ein Mitglied des Geschlechts im »Äußeren Haus« das Restaurant »Burgkeller« eröffnet und Gästezimmer ausgebaut. Dies war die erste adelige Gastronomie in Deutschland. Die Gastlichkeit wird auf der Burg weiterhin gepflegt. Ein Burghotel, eine Gästepension und ein Burgkeller erfreuen sich großer Beliebtheit. In den letzten Jahren hat sich Schloß Stetten zu einem Tagungs- und Ferienzentrum entwickelt. Auch vietnamesische Flüchtlinge haben auf der Burg Aufnahme gefunden. Die Burg gehört einer Erbengemeinschaft, deren Verwalter und Mehrheitsanteilseigner Dr. Wolfgang Freiherr von Stetten ist.

23 Schloß Dörzbach. Einst Ort besonders harter Fron

Obwohl unweit der Hauptstraße, mitten im Ort zwischen Kirche und Jagst gelegen, macht das Schloß Dörzbach einen verwunschenen und der Gegenwart entrückten Eindruck. Die äußere Nordmauer des Schlosses grenzt unmittelbar an den Kirchplatz. Da sie aber von Gebüsch überwachsen ist, fällt sie nicht ins Auge. Wer den tiefen Graben auf der verwitterten Brücke überschreitet und durch das Tor den Hof betritt, steht vor einem dreiflügeligen Bau, der zum großen Teil von Weinlaub oder Efeu bewachsen ist. Zur Rechten beim Eingangsportal liegt der älteste Teil des Schlosses mit Resten der einstigen mittelalterlichen Burg. Butzenscheiben beleben das strenge Gebäude. Der schmälere, zurückliegende Anbau daneben ist durch drei große Rundbogen geöffnet. Die beiden Obergeschosse in verputztem Fachwerk waren ursprünglich als offene Arkaden ausgebildet. Hier wohnt der Schloßherr. Zur Linken steht ein Turm mit einer Wendeltreppe, daneben ein stilvoller Renaissancebau, in dem sich heute Mietwohnungen befinden. Zwinger und Graben sind zu einem Park umgestaltet, der heute sehr verwildert ist; eine schmale Pforte mit Pinienzapfen auf den Pfosten führt zum Kirchplatz. Unmittelbar vor der Schloßbrücke weist eine rundbogige Einfahrt in den Wirtschaftshof.

Drei Familien haben in der Geschichte des Schlosses eine Rolle gespielt: Die Herren von Dörzbach, von Berlichingen und von Eyb. Die letztgenannten sind heute noch die Besitzer und bewohnen das Schloß. Als die vermutlichen Gründer der Anlage gelten die Herren von Dörzbach, die 1245 erstmals urkundlich genannt werden. Sie waren Dienstmannen der Ritter von Krautheim, später der Grafen von Hohenlohe. Die Herren von Dörzbach, die einst ihren Namen Terzebach schrieben, starben 1416 aus. Bis dahin werden sie in der geschichtlichen Überlieferung immer wieder erwähnt.

Nach einigen kurzfristig wechselnden Besitzern übernahmen die Berlichingen das Schloß, 1440 zunächst einen Teil, 1486 das letzte Sechstel. Das Schloß Dörzbach war in der zweiten Hälfte des 15. Jahrhunderts als ein »unruhiges Haus und böss Nest« verrufen. Von hier aus befehdeten die Berlichingen mit ihren Ganerben von Bachenstein und von Neuenstein die Nachbarn, zum Beispiel die Öttingen und die Hohenlohe. Kurz vor Weihnachten des Jahres 1471 ließ Pfalzgraf Friedrich Schloß und Dorf durch seinen Marschall Lutz Schott erobern, weil darin »viel Gebulens enthalten ward«, welche die Leute beraubten. Das Schloß wurde »gebrochen«. In den Jahren nach 1520 stand Valentin von Berlichingen im Verdacht, Gemeinschaft mit den Raubrittern Hans Thomas von Absberg und Hans Jörg von Aschhausen zu haben. Während des Bauernkrieges haben die Dörzbacher Bauern offenbar bei der Zerstörung von Burgen in der Nachbarschaft kräftig mitgeholfen, das Dörzbacher Schloß wurde jedoch von einem Mergentheimer Haufen zerstört. Deshalb erhielt Valentin von Berlichingen kurz danach von der Stadt Mergentheim fünfzig Gulden als Schadenersatz. 1527 wurde das Schloß durch Meister Apelt von Künzelsau wieder aufgebaut. Nach dieser Zeit bewohnten es mehrere Familien. Die Zwistigkeiten zwischen ihnen waren 1533 so stark, daß der Hofraum durch eine Mauer unterteilt werden mußte und jeder Teil sein eigenes Eingangstor erhielt.

Im Jahr 1601 kauften die Brüder Veit Dietrich und Martin Konrad von Eyb das Schloß Dörzbach. Das Geschlecht stammt aus dem damaligen Ort Eyb oder Iwe bei Ansbach und wird am Ende des 13. Jahrhunderts erstmals erwähnt.

Mitglieder der Familie nahmen bedeutende Ämter ein, allein drei Bischöfe gingen aus ihren Reihen hervor. Unter den Freiherren von Eyb, die das Schloß bewohnten, sind der 1674 verstorbene Johann Christoph und sein Sohn Albrecht Ludwig, der bis 1715 lebte, besonders bekannt geworden, weil von ihnen und über sie interessante Urkunden erhalten blieben. Jürgen Hermann Rauser berichtet über sie in seinem ausgezeichneten »Dörzbacher Heimatbuch«. So haben wir hier einmal Urkunden darüber, wie sehr die Bauern unter dem Frondienst litten und wie sie sich dagegen wehrten. Drei Jahre nach dem Tod Albrecht Ludwigs – von ihm existiert ein Bild im Schloß – war offenbar der Druck seitens der Herrschaft so stark geworden, daß die Bürger und Bauern ihre – in 24 Punkten zusammengefaßten – Klagen vor das Kaiserliche Kammergericht brachten. In dieser Klage wird Albrecht Ludwig heftig beschuldigt, daß sich unter ihm die Verhältnisse sehr verschlechtert hätten. Diese Klagen, die hier nicht näher dargelegt werden können, hat das Kammergericht sehr ernst genommen. Zeugenaussagen Dörzbacher Bürger im Prozeß sind deshalb äußerst interessant, weil sie einen Einblick in die damaligen Verhältnisse und Lebensgewohnheiten geben.

Eine rücksichtslose Behandlung der Dörzbacher scheint es jedoch auch schon in früheren Jahrhunderten gegeben zu haben. Dafür spricht eine Volkssage, die Oberlehrer Wallrauch erzählt: »Der Schloßherr von Dörzbach war ein grausamer Mann, der seine Leute unbarmherzig plagte. Eines Tages fiel ihm ein, sich ein neues Schloß bauen zu lassen. Kaum war der Bau begonnen, als er auf Reisen ging. Vor seiner Abfahrt befahl er seinen Leuten, den Bau innerhalb von zwei Wochen zu beenden. ›Bis dahin will ich wieder da sein, und wehe Euch, wenn Ihr dann nicht fertig seid!‹ Da rief ihm der Älteste unter denen, die am Bau arbeiteten nach: ›Du grausamer Mann, Du sollst diesen Bau nie vollendet sehen.‹ Und richtig: Nach zwei Wochen kam der Schloßherr von der Reise zurück, aber er war wie durch ein Wunder blind geworden. So sah er den Bau seines Schlosses nie vollendet; der Fluch der Unterdrückten war in Erfüllung gegangen.«

Unweit von Dörzbach, in einem nördlichen Seitental der Jagst, liegt wie weltvergessen das *Schloß Laibach* über dem gleichnamigen Dorf, das zur Gemeinde Dörzbach gehört. Über den Zeit-

Das zwischen der Ortskirche und der Jagst gelegene Schloß Dörzbach ist von Gärten und alten Bäumen umgeben. Die heutige Anlage stammt im wesentlichen aus dem 16. Jahrhundert. Das Schloß gruppiert sich mit seinen Wohngebäuden rechteckig um einen Innenhof. Zwinger und Graben sind zu einem kleinen Park umgestaltet. Von Westen her führt eine Brücke in den inneren Hof. Über sie ist das Schloß mit dem äußeren Hof verbunden, das von Wirtschaftsgebäuden eingerahmt ist.

punkt des Baues der mittelalterlichen Burg und den Erbauer ist nichts bekannt. Um 1400 waren die Ritter von Aschhausen auf der Burg Laibach ansässig, bald darauf die Berlichingen; zum nahen Dörzbach gab es verwandtschaftliche Beziehungen. Laibach war eine Raubritterburg und wurde fast gleichzeitig mit Dörzbach im Jahr 1471 durch den Pfalzgrafen Friedrich wegen räuberischer Überfälle zerstört.

Die große Stunde schlug für Laibach im Jahr 1615, als der Freiherr Erhard von Muggenthal die Ruine kaufte. Er war kurmainzischer Rat, dazu Amtmann in Krautheim und scheint äußerst finanzkräftig gewesen zu sein. Wenige Jahre nach dem Kauf errichtete er auf den Fundamenten der mittelalterlichen Ritterburg ein prächtiges Renaissance-Schloß, so wie wir es in seinen Grundformen – wenn auch in Jahrhunderten abgenutzt und umgebaut – heute noch vor uns sehen. In den ersten Jahren blieben Dorf und Schloß fast unberührt von den Schrecken des Dreißigjährigen Krieges; sonst wäre der Schloßbau nicht möglich gewesen. Zum Schluß des Krieges jedoch fand sich keine lebende Seele im Ort, zumal auch die Pest schwere Opfer forderte. Im Jahr 1775 starb der Letzte des Geschlechts Muggenthal. Nach der Überlieferung wurde er eines Nachts von einem entlassenen Jäger erschossen.

Zwei Jahre später kaufte Friedrich Wilhelm Freiherr von Racknitz das Schloß. Er war kaiserlicher Rat und württembergischer Geheimer Rat. Die Familie stammte aus der Steiermark, wo sie schon um 1180 nachweisbar ist. Im 19. Jahrhundert mußte sie wegen ihres evangelischen Glaubens die Heimat verlassen. Sie ließ sich zunächst in Nürnberg nieder, wo sie es zu hohem Ansehen brachte, und siedelte dann nach Laibach über. Der griechische Freiheitskrieg lockte 1833 den jungen Schloßherrn Eugen von Racknitz in die Fremde. Während seiner Abwesenheit ließ sein Verwalter einen Schloßflügel auf eigene Faust abbrechen und viele wertvolle Gemälde verkaufen. Nach dem zweiten Weltkrieg übernahm Liselotte von Racknitz, nachmals Frau Eben-Ebenau, das Erbe, das seit 1980 von ihrem Sohn – wie es im Dörzbacher Heimatbuch heißt – »in Verbindung von Traditionspflege und neuzeitlicher Bewirtschaftung (Gutsbetrieb und Ferien auf dem Bauernhof)« weitergeführt wird. Das Schloß hat durch zahlreiche An- und Umbauten seine einstige Harmonie verloren, ist aber noch immer repräsentativ und sehenswert. Die Kapelle enthält ein Relief der Rosenkranzmadonna.

Auch Dorf und *Schloß Meßbach* gehören zur Gemeinde Dörzbach. Das Schloß ist ein ansehnlicher rechteckiger Bau mit vier Ecktürmen, die hohe Zwiebeldächer tragen, einem Erkerausbau zur unmittelbar benachbarten Rokokokirche hin und einem herrlich angelegten, gepflegten Park. Der in idyllischer Einsamkeit weitab vom Verkehr gelegene Ort ist mit Schloß, Kirche, Park und See äußerst eindrucksvoll. Der Bau des Schlosses wurde um die Mitte des 18. Jahrhunderts begonnen, als der Kaiserliche Rat Johann Adam von Öhningen das kleine Dorf besaß, jedoch erst unter den Freiherren von Eyb vollendet, die einige Jahrzehnte später Schloß und Dorf übernahmen. Im Jahr 1832 kaufte der Freiherr Friedrich von Palm, württembergischer Kammerherr und Oberforstmeister, das Schloß. Seitdem ist es im Besitz der Familie, die den Bau um 1975 renovieren ließ. Der jetzige Eigentümer ist Hubertus Freiherr von Palm.

24 Ruine Krautheim. Einst Hort der Reichskleinodien?

Die Krautheimer Burgkapelle ist ein schönes Beispiel kirchlicher Baukunst in staufischer Zeit. Sie kann in ihrer Gestaltung mit den großen Kapellen der Kaiserpfalzen wetteifern. Auf diese hochrangige künstlerische Bedeutung bereitet das reich geschmückte Portal vor. Den äußeren Rahmen bildet ein an beiden Seiten verschieden gestaltetes Blattrankenwerk. Die drei Fenster im Bogenfeld gehören zu einem Raum im Palas.

Die Burg Krautheim an der Jagst ist von einem Geheimnis umwittert. Wurden hier im Mittelalter einige Jahre die Reichskleinodien aufbewahrt? Nirgends findet sich ein urkundlicher Hinweis, aber vieles spricht dafür. Die Insignien und Kleinodien des Heiligen Römischen Reiches – also vor allem Krone, Szepter und Reichsapfel – genossen als der kostbarste Schatz des deutschen Mittelalters höchstes Ansehen und besaßen darüber hinaus eine große politische Bedeutung. Sie verkörperten das »rîch«, also das Reich. Wer sie besaß, war der Herrscher, denn alle bedeutenden staatspolitischen Akte des Mittelalters wurden von diesen Kleinodien begleitet, ja sie erhielten durch sie ihre verfassungsmäßige Gültigkeit. Für jeden neugewählten Kaiser war es daher zunächst die wichtigste Aufgabe, darauf zu dringen, mit den rechtmäßigen Insignien gekrönt zu werden. Erst dann war er wirklich Kaiser, und erst dann besaß er die Autorität seines hohen Amtes.

Da es im Mittelalter keine feste Hauptstadt gab, sondern nur die Kaiserpfalzen, an denen der Herrscher sich abwechselnd aufhielt, wurden auch die Kleinodien an wechselnden Orten aufbewahrt. Vor allem auf dem Trifels, aber auch in Nürnberg, Regensburg, der Harzburg, der Waldburg bei Ravensburg und anderen Orten. Ihr jeweiliger Aufenthaltsort ist für das 13. Jahrhundert lückenlos nachgewiesen, nur nicht für die Jahre 1240 bis 1246.

Nun hat Gottfried von Hohenlohe die Burg Krautheim im Jahr 1239 von seinem Schwager Konrad von Krautheim erworben, trat aber nie den Besitz an. Gottfried von Hohenlohe war das Haupt des Reichsrats, eines Kreises bewährter Ratgeber des Hohenstaufenkaisers Friedrichs II. und Erzieher seines Sohnes Konrad IV., der 1237 im Alter von sieben Jahren in Wien zum Deutschen König gewählt worden war. Sollte Gottfried die Burg Krautheim in höherem Auftrag als Aufbewahrungsort der Insignien des unmündigen Königs gekauft haben? Der Kaufvertrag wurde ebenfalls im Deutschordenshaus in Würzburg in Anwesenheit hochgestellter Persönlichkeiten abgeschlossen. Hubert Graf Waldburg hat als erster diese These geäußert, die seitdem lebhaft diskutiert wird.

Die Burg Krautheim wurde nach dem Kauf großzügig ausgebaut. Der Palas und die frühgotische Burgkapelle wurden durch die Errichtung eines neuen Palasportals und den Einbau des Kapellenchores zu einer Einheit

Der Bergfried der Burg Krautheim ist ein hervorragendes Zeugnis staufischer Wohnbaukunst; er steht frei hinter der Schildmauer auf dem höchsten Punkt des Burggeländes und ist mit dem Palas durch eine Brücke verbunden. Ein ansehnlicher Teil der Schildmauer ist in einer Länge von 18 Metern mit Ausnahme der Mauerkrone gut erhalten. Das Schloßgebäude folgt dem Zug der alten Umfassungsmauer, indem es sich an der Süd- und Westseite mehrfach geknickt um den Treppenturm herumzieht.

verbunden. Die Kapelle ist von hohem künstlerischem Wert und wäre sicher ein würdiger Ort für die Aufbewahrung des Reichsschatzes gewesen. Die Zusammenschau historischer Fakten und des Baubefundes lassen jedenfalls die These, daß hier die Reichskleinodien einige Jahre aufbewahrt wurden, nicht abwegig erscheinen.

Der Erbauer der Burg Krautheim ist vermutlich Ruthardus von Krautheim, der 1172 in einer Urkunde erwähnt wird. Anfangs stand wohl nur der Bergfried, der mit seinen großformatigen Buckelquadern den staufischen Vorbildern folgt. Am Ende des 12. Jahrhunderts bauten die drei Brüder Wolfrat, Crato (Kraft) und Konrad von Krautheim dazu eine mächtige Burg mit Palas, Schildmauer und einem tiefen Graben. Nach 1239 erfolgte der bereits erwähnte durchgreifende Umbau, bei dem die Burg stark verändert wurde und neue Zugänge erhielt.

Die alte romanische Burgkapelle wurde im gotischen Stil umgebaut. Der Innenraum der Burgkapelle gliedert sich heute in einen Chor und ein kleines Kirchenschiff mit einer herrschaftlichen Empore, die gegenwärtig nicht zugänglich ist. Die Kapelle kann in ihrer Schönheit, der Raumkomposition und dem Reichtum der Gestaltung ähnlichen Bauwerken der

Kaiserpfalzen an die Seite gestellt werden und ist ein bedeutendes Denkmal staufischer Baukunst. Mit ihrem Altarraum ist sie in den Palas hineingeschoben, eine ungewöhnliche und wohl einzigartige bauliche Maßnahme. Eine reichverzierte Porphyrsäule trägt die Empore. Voll Bewunderung steht der Besucher im Innenhof der Burg vor dem großen und reich geschmückten gotischen Portal. Den äußeren Rahmen bildet ein Blattrankenwerk, das an den beiden Seiten verschieden gestaltet ist und das durch eine menschliche Halbfigur verbunden wird. Am unteren Ende der Blattgirlanden befinden sich kleine Fabelwesen. Ein besonders interessantes Kapitell auf der rechten Seite soll vermutlich den Kampf des Menschen mit den ihn bedrohenden bösen Mächten darstellen. Die frühgotische Burgkapelle mit ihren verschiedenartigen Kapitellen ist ein Glanzstück zisterziensischer Kirchenbaukunst.

Der Palas liegt zwischen dem Bergfried und der Burgkapelle und ist direkt an die Schildmauer angebaut. Er besaß vier Geschosse, wie sich aus den Fensteröffnungen schließen läßt. Der Bergfried hat heute noch eine Höhe von dreißig Metern, vom obersten Geschoß des Palas führt eine Brücke zu ihm. Unten befand sich ein Verließ ohne Tageslicht. Den Abschluß des Turmes bildeten früher sicher Zinnen und ein spitzes Dach. Im Bauernkrieg brannten 1525 die Mergentheimer Bauern die Burg nieder. In Krautheim fielen auch die berühmten Worte des Götz von Berlichingen, die durch Goethe – in abgewandelter Form – unsterblich geworden sind.

Nachdem Krautheim an das Erzbistum Mainz gefallen war, baute im Jahr 1612 der Erzbischof Johann Schweikart von Kronberg neben der Burg ein neues Schloß mit mehr Wohnkomfort. Lothar von Schönborn erweiterte es zu Beginn des 18. Jahrhunderts. Der Graben wurde aufgefüllt und ein Teil der Mauer abgebrochen und dort ein kleiner Schloßpark angelegt. Die alte Burg war in der ersten Hälfte des 19. Jahrhunderts schon stark verfallen, und die Kapelle hatte kein Dach, so daß die Kapitelle stark verwitterten.

Der Großherzog Leopold von Baden, an den der Besitz von Burg und Schloß gefallen war, veranlaßte nach einer Besichtigung im Jahr 1845 Maßnahmen, um weiteren Schaden zu verhüten. Das Notwendigste wurde sofort unternommen, und 1888 erfolgte eine durchgreifende Restaurierung. Damals wurde auch die stark verschüttete Schildmauer wieder freigelegt. Heute gehört die Burg dem Land Baden-Württemberg, das sie zum Stauferjahr 1977 wieder instand setzen ließ. Sie ist ein schönes und guterhaltenes Beispiel staufischer Baukunst. Man muß sich allerdings vorstellen, daß früher alles viel farbiger war, denn gerade die Stauferzeit liebte die Farbenpracht. Das Landesdenkmalamt hat jedoch nur dort farbig restauriert, wo Farbspuren existierten.

Das Schloß ist im Privatbesitz von Dimitri Schmidt-Narischkin, der es auch bewohnt und dessen Großvater schon 1887 das Schloß dem Land Baden-Württemberg abgekauft hatte. Beachtenswert sind beim Schloß ein hoher achteckiger Treppenturm, ein malerischer Torbogen und die Eingangstür mit dem Wappen des Kurfürsten Lothar Franz von Schönborn.

25 Schloß Aschhausen. Früherer Ruhesitz Schöntaler Äbte

Von dem ansehnlichen aus der Mitte des 18. Jahrhunderts stammenden Barockschloß Aschhausen ist nur ein Teil auf der rechten Bildseite zu sehen. Im Blickpunkt steht der Anbau, der in den Jahren 1912 bis 1914 an das Schloß angegliedert wurde. Der Wohnbau fügt sich harmonisch in die Schloßanlage ein. Der Bauherr, Graf Johann-Friedrich von Zeppelin, war während seiner Amtszeit als vortragender Rat in der Statthalterschaft der Reichslande Elsaß-Lothringen beruflich mit den Aufgaben der Denkmalpflege vertraut geworden und konnte so sachverständig die Frage der Eingliederung seines eigenen Besitzes in Umgebung und Landschaft beurteilen.

Weithin sichtbar ragt der mächtige viereckige Bergfried mit seinem erst im 18. Jahrhundert aufgesetzten achteckigen schmäleren Oberteil über das Schloß Aschhausen und die Wälder des Erlenbaches, der bei Bieringen in die Jagst mündet. Der Bergfried ist das einzige Überbleibsel der abgelegenen mittelalterlichen Burg. Der Zugang zum Turm befand sich auf der der möglichen Angriffsflanke abgekehrten Seite, und zwar so hoch über dem Boden, daß der Zutritt nur mittels einer Leiter möglich war – eine im Mittelalter übliche Gepflogenheit. Erst im 16. Jahrhundert wurde in das Erdgeschoß des Turms ein Eingang gebrochen. Die geräumige Anlage der Stockwerke läßt die Vermutung zu, daß der Turm nicht nur ein Bollwerk zur Verteidigung war, sondern auch bewohnt werden konnte.

Unterhalb des ursprünglichen Burgbezirks liegt das Schloß, das aus dem Jahr 1579 stammt, aber erst 1740 seine heutige Gestalt erhielt. Der Wohnflügel im Westen des Hauptbaues entstand sogar erst unmittelbar vor dem ersten Weltkrieg. Zwei verwitterte kleine Bären aus Stein halten mit Blick auf die neuen Gebäude Wache am Aufgang zum alten Teil. Wer vom Tal heraufkommt und den Schloßhof betreten will, muß den Torbogen unter dem langgestreckten Hauptbau passieren, der von zwei ansehnlichen Türmen flankiert wird. Der erste Blick des Besuchers fällt zunächst auf das Wirtschaftsgebäude, das mit seinem Fachwerk und seinen blau-weißen Fensterläden dem weiten Hof eine freundliche Note erteilt. Dann beherrscht der mächtige Bergfried – Rest der mittelalterlichen Burg – das Blickfeld. Wenige Schritte hinter dem Anwesen birgt ein stimmungsvoller kleiner Friedhof die Gräber verstorbener Schloßbesitzer.

Im Jahr 1163 wird zum erstenmal ein Theoderich von Askeshusen urkundlich erwähnt. Um 1500 waren die Herren von Aschhausen als Raubritter in der weiten Umgebung gefürchtet. Hans Jörg von Aschhausen war eng befreundet mit dem berüchtigten Thomas von Absberg, der damals das fränkische Land in Schrecken hielt. Das gewalttätige Treiben der von Aschhausen und ihre zahllosen Überfälle, Erpressungen und Mordtaten erregte schließlich solches Ärgernis, daß der Schwäbische Bund im Jahr 1523 den Truchseß Georg von Waldburg beauftragte, die Burg zu zerstören. Als die von Waldburg ausgesandte Schar vor der Burg erschien, war der Ritter von Aschhausen geflohen, weil er den offenen Kampf scheute. Die Burg wurde niedergebrannt, Türme und Mauern jedoch nicht eingerissen. Deshalb konnte der Raubritter seine Beutezüge auch nach der Zerstörung seiner Burg fortsetzen. Vierzehn Jahre später begann die Familie damit, Teile der Burg wieder aufzubauen und sie den inzwischen geänderten Wohn- und Verteidigungsbedürfnissen anzupassen. So entstand ein geschützfester Rundturm mit Wohnräumen und einem Verließ.

Nach dem Aussterben des Geschlechts Aschhausen im Jahr 1657 fiel der Besitz an das Erzbistum Mainz als Lehensherrn zurück, der ihn wenig später an das Kloster Schöntal veräußerte. So wurde die Burg Erholungsort und Ruhesitz der Äbte, außerdem Pfleghof für die umliegenden Klostergüter. Anstelle der alten baufälligen Gebäude entstand im Lauf der nächsten Jahrzehnte das ansehnliche Barockschloß, wie wir es im wesentlichen heute noch vor uns haben. Unter Abt Angelus Münch erhielt dann im Jahr 1740 das Schloß seine heutige Gestalt. Der Baumeister war Bernhard Schüssler aus Waldsassen, ein Schüler Dientzenhofers. Zu dem vorhandenen Rundturm kam ein zweiter als Pendant. Ihre Durchmesser übertreffen die sonst üblichen Maße. Da Gesichtspunke der Verteidigung keine Rolle mehr spielten, war die Mauerstärke des neuen Turms nur halb so dick wie die des alten. Da das Schloß vor allem als Sommerresidenz gedacht war, lagen die Wohnräume meist nach Norden; auf der Südseite befindet sich ein schmaler Gang, der die beiden Türme miteinander verbindet. Das neue Bauwerk übertraf bei weitem das Areal der alten Burg. Da der Neubau auf den breiten Platz wenig unterhalb der Burg verlegt wurde, war es möglich, ein Schloß mit breiter Front zu bauen. Die symmetrische, durch die beiden Türme eingefaßte Fassade, die eindrucksvollen Turmhauben und die geschickte Einfügung in die Landschaft ergeben ein harmonisches Bild.

Nach der Aufhebung der Klöster verlor Schöntal den Besitz.

Der Bergfried, der einzige Rest der mittelalterlichen Burg Aschhausen, wurde bei der Eroberung der Burg im Jahr 1523 stark in Mitleidenschaft gezogen. Noch gegen Ende des 17. Jahrhunderts stand er oben offen da. Erst um 1730 erhielt er seinen achteckigen Aufbau.

Das Schloß fiel an Württemberg. König Friedrich I. verlieh Schloß und Rittergut dem Sohn seines bewährten Staatsministers Graf von Zeppelin. Die Familie stammte aus Mecklenburg, Johann-Carl Graf von Zeppelin hatte sich jedoch als Politiker in württembergischen Diensten in einer Zeit bewährt, als Württemberg noch Herzogtum war. Der spätere König hielt ebenfalls viel von ihm, nannte ihn seinen Freund und errichtete ihm nach seinem Tod ein würdiges Mausoleum auf dem Friedhof in Ludwigsburg. Da das einstige Schloß der Äbte den modernen Ansprüchen nicht mehr genügte, entschloß sich Johann-Friedrich von Zeppelin im Jahr 1912 zum Bau eines an das Schloß angegliederten Wohnhauses, das gerade vor Ausbruch des Ersten Weltkrieges fertiggestellt wurde. Die Innenräume des Schlosses mit ihren reichen Schätzen an Porzellan, Bildern, Waffen, Möbeln und anderen Sehenswürdigkeiten sind leider seit 1981 nicht mehr der Öffentlichkeit zugänglich. Der jetzige Besitzer ist Ludolf Graf von Zeppelin-Aschhausen. Der berühmte Luftschiffbauer Ferdinand Graf von Zeppelin war ein Nachfahr des Bruders von Staatsminister Johann-Carl; zu Aschhausen hatte er keine Beziehungen.

26 Schloß Ingelfingen. Heute Mittelpunkt des Kurorts

Während im allgemeinen die Schlösser des Adels an der Stelle ihrer mittelalterlichen Burgen entstanden, ist in Ingelfingen die Entwicklung anders verlaufen. Das große Schloß der Hohenlohe wurde nicht auf jenem Berg erbaut, auf dem die Burg Lichteneck zur Ruine wurde, sondern im Tal, in der Nähe des Kocherufers. Dort beherrscht der langgestreckte Bau das Bild des Weinorts Ingelfingen. Die Fläche zwischen Schloß und Fluß wird vom Hofgarten ausgefüllt, der ursprünglich in strengem französischem Parkstil angelegt war, dann zum englischen Garten wurde und heute als gutgepflegter Kurgarten dient.

Bei Baubeginn war das Schloß noch nicht in seiner heutigen Größe geplant. Als 1625 mit dem Neubau begonnen wurde, beanspruchte es nur etwa die Fläche des jetzigen Ostflügels und des Mittelbaues. Das Jahr 1701 bedeutete einen Wendepunkt in der Baugeschichte des Schlosses und der Entwicklung der Stadt Ingelfingen. Damals machte Fürst Christian Kraft zu Hohenlohe aus der Linie Neuenstein das Städtchen zu seiner Residenz und begründete damit die Linie Hohenlohe-Ingelfingen. Er zog von Schrozberg in die Kocherstadt und ließ sofort mit Um- und Anbauten am Schloß beginnen. Aber damit war die Baufreudigkeit des Fürsten noch nicht erschöpft. Im Jahr 1705 wurde das Hauptgebäude des alten Schlosses und ein westlich anschließendes Privathaus abgebrochen und mit dem Bau des Westflügels begonnen. Fünf Jahre später waren der Bau vollendet, die Hoftore errichtet und der Brunnen neu gefaßt. Damit waren die Vorbedingungen für eine ländlich-repräsentative Hofhaltung geschaffen, wie sie sich Adelskreise seinerzeit vorstellten.

Infolge des schmalen zur Verfügung stehenden Raums sind die zur Stadt gerichteten Gebäudeflügel kurz und der Hof eng. Zur Gartenseite in Richtung Kocher wurden daher nur ein wenig vorspringende Pavillons errichtet. So zeigt sich das Schloß dem Besucher auch heute noch. Unter dem Schloß liegt ein langgestreckter, dreiteiliger Keller, in dem der weithin bekannte Ingelfinger Wein lagert. Im ehemaligen Rentamt ist der »Schwarze Hof« sehenswert. Schon nach wenig mehr als hundert Jahren ging die Linie Hohenlohe-Ingelfingen in der Linie Hohenlohe-Öhringen auf, die das Schloß im Jahr 1962 an die Stadt verkaufte. Heute ist es Mittelpunkt des Kurorts und Heilbads Ingelfingen geworden. Vergangenheit und Gegenwart sind eine harmonische Synthese eingegangen. Im Kurpark befindet sich eine kegelförmige »Jubiläumssäule« von 1793, die anläßlich der fünfzigjährigen Wiederkehr der Eheschließung des Fürstenpaares von dessen erstem Sohn errichtet wurde.

Schloß und Stadt bilden auch heute eine bauliche Einheit, vor allem die Mariannenvorstadt, die Erbprinz Friedrich Ludwig um 1782 als soziale Siedlung anlegte und nach seiner Gemahlin benannte. Ein Obelisk bezeichnet den Eingang. Die niedrigen Häuser, die zum Teil erhalten sind, sowie die gemeinhin als »Münze« bezeichnete pyramidenförmige ehemalige Esse der Hofschlosserei lassen noch die Welt des Zopfes erahnen. In der säulengeschmückten Hofapotheke hielt sich nach der Französischen Revolution einige Jahre eine geheimnisumwobene Frau – die »Dunkelgräfin« – auf, angeblich eine Tochter Marie Antoinettes. Der Fürst, dem dieser letzte und nicht ganz vollendete Ausbau der kleinen Residenzstadt zu danken ist, war der schon erwähnte Erbprinz Friedrich Ludwig, der spätere Feldmarschall und Befehlshaber in der Schlacht von Jena, in der die Preußen von Napoleon vernichtend geschlagen wurden. Der Fürst hat unter die-

Im Kurpark, dem ehemaligen Hofgarten steht eine kegelförmige Jubiläumssäule, die im Jahr 1793 der damalige Erbprinz Friedrich Ludwig anläßlich der Goldenen Hochzeit seiner Eltern errichtet hat.

sem Ereignis so sehr gelitten, daß er nie mehr in seine Heimat zurückgekehrt ist, obwohl ihn keinerlei persönliche Schuld traf. In Slawentzitz, einer Besitzung in Oberschlesien, die seine Frau in die Ehe eingebracht hatte, ist Friedrich Ludwig 1818 gestorben.

Als *»Altes Schloß«* wird ein in sich geschlossener Gebäudekomplex bezeichnet, der am oberen, nordwestlichen Ortsausgang von Ingelfingen liegt. Er wurde von der hohenlohischen Herrschaft nach 1622 gebaut, diente über dreißig Jahre als Amtshaus, ging dann in Privatbesitz über, wurde 1742 zurückgekauft und als Wohnsitz für den Grafen Heinrich August eingerichtet. Das Gebäude, das mit seinem Hof, dem runden Turmstumpf, den Laubengängen und dem efeuumrankten Torbogen durchaus den Eindruck eines alten Schlosses macht, ist heute in bäuerlichem Privatbesitz. Gegenüber dem Gebäude steht ein hübsches Torwächterhaus aus dem 18. Jahrhundert, das 1976 stilvoll restauriert worden ist. Nahebei ist ein Wehrturm der Stadtbefestigung aus dem 15. Jahrhundert erhalten. Ingelfingen liegt nur wenige Kilometer nordwestlich von der Stadt Künzelsau entfernt, mit der sie im 15. Jahrhundert häufig in Fehde lag.

Von dem Vorläufer des neuen Schlosses der Hohenlohe-Ingelfingen, der *Burg Lichteneck,* steht heute noch eine stattliche Ruine, die das Ziel vieler Spaziergänger ist und die eine schöne Aussicht über weite Strecken bietet. An der Bergseite ist der Burggraben noch erkennbar. Die bis zu fünfzehn Meter hohe Schildmauer ist etwa zwanzig Meter lang; in ihrem Inneren führte eine Treppe vermutlich zu den oberen Geschossen des Palas. An die Schildmauer stößt im Burghof eine wohl zum Palas gehörende Mauer rechtwinklig an. Auf den Palas deuten auch noch schöne Fensteröffnungen hin. Die Mauerreste wurden 1977 von der Stadt restauriert. Aus einer Urkunde des Jahres 1251 ist ersichtlich, daß die Burg mindestens ein Jahr zuvor erbaut worden sein muß. Vor 1275 erwarb sie Kraft I. von Hohenlohe von den Söhnen des Erbauers, seinen Vettern. Damit blieb sie im wesentlichen in hohenlohischem Besitz, kam jedoch in den Jahren um 1385 durch die Mißwirtschaft der Brüder Ulrich und Friedrich von Hohenlohe ziemlich herunter. Über den Zeitpunkt und die Art ihrer Zerstörung ist nichts Genaues bekannt. Die Vermutungen gehen weit auseinander. Sicher ist nur, daß die Burg um 1480 schon verfallen war.

Etwa zwei Kilometer von Lichteneck kocheraufwärts liegen die Reste eines Bauwerks, das manche Rätsel aufgibt. Man nennt es die *»Zarge«*, ein Wort, das eigentlich so viel wie »Umfassungsmauer« bedeutet. Es wird verwendet, wenn man eine Ruine kennzeichnen will, deren Name nicht bekannt ist. Die einzige urkundliche Erwähnung des Baues stammt aus dem Jahr 1343; man hatte schon damals keinen Namen für den Bau. Die Ruine besteht aus einer ost-westlich verlaufenden Mauer mit Ansätzen von zwei weiteren nach Süden gerichteten Mauern. Es wird angenommen, daß hier der Rest einer kleinen, im Grundriß trapezförmigen Burg vorliegt, die im 11. Jahrhundert im Besitz der begüterten Mechthild von Stein war. Die Burg war schlecht zu verteidigen.

Im nahegelegenen Künzelsau besaßen im Mittelalter die Herren

Das fürstliche Schloß in der kleinen Weinbauernstadt Ingelfingen – einer ehemaligen hohenlohischen Residenz – ist ein lehrreiches Beispiel des Schloßbaues zu Beginn des 18. Jahrhunderts. Nach der Gartenseite zum Kocher hin, die das Bild zeigt, konnten als Flügel wegen des geringen zur Verfügung stehenden Platzes nur wenig vorspringende Pavillons errichtet werden.

von Bartenau und die von Künzelsau je ein Schloß in unmittelbarer Nachbarschaft. Nach dem Aussterben der letzteren hieß der ganze Komplex *Burg Bartenau.* Mehrere Familien folgten einander im Besitz, bis die Hohenlohe 1580 bedeutende Teile der Stadt und die Burg erwarben und an ihrer Stelle ein Schloß bauten. Schon 1679 ließ es Graf Johann Ludwig wieder abreißen und errichtete an der gleichen Stelle ein neues *Schloß Künzelsau,* das er zu seiner Residenz machte. Im Jahr 1871 ging das Schloß durch Kauf an den württembergischen Staat über, der hier ein Lehrerseminar einrichtete. In den Jahren 1937 bis 1939 wurde das Schloß völlig erneuert und im Inneren gänzlich umgebaut. Die Kutschenremise und das Waschküchengebäude wurden nach 1945 abgebrochen. Heute befindet sich im Gebäude ein staatliches Aufbaugymnasium mit Internatsschule.

Im Ort *Nagelsberg,* der heute zu Künzelsau gehört, wurde 1282 erstmals eine Burg urkundlich erwähnt. Im 14. Jahrhundert entstanden Streitigkeiten über die Lehensrechte zwischen dem Kloster Comburg und verschiedenen Parteien, die Ansprüche geltend machten. Nach langen zähen Verhandlungen wurde der Rechtsstreit durch einen Burgfriedensvertrag zwischen Kraft II. von Hohenlohe und dem Erzstift Mainz bereinigt. 1803 kam Nagelsberg in privaten Besitz. In der Folge verfiel die Burg, und 1822 stürzte der Bergfried ein. Heute ist die teilweise restaurierte Burg Privatbesitz verschiedener Familien und wird als Wohn- und Wirtschaftsraum genutzt.

27 Hermersberg. Jagdschloß zwischen Wald und See

Im abendlichen Glanz der Lichter wirkt das hervorragend restaurierte Schloß Hermersberg besonders festlich. Die Schloßgebäude gruppieren sich um einen rechteckigen Hof, der heute als Garten geschmackvoll angelegt ist. Der linke Bau ist der älteste Teil der Anlage; er stammt zum Teil noch aus dem 15. Jahrhundert und wurde als Jagdschloß errichtet. Diesem Bau wurde um die Mitte des 16. Jahrhunderts ein westlicher Flügel, der heutige Mittelbau, angefügt. Um 1610 wurde rechtwinklig ein weiterer Flügel angesetzt, in dem sich der Rittersaal befindet.

Wer bis Ende der sechziger Jahre nach einer Wanderung durch einsame, aber zauberhaft schöne, ausgedehnte Laubwälder auf Hermersberg stieß, fand ein verwahrlostes Schloß vor, das dem Verfall preisgegeben schien. Ein romantisches Gemäuer, das man mit einer gewissen Wehmut betrachtete. Das Landesdenkmalamt hatte das ziemlich verlotterte Schloß fast schon aufgegeben. Prinz Constantin zu Hohenlohe-Langenburg, der Kunstsachverständige des Hauses, zählte zwar Hermersberg zu den erhaltungswürdigen Bauzeugen der Vergangenheit, wußte aber auch keinen Rat.

Heute erhält man einen entgegengesetzten Eindruck, wenn man von dem schmucken Innenhof aus das hervorragend restaurierte Schloß betrachtet. Die Restaurierung ist das Verdienst des Künzelsauer Industriellen Reinhold Würth, der mit seiner Frau das Schloß im Jahr 1970 vom Fürstenhaus Hohenlohe erwarb und es bis 1974 von Grund auf restaurieren ließ. In Zusammenarbeit mit dem Denkmalamt wurde die Raumeinteilung im Ostflügel und im Mitteltrakt geändert und modernen Bedürfnissen angepaßt. Der Westflügel mit dem Rittersaal wurde im Original wiederhergestellt. Mit einer Einschränkung: Der früher weißgetünchte Rittersaal wurde in dezenten Farben gehalten und der Holzboden durch einen neuen Belag ersetzt.

An der Stelle des heutigen Ostflügels stand um 1550 ein einfaches Jagdhaus, an dem Graf Ludwig Casimir von Hohenlohe-Neuenstein einen Flügel anbaute, der etwa dem Grundriß des heutigen Mittelteils entsprach. Der ganze Bereich wurde ummauert und im Westen ein Torturm erstellt. Um 1600 wurde der Saalflügel nach Plänen und unter der Leitung des aus Forchtenberg gebürtigen Baumeisters Georg Kern erbaut. So stand zu Beginn des 17. Jahrhunderts schon ein ansehnliches Wasserschloß, das als Jagdschloß genutzt wurde, zumal der See auch die Jagd auf Wassergeflügel ermöglichte. Das Jagdschloß war recht komfortabel eingerichtet und beherbergte viele Gäste. Unter diesen waren »Churfürsten, Fürsten, Grafen und Herren, Adel, Doctores und andere ehrliche Leut«, wie es im Gäste- und Trinkspruchbuch heißt.

Aber der Dreißigjährige Krieg störte bald diese Idylle, denn die Truppen von Tilly und Mansfeld durchzogen die Gegend. Im Juni 1625 trafen sich sämtliche Familienoberhäupter der hohenlo-

Der prächtige Rittersaal im Schloß Hermersberg nimmt das ganze Hauptgeschoß des Saalbaues ein. Zwei kannelierte Steinsäulen auf hohen Sockeln scheinen den mit Ornamenten reich verzierten Saal zu tragen. Tierbilder, Pflanzen und Früchte sind an den Wänden zu sehen. Zwischen den Fenstern wenden sich lebensgroße stukkierte Hirsche mit echten Geweihen dem Beschauer zu.

hischen Linien, die Schloßherren von Weikersheim, Langenburg, Schillingsfürst, Neuenstein, Pfedelbach und Waldenburg im Schloß Hermersberg, um gemeinsame Maßnahmen zu vereinbaren. Sie gelobten sich gegenseitigen Beistand und Schutz. Quartierkosten in ihren Schlössern und Dörfern sollten gemeinsam getragen und »nach dem Steuerfuß« auf die Untertanen umgelegt werden. Im August 1645 fand dann ein Überfall durch eine Gruppe von kaiserlichen Soldaten – rund 120 Mann, darunter sechs Reiter – auf Hermersberg statt. Sie legten Leitern an das verschlossene Tor und erstiegen das unbewohnte Schloß; nur der Gärtner mit sieben unbewaffneten Männern, die keinen Widerstand leisteten, waren anwesend. Alle Schränke wurden von den Eroberern aufgebrochen, die Betten ausgeräumt, Weißzeug sowie Zinn-, Kupfer- und Messinggeschirr fortgeschleppt und das Vieh weggetrieben. Im 18. Jahrhundert begann man dann mit den notwendigen Reparaturen und Um- und Anbauten. Aber bereits 1719 wird berichtet, daß die Dekkenstukkatur »an einigen Orthen herunter fallen wolle«. Das Interesse der Besitzer erlosch dann endgültig, als durch die Mediatisierung ihre Landeshoheit und die damit verbundenen Sonderrechte aufgehoben wurden.

Die Schloßgebäude gruppieren sich um einen rechtwinkligen Hof. Im Südosten stehen die Wohngebäude, im Osten der quadratische Altbau. Es ist ein schmaler Mittelbau mit der alten Küche. Rechtwinklig dazu steht der Saalbau, dessen geschwungene Stufengiebel auffallen. Der Rittersaal ist das Glanzstück des Schlosses. Das aufwendige, prächtige Portal erinnert an Weikersheim. Das Gebälk ist am Fries mit Löwen und Genienköpfen sowie Fruchtgehängen verziert. Die Fenster in den Nischen reichen bis zum Boden. Zwei kannelierte Steinsäulen auf hohen Sockeln scheinen den Saal zu tragen. Der Torbau ist außen mit den vereinigten Wappen der Familien Hohenlohe-Neuenstein und Solms geschmückt; Graf Ludwig war mit der Gräfin Anna von Solms verheiratet. Dem gärtnerisch gepflegten Hof – beherrscht von einem mächtigen Baum – geben ein Brunnen und eine moderne Skulptur ein künstlerisches Gepräge.

An der Wegkreuzung vor dem Schloß – nicht zu ihm gehörend – steht noch neben einem verwitterten niederen Steinkreuz die alte Ortstafel mit den drei württembergischen Hirschstangen aus der Zeit vor dem Ersten Weltkrieg: Oberamt Künzelsau, Weiler Hermersberg, I. Bataillon Mergentheim, 5. Württemberg. Landwehrrgts. Nr. 123, 1. Kompagnie Künzelsau.

Ein einstiges Hermersberger Prunkstück wird nicht mehr hier, sondern im Schloß Neuenstein aufbewahrt. Es ist der »Hermersberger Hirsch«, ein prachtvolles Stück aus vergoldetem Silber von dem Augsburger Georg Hölltaler aus dem Jahr 1580. Er steht auf einem länglichen sechseckigen Sockel, auf dem allerlei Waldgetier den Waldboden symbolisiert. Als Sühne für unerlaubten Holzeinschlag in der Wildflur Hermersberg mußte die Stadt Niedernhall die Kosten für dieses Kunstwerk aufbringen. Es ist ein Willkommensbecher, nach dessen Leerung jeder Gast seinen Namen in einen Pergamentband eintrug. Im ersten Band reichen die Eintragungen von 1581 bis 1694, im zweiten bis 1731. Unter den Namen befinden sich bedeutende Persönlichkeiten, wie Kurfürsten, Pfalzgrafen, Diplomaten und Äbte. Der Hirsch zählt heute zu den wertvollsten Stücken der Kunstsammlung des Hauses Hohenlohe im Schloß Neuenstein.

Im nahegelegenen Forchtenberg stößt man über dem Städtchen in der für mittelalterliche Befestigungen beliebten Bergspornlage – hier im Mündungswinkel zwischen Kocher und Kupfer – auf umfangreiche Reste der *Burg Forchtenberg.* Sie wurde um 1240 urkundlich zum erstenmal genannt, in einer Zeit, in der Forchtenberg bischöflich-regensburgisches Lehen war. Die Besitzer, die Schloßherren von Dürn, nannten sich »von Forchtenberg«. Unter dieser Familie wurde Forchtenberg zur Stadt erhoben. Im Jahr 1323 starb die Familie aus, und der Besitz fiel an die Hohenlohe. Von dieser Zeit an war die Burg Sitz adeliger hohenlohischer Vögte. Das Städtchen wurde Sitz eines hohenlohischen Amtes und gelangte zu hoher Blüte. Im Dreißigjährigen Krieg haben Burg und Stadt gelitten. Seit 1937 ist die Burgruine im Besitz des Sattlermeisters Wilhelm Riehmann. Die im Osten der Burganlage noch stehende Schildmauer hat eine Stärke von mehr als zwei Metern und ist etwa zehn Meter hoch. Auch Reste des einst achtzig Meter langen Weinkellers und ein mit Efeu bewachsener Turmstumpf sind noch vorhanden. Der Burghof ist eine Baumwiese. 1972 wurde die Burgruine restauriert.

Nur wenige Kilometer von Forchtenberg entfernt steht noch das ehemalige *Schloß Sindringen,* dessen Vorläufer – eine mittelalterliche Burg – schon 1037 erwähnt wurde und die 1323 ebenfalls an die Hohenlohe kam. Vom Bergfried der alten Burg steht nur noch ein Stumpf, der mit einem Behelfsdach abgedeckt ist. Die Gebäude des aus dem 16. Jahrhundert stammenden Schlosses, auf dem einst ein hohenlohischer Amtmann saß, sind baufällig. Seit 1982 ist ein Arzt aus Buchen im Besitz des Schlosses. Er hat die Absicht, es nach vorliegenden Plänen der Stadt Forchtenberg und des Landesdenkmalamts zu restaurieren und mehrere Wohnungen einzubauen.

Zwischen Neuenstein und Niedernhall liegen am Südrand des Ortes Neufels die Reste der mittelalterlichen *Burg Neufels.* Als erster Besitzer der Burg wird um 1287 ein Raban von Neuenfels genannt, der an anderer Stelle auch von Neuenstein genannt wird. Bald waren auch die Herren von Neuenstein alleinige Besitzer der Anlage, jedoch wechselten in der Folge die Besitzer der Burg mehrmals. Sie wurde 1441 durch die Stadt Hall zerstört, weil am Vortag die Burgbesatzung einen Haller Kaufmannszug überfallen hatte. Unter der Beute befand sich ein für die Michaelskirche bestimmter kostbarer Kirchenornat. Sechzehn Gefangene wurden nach Hall geführt, der größte Teil der »Raubgesellen« entkamen. Die Grafen Kraft und Albrecht von Hohenlohe erhielten vom Kaiser den Befehl, den Wiederaufbau zu verhindern.

Die Burg war früher durch eine Zugbrücke – unter der sich ein tiefer Graben befand – mit dem Ort verbunden, der Stadtrecht hatte. Von der Ruine, deren Eigentümer Friedrich Herrmann aus Neufels ist, stehen noch niedrige und völlig überwachsene Umfassungsmauern. Ein Stück des Bergfrieds liegt umgestürzt im ehemaligen Burghof auf einer Wiese, einmalig in Hohenlohe.

28 Schloß Waldenburg. Schauplatz einer Katastrophe

Den April des Jahres 1945 wird kein Waldenburger vergessen, der diesen Monat in seiner Heimatstadt erlebt hat. In den ersten Tagen des Monats war das Bergstädtchen vom Krieg noch völlig unberührt, jedoch am 17. April war es zu achtzig Prozent zerstört. Als sich wenige Tage zuvor amerikanische Truppen der Stadtgrenze näherten, sprengten deutsche Pioniere die Zufahrtsstraße unterhalb des Schlosses. Danach setzte ein Feuerüberfall mehrere Stellen des Stadtgebietes in Brand, und bald stand auch ein Teil des Schlosses in Flammen. Der Angriff der Amerikaner setzte ein, und am 16. April war Waldenburg ganz in amerikanischer Hand. Rund sechzig Prozent der Häuser des Städtchens waren schon zerstört, aber am folgenden Tag setzten nachrückende amerikanische Truppen weitere zwanzig Prozent in Brand. Unter der Bevölkerung, die zum großen Teil ihre gesamte Habe verloren hatte, entstand ein Chaos. Waldenburg gehörte zu den am schwersten vom Krieg betroffenen Gemeinden Württembergs.

Die Katastrophe wäre sicher nicht eingetreten, wenn Schloß und Stadt Waldenburg im Tal gelegen wären, wie so viele ehemals als Wasserburgen gebaute Schlösser im Hohenloher Land. Aber Waldenburg liegt auf beherrschender Höhe, von weither sichtbar. Das Schloß war ursprünglich eine Reichsburg der Hohenstaufen, auf der Vögte im Auftrag des Kaisers saßen. Darauf weist auch die Tatsache hin, daß sich im Mittelalter keine Familie des Namens Waldenburg nachweisen läßt, während sonst die vom Adel erbauten Burgen den Namen der sie begründenden Familie erhielten oder die Geschlechter sich nach der Burg benannten. Bei den Reichsburgen – wie auch bei Leofels – findet man in der Regel keine Übernahme des Burgnamens durch eine Familie.

Als die Burg zum erstenmal in einer Urkunde aus dem Jahr 1253 erwähnt wurde und damit aus dem Dunkel der Geschichte auftauchte, befand sie sich im Besitz des Hauses Hohenlohe. Vielleicht waren die Hohenlohe von allem Anfang an Vögte der Hohenstaufen, auf die nach dem Zusammenbruch dieses Kaisergeschlechts die übertragenen Hoheitsrechte übergingen. Von der alten Burg ist nur noch wenig bauliche Substanz erhalten, so etwa Fundamente der Ummauerung, der sogenannte »Männlesturm«, mit gotischem Einstieg und eine – heute verbaute – Schildmauer. Die Burg war offenbar der Verwaltungsmittelpunkt der Umgebung, denn es sind »Urkundsbeamte« bezeugt. Rund hundert Jahre später entstand die Stadt, ein schönes Beispiel für das Wachsen einer Vorburg, aus der sich eine Stadt entwickelte. Es war ein natürliches Wachsen. Die »Beamten« vermehrten sich schon damals mit den zunehmenden Aufgaben, dazu brauchte man Handwerker, um die Bauvorhaben durchführen zu können, und Bauern, die die Ernährung dieser Menschen sicherten.

Die Burg wurde im 14. Jahrhundert umgebaut. Im Schutz von Wehranlagen, Graben, Schildmauern und Bergfried befanden sich die Wohngebäude, ein Palas, der den großen Saal enthielt, Wohn- und Schlafräume sowie die Wirtschaftsgebäude. Der heutige Turm war der ehemalige Bergfried. Der Umgang wurde jedoch erst in der Zeit der Renaissance aufgesetzt. Die Anlage wurde bis an die Spitze des Bergrückens vorgeschoben. Im 16. und 17. Jahrhundert erfolgte dann der Ausbau zum Schloß.

Waldenburg wurde im Jahr 1553 selbständige Residenz der Linie Hohenlohe-Waldenburg. In dem schönen Renaissanceschloß ereignete sich am 7. Februar 1570 ein schweres Unglück, das als

Lage und Ausdehnung von Schloß und Stadt Waldenburg sind ganz durch die Natur vorgezeichnet. Die schmale, weit vorspringende Bergzunge und die steilen Hänge erlauben nur eine eng begrenzte Ausdehnung. So hat Waldenburg die für andere hohenlohische Städte charakteristischen Erweiterungen nicht mitgemacht. Immer blieb die Stadt im alten Mauerring gefangen. Auf der vorgeschobenen Spitze wurde die kaiserliche Burg gebaut, aus der sich später das Schloß entwickelte. Wehrmauern und Türme zeigen noch die alte Stadtbefestigung. Weiterhin kann man von verschiedenen Punkten aus die Ebene überblicken.

»Waldenburger Fastnacht« in die Geschichte eingegangen ist und weithin Entsetzen ausgelöst hat. Graf Eberhard von Hohenlohe gab damals ein prachtvolles Fest, bei dem die Damen als Engel mit brennenden Kerzen auf Papierkronen und die Herren als Teufel und Dämonen verkleidet waren. Ein Kostüm geriet in Brand, das Feuer griff um sich, und fast alle Gäste erlitten schwere Brandverletzungen. Der Hausherr, der sich um die Rettungsarbeiten besonders bemüht hatte, starb, nachdem ihm alle Finger amputiert worden waren, im Alter von erst 34 Jahren. Sein Schwager war kurz zuvor schon seinen Brandwunden erlegen.

Die Trauerpredigt des Hofpfarrers Apin mag damals die Menschen erschüttert haben: »Der leidige Satan hat aus Gottes Verleugnus eine schröckliche Tragödien und Spektakel angerichtet. Darum soll man ihn nit über die Thür mahlen, noch zu Gast laden, dann er kommt wol von ihm selbst, oder wo er gleich selbst nit hinkommt, da schickt er seine Botten hin . . . Mein gnädiger Herr Graf Eberhard verbrannt so hart, daß man ihm hernach den 21. und 22. Februar alle Finger an beiden Händen mußte fornen abschneiden, empfing doch den 29. das

Die Kopie nach Merian zeigt Waldenburg um die Mitte des 17. Jahrhunderts.

Hochwürdige Abendmahl, that gar eine schöne christliche Bekanntnis, daran ich ein sonderlichen Gefallen hatte. Hernach, den 9. Martii stirbt er in meinem Beysein.«

Der Dreißigjährige Krieg brachte Waldenburg viel Truppendurchzüge. Von 1628 an finden sich fast alle bekannten und berüchtigten Truppen in Quartieren in und um Waldenburg, die Cronbergischen Reiter, Mansfeld oder Piccolomini. Die Grafen von Hohenlohe, die in Neuenstein und Weikersheim residierten, hatten sich auf die Seite Gustav Adolfs gestellt, der sie in hohe Staatsämter einsetzte. Dadurch hatte auch Graf Philipp Heinrich von Waldenburg enge Beziehungen zu den Schweden. Als jedoch die Kaiserlichen bei Nördlingen siegten, wurde Waldenburg schwer heimgesucht.

Nach dem Aussterben der alten Linie Hohenlohe-Waldenburg im Jahr 1679 stand das Schloß jahrzehntelang leer. Waldenburg fiel der Linie Hohenlohe-Schillingsfürst zu. Als die Franzosen ihren Einfall in die Pfalz bis weit hinein nach Osten ausdehnten, setzten sie sich hier fest. Die sie vertreibenden Kroaten hinterließen jedoch nicht weniger böse Erinnerungen. Nach der Französischen Revolution nahm Waldenburg – wie auch andere hohenlohische Schlösser – viele geflüchtete königstreue Franzosen auf. Bei einer Erbteilung im Jahr 1807 fiel dem älteren Bruder Schloß Waldenburg, dem jüngeren Schloß Schillingsfürst zu. Seitdem gibt es wieder eine Linie Hohenlohe-Waldenburg.

Während des 19. Jahrhunderts wurde durch die nunmehrigen Fürsten von Hohenlohe-Waldenburg viel renoviert. Das Schloß blieb in der Folge von großen Ereignissen verschont, bis es im Jahr 1945 völlig ausbrannte. Beim Wiederaufbau, der sich von 1948 bis 1963 hinzog, bemühte sich Fürst Carl Friedrich zu Hohenlohe-Waldenburg, möglichst die äußere Front des Schlosses zu erhalten. Innen mußte vieles verändert werden. Die Wohnräume rückten in den Nordflügel, und das Hauptgebäude wurde – um Gewerbebetriebe aufnehmen zu können – mit tragfähigen Decken ausgestattet. Auch die Schloßkirche mußte völlig erneuert werden. Der jetzige Eigentümer des Schlosses ist Friedrich Karl Fürst zu Hohenlohe-Waldenburg.

Seit 1972 befindet sich im Schloß ein Siegelmuseum. Siegel beglaubigten lange Zeit in der Geschichte Macht, Besitz und Einfluß; zur Herstellung des Siegelstempels wurden die besten Künstler ihrer Zeit herangezogen. Man kann hier also Geschichte an Kleinkunstwerken studieren. Gezeigt werden keine Originalsiegel, sondern – teilweise sehr alte – Reproduktionen. Originalsiegel von den Urkunden zu lösen, wäre unverantwortlich. Die Exponate stammen aus der Sammlung von Dr. h. c. Friedrich Karl Fürst zu Hohenlohe-Waldenburg, der von 1814 bis 1884 gelebt hat und als der Begründer der wissenschaftlichen Siegelkunde in Deutschland gilt.

29 Schloß Kupferzell. Mittelpunkt landwirtschaftlicher Tradition

Das Schloß Kupferzell der Fürsten von Hohenlohe – dessen Eigentümerin das Land Baden-Württemberg ist – beherbergt seit 1975 die „Staatliche Fachschule für ländlich-hauswirtschaftliche Berufe“. Schon 1922 war in das damals noch verträumte Schloß wieder pulsierendes Leben eingezogen, als Fürst Friedrich Karl zu Hohenlohe-Waldenburg-Schillingsfürst das Schloß an die damalige „Württembergische Landwirtschaftskammer“ verkaufte und dort die weibliche Landjugend einzog. Für Kupferzell bedeutete die neue Einrichtung die Fortsetzung einer alten landwirtschaftlichen Tradition.

Im Ort Kupferzell lebte im 18. Jahrhundert der Pfarrer Johann Friedrich Mayer, der seinen Bauern mit Ratschlägen zur Hand ging, sie mit dem Kartoffelanbau vertraut machte, bisher unbekannte Kleesorten einführte, sich mit dem Problem der Lagerhauserrichtung befaßte, Wetterkassen einrichtete und Flurbereinigungen durchführte. Mehrere Fürsten holten schließlich seinen Rat über die Landwirtschaft in ihren Ländern ein. Als Mitglied von gelehrten Gesellschaften erhielt er mehrere Berufungen nach auswärts, blieb jedoch Kupferzell treu. Aus dieser Tradition heraus wurde zu Beginn unseres Jahrhunderts die erste Getreidegenossenschaft Württembergs in Kupferzell gegründet.

Die Einrichtung einer Fachschule für ländliche hauswirtschaftliche Berufe, in der auch die Ausbildung für die Berufe »Dorfhelferin«, »ländliche Wirtschafterin« und »ländliche Hauswirtschaftsleiterin« erfolgt, war also durchaus folgerichtig. Auch die Fürstin Therese setzte sich seit der Jahrhundertwende für eine Verwendung des Schlosses für diesen Zweck ein. In den Jahren 1952 und 1962 wurde das Schloß dann zu Schulzwecken umgebaut. Aus der Frühzeit des Schlosses sind außer der Außenfassade noch das Treppenhaus, eine Stuckdecke und einige Figuren aus der ehemaligen Schloßkapelle erhalten.

Das in einem einfachen Barockstil erbaute Schloß entstand etwa 1721. Philipp Ernst, der Vertreter der Linie Hohenlohe-Waldenburg-Schillingsfürst, wollte außer seinem auf unwirtschaftlicher Höhe gelegenen Schloß Waldenburg auch einen Wohnsitz im milderen Tiefland haben. Zwei parallel einander gegenüberliegende Hauptgebäude, die später durch einen Querbau verbunden wurden, bilden einen offenen Hof. Ein Baumeister kann kaum genannt werden, da sich die Arbeiten fast durch das ganze Jahrhundert hinzogen. Der dreiflügelige, jetzt von Efeu umrankte Bau, wird von einem malerischen Turm überragt. Das am östlichen Rand des Ortes gelegene Schloß ist kein Prunkbau. Verschnörkelte Giebel und geschwungene Fassaden wird man vergebens suchen. Aber die einfache Bauweise fügt sich harmonisch in die ländliche Umgebung ein, und darin liegt der besondere Reiz des Kupferzeller Schlosses. Es war zunächst nicht dauernd bewohnt, sondern diente im wesentlichen als Sommersitz. Das höfische Leben war bescheidener Art. Fürst Friedrich Karl – russischer General und Generaladjutant des Zaren Alexander II. – erwählte dann Kupferzell in der Mitte des 19. Jahrhunderts zu seiner Residenz. Er bemühte sich um den Wohlstand der Bürger und genoß als Wissenschaftler Ansehen.

In engem historischem Zusammenhang mit Kupferzell steht das nur wenige Kilometer östlich gelegene Döttingen mit *Schloß Döttingen*. Im Mittelalter war Döttingen kirchlich und politisch der wichtigste Ort im mittleren Kochertal. Auch die Kupferzeller Bauern hatten dort ihre Pfarrkirche und ihr wirtschaftliches Zentrum. Die Herren von Bachenstein besaßen im 13. Jahrhundert ober-

Schloß Kupferzell um 1840. Lithographie von F. Mayer nach Baumann.

halb des Tales in einer Entfernung von eineinhalb Kilometern eine Burg und errichteten später im Dorf noch eine Wasserburg; die Vorgängerin des heutigen Schlößchens. Von dort aus übten sie jahrhundertelang ihre Rechte auf dem weltlichen und kirchlichen Sektor aus. Doch sie waren keine sparsamen Haushalter und mußten zum Ende des Mittelalters Stück für Stück ihres Besitzes – zunächst an die Wunnenstein und die Stetten – verkaufen. Im Jahr 1488 erwarb das Haus Hohenlohe das Anwesen, dem es als Wohn- und Witwensitz seiner Mitglieder diente. Döttingen wurde hohenlohischer Amtsort, und die alte Ortsburg wurde zum Schloß Döttingen ausgebaut.

Die Gesamtanlage des Schlosses ist quadratisch mit einem breiten Wassergraben. Alle Gebäudeflügel hatten ursprünglich umlaufende Galerien. Noch während des 18. Jahrhunderts herrschte eine rege Bautätigkeit. Im Jahr 1863 wurde das Gebäude von den Hohenlohe zum Verkauf angeboten und von dem »Haalmeister« Bruckmann aus Schwäbisch Hall erworben. Seitdem ist das Schloß im Besitz dieser Familie. Im Jahr 1962 richtete Frau Julie Lohr, geborene Bruckmann, das Schloß als Pension ein. Zuletzt wurde im Jahr 1973 im linken Schloßflügel der Rittersaal abgebrochen und später als Tagungsstätte wiederaufgebaut.

Wenige Kilometer südlich von Döttingen liegt das *Schloß Braunsbach* mitten im gleichnamigen Ort am Kocher. Das Schloß wurde erstmals 1263 urkundlich erwähnt. Es gehörte dem Ritter von Braunsbach, einem Lehensmann der Schenken von Limpurg. Bis um 1500 wechselten Dorf und Schloß rund ein dutzendmal den Besitzer. Durch Heirat gelangten sie an die Familie von Crailsheim. Albrecht von Crailsheim genügte das »castrum«, die hintere Hälfte des Südflügels und ältester Teil des Schlosses nicht mehr. Er baute es deshalb um und gliederte ihm den vorderen Teil des Südflügels mit dem Schneckenturm als Abschluß an. Bis 1572 war die ganze Anlage mit einem großen Hof von einer Ringmauer mit vier Ecktürmen umschlossen. Das Burgtor führt nach Westen in den Ort hinab. Albrecht hatte zwar ein stattliches Schloß geschaffen, mußte sich aber dadurch in große Schulden stürzen. Als er daraufhin Fron und Steuern erhöhen wollte, erhoben sich die Braunsbacher Bauern, und der Schloßherr hatte Mühe, sie von ihrem Vorhaben abzuhalten, das Schloß niederzubrennen. Sein Neffe Wolf von Crailsheim

ließ sich trotzdem nicht abhalten, das Schloß weiter auszubauen. Bis 1850 wechselten die Besitzer immer wieder. Im Jahr 1852 verkaufte Hohenlohe das ganze Schloß an die Gemeinde Braunsbach. Heute gehört es der Katholischen Kirchengemeinde.

Das Schloß in Kupferzell paßt in seinem gediegenen und behaglichen Stil ganz in die ländliche Umgebung. Es ist eine dreiflügelige Anlage mit einem großen Hof. Der Dachreiter in der rechten hinteren Ecke mit der barocken Haube gehört ebenso zu diesem Stil wie der reiche Blumenschmuck, die grüne Bepflanzung und das Plätschern eines Brunnens. Der Bau des Schlosses begann um 1710 und zog sich durch das ganze 18. Jahrhundert hin.

30 Neuenstein. Prunkvolles Wasserschloß im Barockstil

Das Renaissanceschloß Neuenstein steht auf den Grundmauern eines mächtigen Wasserschlosses. Im 16. Jahrhundert erhielt das Schloß im wesentlichen sein heutiges Aussehen mit dem Innenhof, den runden Ecktürmen, sowie dem alten romanischen Bergfried an der Nordostecke; auch das Portal mit seinen wertvollen Bekrönungen entstand damals. Der Ausbau zum Prunkschloß vollzog sich erst im 20. Jahrhundert. Das Schloß enthält heute ein der allgemeinen Besichtigung zugängliches Museum, das nicht nur eine familiengeschichtliche Sammlung birgt, sondern auch eine Schau des Kunsthandwerks und der Geschichte des hohenlohischen Landes repräsentiert.

Im Jahr 1517 wurde auf Schloß Neuenstein tagelang als prunkvolles Familienfest die Taufe Ludwig Casimirs von Hohenlohe gefeiert, zu der sich die gesamte gräfliche Familie aus der weiteren Umgebung zusammengefunden hatte. In einem Bericht über diesen Tag wird erzählt, daß im Saal des Schlosses nach vorangegangener Predigt morgens zwischen acht und neun Uhr die Taufe stattgefunden habe. Junge Edelleute boten danach der Taufgesellschaft Zuckerwerk und Getränke an. Was nicht verbraucht wurde, verteilte man an die Bevölkerung. Nach der Überreichung von Geschenken begaben sich die Gäste zum Festessen, dessen Speisekarte uns überliefert ist.

Der erste Gang bestand aus Hühnersuppe, Forellen, Kapaunen, Hirschziemer und Rindfleisch mit Beilagen. Zum zweiten Gang wurden Kalbsbraten, Hecht, Wildgans, Ente, Spanferkel, Rebhühner und Rehschlegel gereicht. Der dritte Gang bestand aus lauter Pasteten. Als Konfekt wurden kandierte Quitten und Zitronen, eingemachte Pfirsiche, Marzipan und Mandeltorten angeboten. Parmesankäse und verschiedenerlei Obst bildeten den Abschluß. Dazu gab es stets mehrere Sorten Wein. Zur Unterhaltung führten die Schul-

meister mit ihren Lateinschülern eine »Comediam« auf, die viel Beifall fand. Nach der Mahlzeit wurde »ein Tanz gehalten«, und zum Abendessen fand man sich wieder an der Tafel zusammen. Die Gäste blieben mehrere Tage auf dem Schloß.

Natürlich war ein solch rauschendes Fest kein häufiger Brauch, aber im eß- und trinkfreudigen Reformationszeitalter doch auch keine absolute Seltenheit. Unter der späteren Regierungszeit des damaligen Täuflings erhielt Schloß Neuenstein im großen und ganzen seine heutige Gestalt mit den drei Rundtürmen und dem umgebauten Bergfried an der Nordostecke, dem Rechteckhof und seinen Renaissance-Portalen. Die ersten Besitzer der alten Wasserburg, die Herren von Stain, die sich später von Neuenstein nannten, gehörten wohl zum niederen Adel und waren hohenstaufische Dienstmannen. 1230 wird die Familie erstmals erwähnt. Schon um 1250 kam die Burg an die Hohenloher, die sich im Lauf des 12. und 13. Jahrhunderts zu einem der mächtigsten und einflußreichsten Adelsgeschlechter in Süddeutschland entwickelten. Sie erwiesen sich immer als getreue Anhänger der Hohenstaufen und wurden von diesen auch mit Gütern, Lehen und Vogteien belohnt. 1351 erhielt Graf Kraft III. von Kaiser Karl IV. die Erlaubnis, Neuenstein zur Stadt zu erheben und diese zu befestigen. Die Burg wurde nun vergrößert und ausgebaut und muß um 1495 schon recht stattlich gewesen sein, denn zu dieser Zeit war Kaiser Maximilian I. mit einem großen Gefolge bei Graf Kraft VI. zu Gast. Die Gemahlin des Grafen, eine geborene Gräfin von Württemberg, war eine Verwandte des Kaisers. Sie lag gerade im Wochenbett, und der Kaiser schenkte ihr eine Rose aus Diamanten, Rubinen und Perlen. Auch Kaiser Karl V. war später Gast auf der Burg, die im Bauernkrieg unversehrt blieb.

Unter dem Grafen Ludwig Casimir, dessen Taufe so festlich begangen wurde, erlebte das Schloß seine regste Bauperiode und wurde zur ansehnlichen Residenz der Grafschaft. Baumeister war Balthasar Wolff, Stadtbaumeister von Heilbronn. Auch Ludwig Casimirs Söhne Philipp und Wolfgang II. bemühten sich sehr um die weitere Ausgestaltung. Wolfgang II., der Bauherr des Rittersaals von Schloß Weikersheim und des großen Saals im Jagdschloß Hermersberg, erwies sich als der baufreudigste aller Hohenlohe. Um 1600 wurden beim Ausbau des Neuensteiner Schlosses auch der Stuttgarter Baumeister Heinrich Schickhardt und Georg Kern, ein Mitglied der in Hohenlohe auf vielen Gebieten tätigen und aus Forchtenberg stammenden Künstlerfamilie, hinzugezogen. Nach dem Dreißigjährigen Krieg, während dem das Schloß völlig ausgeplündert worden war, erlebte Neuenstein nochmals eine glanzvolle Bauperiode unter dem Grafen Wolfgang Julius, der sich als kaiserlicher Generalfeldmarschall im Krieg gegen die Türken besonders ausgezeichnet hatte.

Am Ende des 17. Jahrhunderts wurde die Residenz nach Öhringen verlegt, so daß von diesem Zeitpunkt an dem Schloß nicht mehr besonders viel Beachtung geschenkt wurde. Lediglich der Garten wurde noch mit Steinstatuen der Brüder Sommer aus Künzelsau geschmückt. Auch heute ist er noch ein Schmuckstück. In der zweiten Hälfte des 18. Jahrhunderts wurde im Schloß ein Institut eingerichtet, dessen Aufgaben in der Armenfürsorge, Waisenerziehung und Krankenpflege bestanden. Daraus entwickelte sich ein Arbeitshaus für Obdachlose. Der bauliche Zustand des Schlosses verschlechterte sich immer mehr, der Giebel und ein baufälliges oberes Stockwerk mußten abgetragen werden. Da entschlossen sich die Fürsten von Hohenlohe zu einer Restaurierung. Vor allem Fürst Christian-Kraft ging daran, im Jahr 1906 das Schloß gründlich zu erneuern, wozu er die reichen Einkünfte aus seinen Besitzungen, Bergwerken und industriellen Anlagen in Schlesien verwendete. Der bekannteste Burgenbauer seiner Zeit, Bodo Ebhardt, leitete den Umbau. Das teilweise von einem See umgebene Schloß wurde nicht grundlegend verändert, aber es wurde zu einem Prachtbau ausgestaltet. Der Kriegsausbruch 1914 verhinderte zwar die Vollendung des Bauvorhabens, die erst nach dem zweiten Weltkrieg gelang. Unter der Aufsicht des Prinzen Constantin, der auch für die übrigen Hohenlohischen Schlösser viel getan hat, wurden die Räume instand gesetzt und vollendet. Fürst August entschloß sich, im Einvernehmen mit dem Gesamthaus Hohenlohe, im Schloß ein Museum einzurichten und alle Akten und historischen Unterlagen des Hauses in einem Zentralarchiv zu vereinigen, das als eines der reichhaltigsten Privatarchive angesprochen werden kann. Um dieses hat sich in den ersten Jahren des Bestehens Karl Schumm große Verdienste erworben. Jetzt ist der Leiter des Archivs Oberstaatsarchivrat Gerhard Taddey. Den Südteil des obersten Stockwerks des Schlosses bewohnt der derzeitige Besitzer Fürst Kraft zu Hohenlohe-Öhringen.

Das jedermann zugängliche Museum ist zum ersten interessant wegen der Räume, wie dem Kaisersaal, einer großen, gewölbten Säulenhalle aus gotischer Zeit, die ihren Namen dem Besuch des Kaisers Maximilian I. verdankt, sowie dem im Stockwerk darüber befindlichen Rittersaal von 41 Meter Länge, einem Prunk- und Repräsentationsraum mit freitragender Decke. Stilvolle Renaissanceräume fesseln das Auge, und auch die riesige Schloßküche – zu Beginn des 15. Jahrhunderts erbaut – ist noch im Original erhalten. Die Dreiteilung derselben in Schlachtküche, in der bequem ein Wildschwein oder ein Ochse geschlachtet werden konnte, in die Kochküche, in der ein Ochse an einem riesigen offenen Feuer am Spieß gebraten wurde, und in die Backküche ist beachtenswert.

Zum zweiten beherbergt das Museum sehenswerte Kunstwerke und persönliche Erinnerungsstükke des Hauses Hohenlohe. Beispielsweise kunstvolle, zum Teil aus Schloß Kirchberg stammende Möbel, Barockschlitten, Rüstungen und Waffen und als wertvollstes Stück eine gotische Kette aus dem Jahr 1410, eventuell aus Burgund, sowie ein Kreuz mit acht taubeneigroßen Saphiren, aus Byzanz stammend. Die Originale – hier nur in Groß-Dias vorgestellt – hat mancher Angehöriger des Hauses Hohenlohe selbst nicht zu Gesicht bekommen. Weiterhin werden eine Schale gezeigt, die Arbeit eines holländischen Goldschmieds und ein Geschenk der Stadt Breda an Philipp von Hohenlohe, ein Relief »Die drei Christen« von Daucher, der »Goldene Hirsch von Hermersberg«, Michael Mauchers bezaubernde Elfenbein-Schnitzereien, Gemälde und manches andere Kunstwerk, das in vergangenen Zeiten das »Raritätenkabinett« beziehungsweise die »Schatzkammer« der Fürsten zierte.

Das einst fürstlich-hohenlohische Schloß Öhringen, das sich hier von der Seite des ehemaligen Hofgartens darbietet, bildet auf der anderen Seite den südlichen Abschluß des Marktplatzes. Es wurde kurz vor dem Dreißigjährigen Krieg im Renaissancestil erbaut, zunächst als Witwensitz. Erst im Jahr 1677 wurde das Schloß Residenz, was einen Ausbau notwendig machte, diesmal zeitgemäß mit barocken Zügen. Es wurde um den Marstallbau erweitert, im Hofgarten entstand ein Theaterbau. In der Stadt erinnert auch das Obere Tor von 1792 an diese Zeit.

31 Öhringen. Das Schloß mitten in der Stadt

Als Graf Wolfgang II. von Hohenlohe – der Erneuerer des Schlosses Weikersheim und einer der bedeutendsten Bauherren der Familie – im Jahr 1610 starb, hatte er testamentarisch verfügt, daß seine ihm vierundvierzig Jahre verbunden gewesene Gemahlin Magdalena zwischen Schrozberg und Öhringen als Witwensitz wählen könne. In Schrozberg war ein zwar etwas verwinkelt gebautes, aber doch immerhin ansehnliches Schloß vorhanden, während es in Öhringen kein Schloß gab. Gräfin Magdalena entschied sich für Öhringen, wobei sicher die Überlegung eine Rolle spielte, daß Schrozberg ein recht abgelegener Ort war, während Öhringen doch weit eher die Möglichkeit bot, am gesellschaftlichen und kulturellen Leben teilzunehmen. Schon seit 1253 besaßen die Hohenlohe – vom staufischen Kaiserhaus verliehen – das Vogteirecht über die Stadt Öhringen, was die nahezu unbeschränkte Herrschaft über diese bedeutete. Nach dem Untergang der Staufer wurde sie Eigentum der Hohenlohe. Die gräfliche Witwe hatte also weitgehende Möglichkeiten, ihre Absichten zu verwirklichen.

Sie ließ am Marktplatz bei der Stiftskirche einige Häuser abbrechen und begann an dieser zentralen Stelle ihr Schloß zu erbauen. Längst war die Zeit vorbei, in der beim Bau von Burgen und Schlössern Gesichtspunkte der Verteidigung eine wichtige Rolle spielten; man konnte nun inmitten eines Orts ohne Gräben und Wehrgänge allein unter dem Aspekt des Wohnens und der Repräsentation ein Schloß errichten. Architekt war der Baumeister Georg Kern, ein Mitglied der aus Forchtenberg stammenden, also im Hohenlohischen heimischen Familie von Baumeistern, Steinmetzen und Bildhauern, von der im Lande viele heute noch erhaltene Kunstwerke stammen. Gewiß standen der Bauherrin auch ihre drei Söhne, die Grafen Georg Friedrich in Weikersheim, Kraft in Neuenstein und Philipp Ernst in Langenburg, beratend und helfend zur Seite.

Das Schloß entstand in den Jahren 1611 bis 1614 als einflügelig-rechteckiger, dreigeschossiger Bau mit breiter Front gegen den Marktplatz, den er nach Süden abschloß. Es hatte ein großes rundbogiges Einfahrtstor im Stil der Renaissance. Die Hofseite wurde durch einen Treppenturm belebt, das Äußere des Schlosses durch große Giebel gegliedert. Unter der ganzen Länge des Schlosses zieht sich noch heute ein Keller hin mit großen, teils geschnitzten Fässern, in denen der einheimische Wein aufbewahrt wird.

1633, 23 Jahre nach dem Tod ihres Gatten, starb die Gräfin. Danach stand das Schloß zeitweilig leer und diente dann noch fünfzehn Jahre während des Dreißigjährigen Krieges und in den Jahrzehnten danach zahlreichen Obdachlosen als Quartier, wodurch die Baulichkeiten ziemlich litten.

Bei einer Landesteilung im Jahr 1677 wurde das verwahrloste Schloß dem Grafen Johann Friedrich von Hohenlohe-Neuenstein-Öhringen zugesprochen. Er machte es zu seiner Residenz, wodurch umfangreiche An- und Neubauten notwendig wurden, da das als Witwensitz gebaute Haus den gestellten Ansprüchen nicht genügte. Westlich und südlich entstanden von 1681 an Erweiterungsbauten, diesmal im Stil des frühen Barock. Als Baumeister wurde Paul Platz aus Belfort gewonnen, der für die Familie Hohenlohe schon in Weikersheim tätig gewesen war. Die ihm gestellte Aufgabe war nicht leicht, weil der Raum begrenzt war und der Baumeister erweitern mußte. Aus dem ursprünglich einflügeligen Bau wurde ein nicht mehr ganz regulärer Winkelhakenbau. Im Erdgeschoß enthielt der neue Flügel einen die ganze

Der Öhringer Marktplatz mit Schloß und Hofkirche zu Beginn des 19. Jahrhunderts von Bayer gemalt.

Fläche einnehmenden Marstall. Im Äußeren glich Paul Platz – wie der Burgenforscher und Architekt Walter-Gerd Fleck ausführt – den Neubau völlig dem Charakter der vorhandenen Bausubstanz an, während er im Inneren kaum wesentliche Ideen verwirklichen konnte.

Graf Johann Friedrich starb 1702 im hohen Alter von 85 Jahren im Schloß. Sein Nachfolger Johann Friedrich II. ließ umfangreiche Änderungen im Inneren vornehmen. Seine Leistung besteht in der Anlage eines Hofgartens südlich des Flüßchens Ohrn – nach dem Öhringen benannt ist – und der Stadtmauer. Da das Schloß jedoch zum Marktplatz und der Stiftskirche hin orientiert ist, wirkt der mit dem Schloß durch eine später eingebaute imposante Treppe verbundene Hofgarten eingeengt und erzwungen. Zu einem Barockschloß gehört aber nun einmal ein Garten. Sein Zentrum bildete ein Lusthaus mit zwei vorspringenden pavillonartigen Treppenbauten. Nach 1770 wurde von den Nachfolgern das Schloß nochmals vergrößert, und zwar durch den klassizistischen Remisenbau, der im Inneren eine Bibliothek in schöner Rokoko-Ausstattung enthielt, sowie durch einen Bau für den Erbprinzen. 1782 näherte man sich in der Bausubstanz der heutigen Form. Als Fürst Hugo von Hohenlohe-Neuenstein-Ingelfingen-Öhringen im Jahr 1853 Herzog von Ujest wurde, wohnte die Familie meistens auf den dazugehörenden Besitzungen in Oberschlesien, und nur sporadisch hielt sie sich in Öhringen auf. Nach dem Zweiten Weltkrieg mußte sie jedoch fliehen und nach Öhringen umsiedeln. Im Jahr 1961 gab sie das Schloß auf, worauf es die Stadt Öhringen erwarb. Heute sind in den völlig modernisierten und zweckmäßig eingerichteten Räumen die städtischen Behörden untergebracht. Die Repräsentationsräume wurden restauriert. Fürst Kraft zu Hohenlohe-Öhringen wohnt mit seiner Familie im nahen Schloß Neuenstein.

In enger Beziehung zum Schloß steht die in unmittelbarer Nachbarschaft gelegene Stiftskirche. Von ihren Türmen wird das Stadtbild mehr als vom Schloß beherrscht. Die heutige Kirche geht in ihren Anfängen auf das 11. Jahrhundert zurück. Sie wurde durch Bischof Gebhard von Regensburg auf Bitte seiner Mutter Adelheid, die auch die Mutter des ersten salischen Kaisers Konrad II. war, in ein Chorherrenstift umgewandelt. Adelheid, die durch Schenkung von Reliquien die Kirche zu einem Wallfahrtsort gemacht hatte, wurde in der Krypta beigesetzt. Zweihundert Jahre später bettete man ihre sterblichen

Überreste in einen staufischen Sarkophag um, der heute noch ein Kleinod der Kirche ist. Wie sich bei einer Öffnung im Jahre 1958 gezeigt hat, blieben die Gebeine der Kaisermutter unversehrt. In der zweiten Hälfte des 15. Jahrhunderts wurde die Kirche von Grund auf umgebaut. Es war ein großes Werk, an dem sich die gesamte Bürgerschaft beteiligte. Als Baumeister werden Hans von Aurach und Bernhard Sporer genannt. Mit ihrem Kreuzgang und dem Kreuzgarten, dem durch Stufen vom Schiff getrennten Chor sowie dem Innenraum mit seinem harmonischen Gewölbe und den vielen Kunstdenkmälern gehört die Kirche zu den sehenswertesten sakralen Bauten in Hohenlohe. Der Altar ist ein Meisterwerk der Spätgotik – vermutlich das Werk eines Schülers von Veit Stoß. Im Chor befinden sich großartige Renaissance-Grabdenkmäler der Grafen von Hohenlohe. Besonders eindrucksvoll ist das Grabmal Philipps von Hohenlohe, gestorben 1606, und der Maria von Oranien, das von Michael Kern aus Forchtenberg gefertigt wurde. Auch die Grabmäler der Grafen Ludwig Casimir, Eberhard und Georg Friedrich mit ihren Gemahlinnen gelten als künstlerisch wertvoll.

Sechs Kilometer nördlich von Öhringen liegt an der Stelle, an der sich um 1600 ein eingefriedeter Tiergarten befand, das ehemalige Jagdschloß der Fürsten von Hohenlohe-Öhringen. Nach seinem Erbauer, dem Grafen Johann Friedrich II., der 1712 mit dem Bau des Schlosses begonnen hatte, wurde es *»Friedrichsruhe«* benannt. Es war die Zeit, in der auch die kleinsten Fürsten ihr Versailles, ihr Jagd- und Gartenschlößchen besitzen wollten. Das Schloß stand inmitten eines französischen, stilisierten Gartens mit vier Pavillons. Ende des 18. Jahrhunderts wurden die Pavillons zerstört, die zahlreichen kleinen Skulpturen kamen ins Magazin, und der französische Garten verwandelte sich in einen englischen. Später baute man das Schloß klassizistisch aus. Nach 1933 wurde das Schloß verkauft, gehörte eine Zeitlang dem Reichsarbeitsdienst und beherbergte nach dem Zweiten Weltkrieg eine Tanzschule. Dann aber kaufte die Familie zu Hohenlohe-Öhringen das Schloß zurück. 1953 wurde es als Schloßhotel »Friedrichsruhe« eröffnet, 1963 ein Neubautrakt angebaut, und seit 1969 ist das ganze Schloß Hotelbetrieb. Eigentümer ist Fürst Kraft zu Hohenlohe-Öhringen.

32 Schloß Pfedelbach. Heute vorbildlich restauriert

Wohl selten hat eine Gemeinde so viele Opfer für ein Schloß gebracht wie Pfedelbach für den alten Bau der Hohenlohe, der mitten im Ort an der Hauptdurchgangstraße steht. Seit die Gemeinde das Schloß im Juli 1962 von der Fürstin Clara zu Hohenlohe-Bartenstein, geborene Freiin von Meyern-Hornberg, zum Preis von rund 40 000 Mark erworben hatte, mußten weit über drei Millionen Mark für die Renovierung aufgewendet werden. Nord- und Südbau, Torbau, Innenhof und Schloßgraben wurden instand gesetzt. Das Ziel war, am Nordbau und den beiden Galerien den ursprünglichen Renaissance-Stil, beim Südbau jedoch die barocken Änderungen zu belassen. Die Renovierung der Schloßkapelle war 1981 noch nicht abgeschlossen.

Natürlich konnte die steuerschwache Gemeinde die Summe nicht aus eigenen Mitteln aufbringen. Das Land beteiligte sich in erheblichem Umfang an der Restaurierung des völlig verwahrlosten Renaissance-Baues aus dem 16. Jahrhundert. Dennoch war die Aktivität der Gemeinde so vorbildlich, daß das Werk vom Regierungspräsidium in Stuttgart als ein Modellfall für das ganze Land bezeichnet wurde.

In der Tat ist das Schloß ein historisches Denkmal im Herzen des Ortes und ein Schmuckstück für das Städtchen geworden. Der Festsaal im unteren Stockwerk wurde historisch genau nachgebildet und als Bürgersaal mit rund 70 Sitzplätzen eingerichtet. Er kann einschließlich einer Küche gegen Gebühr von allen Bürgern benutzt werden, die ein Fest in fürstlichem Rahmen feiern wollen. Die Hauptpforte führt von der der Straße abgewandten Front in das Schloß. Über dem Eingang befindet sich im Innern eine hübsche Galerie. Den Hof ziert eine Wendeltreppe mit bunter Bemalung und liebevoll verzierten Fenstern und Türen. Zehn Wohnungen, eine Arztpraxis und ein Vermessungsbüro befinden sich im Schloß; die Mieteinnahmen tragen zum Unterhaltsaufwand bei. Schließlich hat auch noch die Ortsbücherei und ein Raum für den Altenklub im Gebäude Platz gefunden. Aus dem Wassergraben ist eine Grünanlage mit Sitzbänken entstanden. Auf der gegenüberliegenden Seite des ehemaligen Grabens stehen noch – etwas verwahrlost – der Marstall und andere damals zum Schloß gehörende Gebäude.

Im Besitz des Hauses Hohenlohe war der Ort Pfedelbach seit dem Jahr 1472; vorher gehörte es den Herren von Adelsheim. Obwohl Graf Eberhard zu Hohenlohe 1551 – im Alter von 16 Jahren – nach dem Tod seines Vaters Waldenburg erbte, beschloß er, nicht im dortigen Schloß zu wohnen, weil ihm das Klima dieser Bergstadt nicht zusagte. Er wählte das geschützt liegende Weindorf Pfedelbach – zwei Kilometer südlich von Öhringen – und ließ dort ein Schloß bauen. Im Alter von 19 Jahren vermählte er sich mit der Gräfin Agathe von Tübingen, die ein lebhaftes Interesse an dem Bau zeigte. Aus diesem Grund ist über dem stattlichen Wappenportal an der Eingangsseite des Schlosses das Allianzwappen Hohenlohe-Tübingen angebracht. Ob das Schloß auf dem Platz einer früheren Burg – etwa der Herren von Pfedelbach – errichtet wurde, ist zweifelhaft, da sich weder bei den zahlreichen Umbauten noch aus alten Urkunden ein Hinweis in dieser Richtung ergab.

Der Baumeister Sebastian Mayer aus Heilbronn plante ein viereckiges Wasserschloß mit einem quadratischen Innenhof und architektonischer Symmetrie. Den Innenhof schmücken am östlichen Flügel zwei sich übereinander hinziehende Umgänge, wodurch der Hof außerordentlich gewinnt. An die vier Ecken wurden gleichmäßig runde Türme gesetzt, die sich

Aus einem völlig verwahrlosten Renaissancebau des 16. Jahrhunderts ist in fünfzehnjähriger Wiederaufbauarbeit das schmucke Schloß geworden, das mitten im Ort Pfedelbach liegt. Bei der Wiederherstellung hat man sich genau an alte Vorlagen gehalten.

mit ihren Kuppeln über den First des aus Mansarden bestehenden Dachgeschosses erheben. Aus der Mitte der Hoffronten trat je ein achteckiger Treppenturm zur Hälfte hervor. Der Nordbau enthielt den Wohntrakt, der Südbau den Festsaal und einige Repräsentationsräume sowie im Erdgeschoß die große Küche und die Bäckerei. Der erste Stock war Wohnung der gräflichen Familie. Die Inneneinrichtung war solide, aber durchaus nicht prächtig. Der Schloßgraben war äußerst breit und betonte den quadratischen Grundriß des Schlosses. Eine Zugbrücke, die später durch eine Steinbrücke ersetzt wurde, führte über ihn. Zwischen den Jahren 1568 bis 1572 entstand das repräsentative und schöne Renaissance-Schloß mitten im Ort Pfedelbach.

Nicht lange konnte sich der junge Graf Eberhard seines Besitzes erfreuen. Während der Fastnacht 1570 – also noch während der Bauzeit des Schlosses – gab er im Schloß Waldenburg ein Fest, bei dem die Damen mit Kronen, in denen Wachslichter brannten, tanzten. Eine Papierkrone fing Feuer, und umgehend stand ein Teil der Gäste in Flammen. Graf Eberhard versuchte mit bloßen Händen das Feuer zu löschen und wurde dabei so schwer verletzt, daß er – erst 34 Jahre alt – verstarb. Er war nicht das einzige Opfer der »Waldenburger Fastnacht«. So wurde das Schloß Pfedelbach noch vor seiner Fertigstellung zum Witwensitz für die Gräfin Agathe, die noch 30 Jahre darin lebte. Sie erzog dort ihren einzigen Sohn Georg Friedrich I. und widmete sich mit Energie der Fertigstellung des Baues, wobei sie geringfügige Veränderungen durchsetzte, die von ihrem guten Geschmack zeugen. Eine wesentliche Entscheidung war auch, daß sie den aus Forchtenberg gebürtigen Baumeister Georg Kern verpflichtete. Auch Georg Friedrich wurde nicht alt. Er starb im Alter von 38 Jahren und hinterließ drei Söhne. Nach wenigen Generationen starb die Linie Hohenlohe-Waldenburg-Pfedelbach im Jahr 1728 aus, und das Schloß fiel der Linie Hohenlohe-Waldenburg-Bartenstein zu.

Die Bartensteiner beauftragten einige Jahrzehnte nach der Übernahme der Herrschaft den Baumeister Wölfling, das Schloß zu modernisieren. Dabei spielte sicher die Tatsache eine Rolle, daß Carl Philipp von Hohenlohe-Bartenstein im Jahr 1744 in den Reichsfürstenstand erhoben worden war und diese Würde auch in einem modernen Schloßbau zum Ausdruck bringen wollte. Wölfling kam mit umfassenden Plänen, die – wären sie durchgeführt worden – das Schloß zu einem Barockbau gemacht hätten. Ein Renaissance-Schloß wurde damals für veraltet gehalten. Die vorgesehene Barockkisierung blieb jedoch in den ersten Ansätzen stecken. Für diese Unterbrechung gab es einen gewichtigen Grund: Fürst Carl Philipp betrieb nämlich gleichzeitig den Neubau seiner Residenz in Bartenstein, was ihn mehr kostete, als vorgesehen war. Zudem starb er bald nach der Fertigstellung des Bartensteiner Schlosses, so daß die Pfedelbacher Pläne nicht mehr realisiert werden konnten.

Nach dem Tod des Fürsten Carl Philipp wurde das Schloß hauptsächlich von Vögten, Pfarrern und Förstern bewohnt. Nach dem Zweiten Weltkrieg sank das Schloß zum Armenhaus und Asozialen-Asyl herab. Es verfiel rapide, so daß ein Verkauf an die Gemeinde Pfedelbach Rettung für das Schloß bedeutete. Heute begrüßen wir es, daß dem größeren Teil des Schlosses wegen der schleppenden Umbauarbeiten im 18. Jahrhundert sein Renaissance-Charakter erhalten blieb und die erfolgte Restaurierung dies berücksichtigte, wodurch sich dem Besucher ein stilgerechtes Renaissance-Schloß erschließt.

33 Burg Maienfels. Schutz und Schirm für das Dorf

Die Burg Maienfels. Lithographie von L. Kolb. 1814/15.

Schloß Maienfels ist noch von einer Ringmauer mit Buckelquadern umgeben. Die Brücke führt über einen tiefen Graben zum Eingangsportal. Als Zeit der Erbauung gilt die Mitte des 15. Jahrhunderts.

Wer den steilen Weg nach Maienfels bewältigt oder die windungsreiche enge Straße hinter sich gebracht hat, wird erstaunt sein über die sich ihm dann offenbarende enge Verbindung von Ort und Schloß. Auf schmalem Raum drängen sich an einer einzigen Straße wenige Gebäude wie schutzsuchend an die Burg. Der befestigte Ort wirkt wie eine zweite Vorburg. Die Burg hat eine zugleich beherrschende wie schützende Lage. Hinter dem Burgtor und dem Hof befindet sich ein überraschend breiter Platz. Von der fast mannshohen Maienfelser Burgmauer bietet sich ein schöner Rundblick in die weite Umgebung. Tief unten liegt das Brettachtal, das Auge schweift über die bebaute Ebene zu den gegenüberliegenden waldreichen Höhen. Im Tal und am diesseitigen Hang wird auf sandigem Boden Obst angebaut.

Von der alten Burg sind ansehnliche Reste vorhanden, die mit den späteren Bauten zu einer harmonischen Einheit verschmolzen sind. Der Platz, den die Vorburg eingenommen hatte, ist noch gut zu erkennen. Eine Brücke, an deren Stelle sich mit großer Sicherheit früher eine Zugbrücke befand, führt über einen tiefen Graben zum Eingangsportal und den auch heute noch mächtigen Mauern. Die linke Seite des Areals beherrscht das Schloß der Freiherren von Gemmingen, ein massiver, leicht verwitterter Bau, den ein Halbwalmdach deckt. Die breite Seite nimmt ein langgestrecktes geräumiges Fachwerkhaus ein, anschließend steht an der Südwestecke ein Turm mit Fachwerk im Oberteil und einem Zeltdach. Von den einst zahlreichen Burghäusern hat sich also auf der breiten Bergfläche nur das Schloß der Freiher-

Von der Mauer der Burg Maienfels bietet sich ein schöner Rundblick. Tief unten liegt das Brettachtal, am Hang wird Obst angebaut. Der Berg wird durch das Schloß der Herren von Gemmingen gekrönt. Ein tiefes Halbwalmdach deckt den großen Bau. Der früher im Südosten gelegene Schloßteil der Freiherren von Weiler ist abgetragen worden. Die das Schloß im Süden und Osten umgebende Siedlung besteht nur aus wenigen Gebäuden und wird von der einzigen, um den Bergsporn führenden Straße durchzogen.

ren von Gemmingen mit seinen Nebengebäuden erhalten. Es weist in seinen Fundamenten noch romanische Bauelemente auf. An der von einer noch immer starken Mauer umschlossenen Südpforte liegt eine kleine Kirche, die aus einer früh erbauten Kapelle hervorgegangen ist. Neben der Treppe zu ihr fesselt eine Brunnenecke mit einer skurrilen Figur des Jonas, aus dem Bauch des Walfisches schlüpfend, den Blick.

Der im Südosten gelegene Schloßteil, der der Familie von Weiler gehört hatte, ist abgebrochen worden. An seiner Stelle findet sich heute eine Gedenktafel für die gefallenen Soldaten der umliegenden Orte. Ein wenig höher liegend erinnern Grabtafeln an frühere Schloßbesitzer. Der jetzige Eigentümer des Schlosses ist Weiprecht Freiherr von Gemmingen-Hornberg, der es jedoch nicht bewohnt.

Die Gründer der Anlage waren die Herren von Maienfels, deren Name im 13. Jahrhundert erstmals auftaucht. Sie waren ein Zweig der Familie von Neudeck, deren Namen sie mitunter auch zusätzlich führten. Über die älteste Geschichte der Burg ist nicht viel überliefert, aber mit Sicherheit war sie ein Raubritternest. Einer der Ritter war Engelbrecht von Neudeck, genannt von Maienfels, der um 1340 gelebt hat. Die beiden Familien Neudeck und Maienfels führten ein gemeinsames Wappen, und die Maienfelser nannten sich bisweilen »de Nidekke«, wie das Wüstenroter Heimatbuch von 1979 berichtet.

Um 1375 kam die Burg an die Herren von Weinsberg, die sie jedoch nicht lange besaßen. Danach folgte eine stattliche Reihe anderer Namen. Lange war Maienfels eine Ganerbenburg, was besagt, daß sie gemeinschaftlicher Besitz verschiedener Familien war; zeitweilig hatte sie gleichzeitig vier Besitzer. Bekannte Namen wie Wunnenstein, Weiler, Sickingen, Remchingen befinden sich darunter.

Im Jahr 1441 zerstörten die vereinigten Reichsstädte die Burg, weil deren Bewohner die Umgebung durch Überfälle drangsaliert hatten. Das von den Siegern erwirkte Aufbauverbot umgingen die Besitzer dadurch, daß sie 1464 Burg und Ort der Pfalz zu Lehen antrugen und damit den Schutz des Kurfürsten Friedrich erlangten. Beim bald darauf einsetzenden Wiederaufbau scheint die Burg vergrößert, vielleicht sogar zum Schloß ausgebaut worden zu sein. Graf Eberhard V. von Württemberg vermittelte 1487 einen Vergleich zwischen den Siegern und den Ganerben und teilte sich später mit dem Pfälzer in die Lehenshoheit. Seit Anfang des 15. Jahrhunderts versuchte Hohenlohe, in Maienfels lehensherrliche Rechte zu erlangen. Der Grund war, daß das Wildrecht der Gegend hohenlohisch war und langwierige Streitigkeiten das Klima belasteten. 1579 verzichteten die Hohenlohe auf alle ihre Ansprüche. Von diesem Zeitpunkt an gehörten zwei Drittel der Herrschaft der Familie von Gemmingen und ein Drittel der Familie von Weiler. 1938 verkauften die Weiler ihre Anteile an die Gemmingen-Hornberg.

In engster Verbindung mit der Burg steht die Geschichte der Kirche. Noch heute ruhen die äußeren Grundmauern des Pfarrhauses auf der Ringmauer. Die Kirche selbst liegt unterhalb der Schloßmauer am Steilhang, teilweise im Mauerverbund mit dem Schloß. Zunächst war sie als Burgkapelle erbaut. 1613 erfuhr sie eine wesentliche Erweiterung. Im Verlauf der Jahrhunderte wurde die Kirche dann vernachläßigt und 1838 wegen Baufälligkeit polizeilich geschlossen. Anschließend wurde sie mehrfach renoviert und schließlich 1960 durchgehend restauriert.

34 Jagsthausen. Die Burg des Götz von Berlichingen

Die Götzenburg in Jagsthausen ist im 13. und 14. Jahrhundert erbaut worden. Der älteste Teil befindet sich zwischen den beiden wuchtigen achteckigen Türmen; hier waren einst Stallungen und Gesindewohnungen. Darunter liegen große und tiefe Weinkeller. Die Burg wurde mehrfach umgebaut, zuletzt am Ende des 19. Jahrhunderts. Im Eckturm an der Jagstseite ist das öffentlich zugängliche Familienmuseum untergebracht. Im Mittelbau befinden sich die Schloßgaststätte und das Hotel.

»Jagsthausen ist ein Dorf und Schloß an der Jagst, gehört seit zweihundert Jahren den Herren von Berlichingen erb- und eigentümlich zu.« So läßt Goethe im 1. Akt seines Schauspiels den jungen Karl seinem Vater antworten. Auch heute noch ist Jagsthausen mit der Familie der Freiherren von Berlichingen auf das engste verbunden. Drei Schlösser sind die bedeutendsten Bauwerke des Ortes, alle drei gehören den Berlichingen, und zwei von ihnen werden von Familienmitgliedern bewohnt. Die Berlichingen gehören zu den am frühesten bezeugten und auch zu den wohlhabendsten Adelsfamilien im hohenlohischen Franken. Im 12. Jahrhundert erscheinen sie erstmals in den Urkunden. Den Stammsitz im Dorf Berlichingen gaben sie im 13. Jahrhundert zugunsten einer Nebenlinie auf und zogen nach Hausen, dem heutigen Jagsthausen, nachdem der ursprüngliche Ortsadel von Jagsthausen, die Herren von Hausen ausgestorben waren. Deren gesamter Besitz ging an die ihm benachbarten Ort Berlichingen sitzenden und mit ihnen verwandten Herren von Berlichingen über. Seitdem haben die Herren von Berlichingen ihren Sitz in Jagsthausen. Der älteste Teil der Burg befindet sich zwischen den beiden wuchtigen achteckigen Türmen des neuen Schlosses. Die darunterliegenden großen und tiefen Keller weisen darauf hin, daß damals der Weinbau im Jagsttal sehr verbreitet war.

In der Burg Jagsthausen wurde Götz von Berlichingen, eine der markantesten Erscheinungen seiner Zeit und eine dominierende Figur des Hohenloher Landes, im Jahr 1480 geboren. Im Alter von zehn Jahren kam er in die Schule des nahegelegenen Niedernhall und wohnte dort bei seinem Verwandten Kunz von Neuenstein. Das Lernen machte ihm jedoch weniger Spaß als das Zureiten der Pferde oder Übungen im Gebrauch der Waffen. Wie viele seiner Standesgenossen hätte er seine Tage in ruhiger Verwaltungstätigkeit zubringen können. Aber ihn drängte eine angeborene Unruhe, an dem Geschehen seiner Zeit aktiven Anteil zu nehmen. So ging er zu seinem Verwandten Konrad von Berlichingen, der Hofmeister beim Markgrafen von Brandenburg-Ansbach war. Dort sollte er sich im höfischen Leben bewegen lernen und ein tüchtiger Soldat werden. Die soldatische Seite dominierte jedoch. Er nahm gerne an kriegerischen Abenteuern teil. Im Jahr 1504, also mit 24 Jahren, verlor er im Dienst des Markgrafen bei Landshut seine rechte Hand. Damit schien seine kriegerische Laufbahn zu Ende zu sein. Götz war verzweifelt. Erst als ihm der Schmied von Olnhausen bei Jagsthausen die berühmte »Eiserne Hand« konstruierte und fertigte, fand er sich wieder zurecht. »So bin ich doch im Felde noch nütze.« Sobald er die eiserne Hand, die später von einem Meister seines Fachs noch weiter vervollkommnet wurde, gebrauchen konnte, versuchte er eigene Unternehmungen, wurde Organisator für Pläne anderer und nahm sich vieler Entrechteter an. Herzog Ulrich bestellte ihn zum Vogt der Burg von Möckmühl, wo er im Jahr 1519 von den Städtern belagert wurde und kapitulieren mußte.

Nach Jagsthausen ist Götz nicht zurückgekehrt, jedenfalls nicht auf Dauer. Die »Götzenburg«, wurde mehrfach umgebaut, zuletzt im Jahr 1876 so grundlegend, daß die ursprünglichen Elemente der mittelalterlichen Burg verschwanden und ein großes Schloß entstand, wie es den Vorstellungen des ausgehenden 19. Jahrhunderts entsprach. Durch das mit dem Wappen der Berlichingen versehene Portal eines viereckigen Turms, der seitlich oben von zwei Rundtürmchen

flankiert ist, führt der Weg in den weiten malerischen Schloßhof. In dessen südlicher Ecke führt eine steinerne Wendeltreppe in die oberen Stockwerke. Im Eckturm an der Jagstseite ist das Familienmuseum untergebracht. Außer dem Original der »Eisernen Hand« werden dort Götzens Waffen und Familien-Erinnerungsstücke gezeigt. Im Rittersaal findet sich eine naturgetreue Nachbildung eines offenen Kamins von der Burg Hornberg am Neckar, dem späteren Wohnsitz des Götz von Berlichingen. In einem Burgrestaurant wird für das Wohl der Gäste gesorgt, und im Hotel warten stilvoll eingerichtete Zimmer auf die Besucher. Im Hof der »Götzenburg«, deren Eigentümer auch heute wieder Götz von Berlichingen heißt, finden alljährlich die weithin bekannten Festspiele statt. Für die jeweils rund 30000 Besucher dieser Festspiele wurden erhebliche bauliche Aufwendungen erbracht.

Das *»Rote Schloß«* steht in nächster Nähe der »Götzenburg«. Es wurde um 1580 von einem Enkel des Götz mit der Eisernen Hand, Hans Reinhard von Berlichingen, erbaut, der damals Vogt in Möckmühl war. Bemerkenswert sind auch hier die großen gewölbten Keller und das hohe steile Dach, unter dem auf drei übereinanderliegenden Böden Hopfen getrocknet wurde.

Das *»Weiße Schloß«,* ein langgeschwungenes elegantes und doch behagliches Gebäude, wurde 1796 als Stammsitz des Grafen Josef von Berlichingen erbaut, der wegen seiner Verdienste um das württembergische Herrscherhaus als Mitglied des Staatsrats in den Grafenstand erhoben worden war. Er war eine vielseitige Persönlichkeit und korrespondierte mit Goethe, dessen »Hermann und Dorothea« er ins Lateinische übersetzte. Auch als österreichischer Kämmerer erwarb er Verdienste, und schließlich war er Kreishauptmann in Schorndorf und Landvogt in Ludwigsburg. Hans von Berlichingen, der sich als Besitzer um die Erneuerung des »Weißen Schlosses« und dessen gärtnerischer Anlagen sowie um die Instandhaltung des »Roten Schlosses« mit großem Erfolg bemüht hatte, ist im Oktober 1981 im Alter von 74 Jahren gestorben. Eigentümer des Roten und des Weißen

Durch den in der zweiten Hälfte des 19. Jahrhunderts erfolgten Umbau ist aus der Burg Jagsthausen ein repräsentatives neuzeitliches Schloß geworden, das in einem gepflegten Park liegt. Durch das Eingangsportal gelangt man in den weiten Innenhof. Im hier gezeigten Trakt rechts vom Eingang befinden sich die Wohnräume der Familie.

Schlosses ist seitdem seine Witwe Freifrau Anna-Benedicta von Berlichingen.

Das *Stammschloß* der Freiherren von Berlichingen liegt im gleichnamigen Ort hart an der Jagst, wenige Kilometer nordöstlich von Jagsthausen. Die ehemalige Wasserburg ist heute ein turmartiger dreigeschossiger Bau von engem, fast quadratischem Grundriß mit Fachwerkgiebel und einem etwa 45 m² großen Hof. Die Ökonomiegebäude liegen zum größten Teil nach hinten. Der gleich rechts vor dem Eingang liegende Bauernhof gehört nicht zum Schloßgut. Im Jahr 1212 tritt in Urkunden erstmals ein Engelhard von Berlichingen auf. Bis 1953 war das burgartige Schlößchen im Besitz der Herren von Berlichingen. Der heutige Besitzer ist Karlheinz Model. Im Jahr 1973 wurde das Gebäude restauriert. Anläßlich des fünfhundertsten Geburtstages des Götz von Berlichingen im Sommer 1980 veranstaltete der Musikverein Berlichingen ein »Götzfest« im Hof der Stammburg, das in Zukunft regelmäßig stattfinden soll.

Das Bild zeigt die drei Schlösser der Familie von Berlichingen im Jahr 1803. Im Vordergrund das 1796 erbaute „Weiße Schloß" und im Hintergrund die „Götzenburg" in ihrer damals noch einfachen Form.

Fünf Kilometer nordöstlich stoßen wir an der Jagst auf den Ort *Bieringen,* der schon um 800 als kirchlicher Mittelpunkt der Umgebung genannt wurde. Dort steht ein ehemaliges Schloß, das in den Jahren zwischen 1732 und 1761 von Abt Angelus von Schöntal als Lustschloß an der Stelle eines alten Wasserschlosses erbaut worden ist. Es dient seit mehr als hundert Jahren als Pfarrhaus und gehört der Katholischen Kirchengemeinde beziehungsweise dem Bischöflichen Ordinariat in Rottenburg.

35 Schloß Neunstetten. 500 Jahre Besitz der Berlichingen

Im Jahr 1568 wurde der Bau des Schlosses Neunstetten begonnen. Der Bauherr war Hans Gottfried von Berlichingen, dessen Familie damals schon mindestens eineinhalb Jahrhunderte im Ort ansässig war. Im Jahr 1402 kaufte ein Götz von Berlichingen um zweihundert rheinische Gulden die eine Hälfte des Dorfes von Margarete von Ehrenberg, und 1450 wurde die andere Hälfte erworben. Fast ein halbes Jahrtausend war dann die Geschichte von Neunstetten eng mit der Familie von Berlichingen verknüpft. Das Schloß besteht aus zwei Stockwerken mit ursprünglich je sechs Räumen. Der jetzige Besitzer ließ im Rittersaal eine Zwischenwand entfernen. Der in der Mitte der Vorderfront angebrachte Treppenturm führt zunächst in die zu ebener Erde liegenden Wohnungen für die einstige Dienerschaft und dann auf einer Wendeltreppe in die seinerzeit als Wohnungen der Herrschaften benutzten Stockwerke.
Bis zum Jahr 1904 war dieser Turm gekrönt mit einem nach allen Seiten hin mit Fenstern versehenen Turmzimmer. Über diesem befand sich eine Glocke, mit der man die Dorfbewohner im Notfall zu Hilfe rufen konnte. Das Turmzimmer mußte wegen Baufälligkeit abgetragen werden.

In der Bibliothek, die auch als Archivraum verwendet wurde, sind noch deutliche Reste der Bemalung zu erkennen, so auch an den Wänden der Wendeltreppe verblaßtes Renaissance-Blütenwerk. Ursprünglich befand sich in dem Haus eine Kapelle, die im Jahr 1675 umgestaltet und profanen Zwecken zugeführt wurde. Mächtige Keller enthielten genügend Platz für den abzuliefernden Zehnten der Frucht und des Weins, der sicher auch von anderen Gütern der Berlichingen stammte. Von einem gemauerten Brunnenschacht im Keller soll ein geheimer Fluchtgang in den nahen Wald geführt haben. Vor dem Schloß dehnt sich ein großer Hof aus, der zum Dorf durch eine Mauer abgegrenzt ist, von der Teile – auch des ehemaligen Portals – erhalten sind. Tore gibt es jedoch nicht mehr. Am Eingang existiert noch das Wappen der Berlichingen, ein Rad, hier mit der Jahreszahl des Baubeginns 1568 versehen. Eine zerbrochene Renaissancesäule mit vier Öffnungen ist das Relikt eines einst kunstreich verzierten Brunnens.

Da es im Schloß oft an Wasser fehlte, ließ Gottfried von Berlichingen dieses kostspielige Brunnenwerk herstellen, das Wasser mittels einer Druckpumpe in den Hof lieferte. Ein Brief aus dem Jahr 1615 über die Reparatur des Brunnenwerkes beweist, daß der Brunnen oft den Dienst versagte und viel an Reparatur kostete. Es ist ergötzlich, aus alten Urkunden zu ersehen, welch großen Ärger der Brunnen der temperamentvollen Gattin Gottfrieds, Amalie von Berlichingen, bereitete. Mit dem Meister Michael von Walldürn war ausdrücklich vereinbart worden, daß auf die Säule die Wappen des Besitzers und seiner Frau Amalie, geborene von Grombach, sowie ihrer Verwandten eingearbeitet werden sollten. Da der Meister die Arbeit drei Jahre anstehen ließ und während dieser Zeit Gottfried starb, traf der Bruder des Verstorbenen die Anordnung, daß statt Amaliens Wappen das seiner Ehefrau und deren Verwandten gesetzt würde. In der Entrüstung über das ihr zugefügte Unrecht stieß Amalie die Worte aus: »Ich wollte, daß der Hagel in den Brunnen und Kasten schlüge und erschlüge Junkherrn, Bildhauer und Schultheißen, ein Teufel mit dem andern.«
Unter den Nebengebäuden des Schlosses ist vor allem das sogenannte »Bandhaus« hervorzuheben, ein langgestreckter Bau mit einem angegliederten Turm und einem Saal, in dem die großen

Schloß Neunstetten ist ein reizvoller ländlicher Herrensitz, in dem der Adel einer friedlichen Tätigkeit nachgehen konnte. Unmittelbar vor das massige Haus hat der Baumeister einen dicken runden Treppenturm gesetzt, der die Längsfront in zwei Teile spaltet. Im Erdgeschoß waren die Wohnungen für die Dienerschaft, im ersten Stock die der Herrschaften.

Feste des Adels stattfanden. Wozu ein kleiner runder Raum daneben, der Spuren einer figürlichen und ornamentalen Bemalung aufweist, diente, ist unbekannt. Die These, daß in dem Saal auch Gericht gehalten wurde und die Richter sich in das runde Zimmer zur Beratung zurückzogen, ist wohl kaum aufrechtzuerhalten, da in Berlichingen schwerlich solche Gerichtsverhandlungen stattfanden. An das »Bandhaus« schließt sich der »dicke Turm« an. Turm und Bandhaus sind wohl die ältesten Gebäude in der Gemeinde und entstanden lange vor 1568. Der Turm enthielt unten das Gefängnis. Nach den Aktenangaben kam es häufig vor, daß die Untertanen einsitzen mußten. Überhaupt standen die Wünsche der Herrschaft den Interessen der Gemeinde manchmal schroff entgegen, weil die Untertanen durch die Forderungen zu Frondienst, Abgaben und Steuern hart bedrängt wurden.

Trotzdem lebt heute noch die Erinnerung an die Zeit der Berlichingen in der Gemeinde fort. Es war ein Dorfstaat von kleinster

Ausdehnung, dessen höchster Beamte der Amtmann war, der im herrschaftlichen Amtshaus neben dem Schloß wohnte. Ihm als Vogt unterstand die ganze Justiz, das Finanzwesen sowie die Wald- und Jagdwirtschaft. Er hatte den Verkehr zwischen der Herrschaft und dem reichsritterschaftlichen Ort abzuwickeln. In einer solchen Gemeinschaft oblag der völlig souveränen Herrschaft eine große Verantwortung, denn sie mußte mittels einer gerechten und unparteiischen Handhabung der von ihr selbst aufgestellten Dorfordnung auf das Wohl der Untertanen bedacht sein. Die Reihe der Berlichingen – einer Nebenlinie des Hauptstammes –, die hier residierten, ist lang, und viele Mitglieder der Familie bekleideten hohe Stellungen: Melchior Reinhard von Berlichingen als Würzburger Rat und Obermarschall und Emanuel Joseph von Berlichingen als kaiserlicher Oberst. Friedrich von Berlichingen begann den Bau der barocken Neunstettener Kirche, in der manche Mitglieder der Familie ihre letzte Ruhestätte gefunden haben.

Nach 1728 wurde das Schloß nur noch gelegentlich von der Herrschaft bewohnt. Von Wilhelm Dominikus von Berlichingen, der 1817 verstarb, wird berichtet, daß er gerne im Schloß wohnte und in der Gemeinde mit seinen feurigen Schecken Aufsehen erregte. Aus dem Umstand, daß das Bezirksamt Boxberg anläßlich der Cholera-Epidemie 1831 an die Berlichingen die Bitte richtete, im Schloß ein Cholera-Hospital errichten zu dürfen, kann geschlossen werden, daß zu diesem Zeitpunkt das Schloß überhaupt nicht mehr von der Familie benutzt wurde. Die Herren von Berlichingen hatten zu dieser Zeit in Mannheim und Karlsruhe ihre festen Wohnsitze.

Im Jahr 1926 ging das Schloß von den Berlichingen auf die Gemeinde Neunstetten über. Danach wurde das Schloß mit Halle, Rittersaal und den Wohnräumen seines Charakters als Adelssitz weitgehend entkleidet. Während des Zweiten Weltkriegs wurden Kriegsgefangene untergebracht und in der Nachkriegszeit Flüchtlinge. Seit wenigen Jahren ist das Gebäude im Besitz von Professor Dr. Thomas Meyer aus Tübingen, der mit großem Eifer und historischem Einfühlungsvermögen bemüht ist, den Bau wieder in ein würdiges Schloß zurückzuverwandeln.

Von der ehemals gewaltigen *Burg Boxberg* bei der gleichnamigen Stadt – nördlich von Neunstetten und unmittelbar westlich von Bad Mergentheim gelegen – ist nur wenig übriggeblieben. Immerhin ist der Bestand der Ruine gesichert und ein von außen zugängliches großes Kellergewölbe vom Schutt befreit worden. Die Gründung der Anlage erfolgte vermutlich schon im 10. Jahrhundert. Damals soll ein Ritter namens Bukko die Burg als Bollwerk gegen die Ungarn errichtet haben. Im 12. Jahrhundert gehörte sie den Herren von Boxberg. Im 13. und 14. Jahrhundert kam sie in raschem Wechsel an die Herren von Krautheim, den Johanniterorden und die Rosenberg, die sich – wie so oft auch an anderen Orten – Übergriffe erlaubten, so daß die Adelsnachbarn um 1470 die Burg zerstörten. Sie wurde jedoch bald wieder aufgebaut. 1598 war dort der Kurfürst Friedrich IV. von der Pfalz zu Gast. Er notierte damals, daß er auf dem Schloß Karten gespielt und an einem Abend 80 Kronen verloren habe. Mit einem Gefolge von über 500 Personen hielt sich Friedrich V. von der Pfalz – der »Winterkönig« – in Schloß Boxberg anläßlich einer Reise nach Prag auf. In der zweiten Hälfte des 18. Jahrhunderts verfiel die Burg und wurde 1854 auf Abbruch versteigert.

36 Schloß Assumstadt. Geschenk Maria Theresias

Am westlichen Rande des hohenlohischen Gebiets, südwestlich von Möckmühl, liegt das Schloß Assumstadt (nicht zu verwechseln mit dem Ort Assamstadt zwischen Mergentheim und Krautheim). Es verdient aus zwei Gründen besondere Erwähnung. Es ist ein ganz in Rosa und Weiß gehaltenes reizendes Rokoko-Schlößchen mit kurzen Flügelbauten und einer elegant geschwungenen doppelseitigen Freitreppe, die ein wenig an die Solitude bei Stuttgart erinnert. Zudem hat das Schloß eine besondere Geschichte. Die Planung für das Schloß entstand in Wien oder Prag, und wesentliche Teile der Innenausstattung, wie Türen, Kamine oder Öfen, wurden aus Prag geliefert.

Das kam so: Der in Assumstadt 1720 geborene Carl Reinhard Freiherr von Ellrichshausen zeichnete sich in kaiserlich-österreichischen Diensten als Generalfeldzeugmeister vor allem im Siebenjährigen Krieg in so hohem Maße aus, daß ihm Kaiserin Maria Theresia ein Schloß schenkte. Es wurde im heimatlichen Assumstadt an der Stelle eines zuvor abgebrochenen Renaissance-Schlosses oder dicht daneben errichtet. Dieses war 1624 durch den Ritterhauptmann von Herda errichtet worden, gehörte nacheinander verschiedenen Familien und gelangte 1976 durch Heirat an die Freiherren von Ellrichshausen, deren Stammburg in der Nähe von Crailsheim liegt.

Das dann 1769 von Maria Theresias Feldzeugmeister erbaute Schloß ist ein prächtiger Landsitz. Es verfügt über einen festlichen Mittelsaal mit einem ovalen Dekkengemälde, das dem württembergischen Hofmaler Nicolas Guibal zugeschrieben wird. Neben dem Schloß steht das frühere Amtshaus, das auch Wohnräume enthält. Schräg gegenüber befindet sich ein Gebäude, in dem sich ein »Zentrum für Sozialtherapie und Sozialbetreuung« befindet. Bis zum Jahr 1939 blieben Schloß und Hofgut im Besitz der Familie der Freiherren von Ellrichshausen. Ein Mitglied der Familie gründete 1828 ein Institut für Land- und Forstwirte in Assumstadt und ging dann als Direktor der „Landwirtschaftlichen Unterrichts-, Versuch- und Musteranstalt" nach Hohenheim. Seit 1939 gehören Schloß und Gut den Grafen von Waldburg zu Wolfegg und Waldsee.

Das repräsentative Schlößchen ist für die Öffentlichkeit nicht zu besichtigen. Es ist ein Schmuck für die Umgebung, zumal zu ihm ein schöner, mit mächtigen Bäumen bestandener Schloßgarten gehört, in dem auch Wild gehalten wird. Der Garten ist über den pavillonartigen Mittelbau zu erreichen.

Die Geschichte Assumstadts wäre unvollständig, wenn man das ganz in der Nähe gelegene *Schloß Domeneck* unerwähnt ließe. Dort stand mindestens seit dem 14. Jahrhundert eine Burg des Geschlechts der Tummingen, die später zeitweise auch den Hohenlohe gehörte. Bis 1424 besaßen sie die Berlichingen. Während des Bauernkrieges wurde sie niedergebrannt, dann aber wieder aufgebaut. Um 1600 war der Besitzer jener Ritterhauptmann von Herda, der Domeneck verließ und sich im gegenüberliegenden Assumstadt das erwähnte Renaissance-Schloß erbaute. Der Name Herda gehört also zur Geschichte beider Schlösser. Heute ist Domeneck im Besitz der Freiin Le Tanneux von Saint Paul. Das in sattem Braun gehaltene Schloß steht auf dem vorderen Teil einer Bergnase und besteht aus verschiedenen langgestreckten Gebäuden, die den Eindruck einer Domäne machen. Rechts vom Eingang zum viereckigen Schloßhof liegt das Herrenhaus. Hinter den Wirtschaftsgebäuden sind noch Reste der mittelalterlichen Burg erhalten, in deren Mitte sich ein Turmstumpf erhebt.

Das ganz in Rosa und Weiß gehaltene Schlößchen Assumstadt ist mit seinen kurzen Flügelbauten und der elegant geschwungenen Freitreppe ein echter Rokokobau, wie er sich sonst in der weiteren Umgebung nicht findet. Er ist auch nicht auf hohenlohischem Boden gewachsen, sondern ein Geschenk Wiens an einen verdienten General. In dem mit mächtigen Bäumen bestandenen Garten wird auch Wild gehalten.

Südlich von Assumstadt, am rechten Ufer des Flusses Kocher, ragt der hohe Giebel des *Schlößchens Bürg* über die Dächer des gleichnamigen Ortes. Das mitten im Dorf gelegene Schloß gehört den Freiherren von Gemmingen. Das spätgotische Steinhaus stützt sich auf hohe Mauern. Der Bergfried und die anderen Verteidigungsanlagen sind verschwunden, lediglich die Gräben sind erhalten. Schloßkapelle, Wendeltreppen und Altane sind noch Zeugen einstiger Pracht.

Vom Schlößchen Bürg nur einen Kilometer südlich stößt man auf das Bergstädtchen Neuenstadt am Kocher an der Mündung der Brettach und das *Schloß Neuenstadt*. Dessen Bau wurde von Herzog Christoph von Württemberg im Jahr 1565 an der Stelle einer zuvor abgebrochenen Burg der Herren von Weinsberg begonnen. Erst in der zweiten Hälfte des 17. Jahrhunderts wurde der mächtige Bau vollendet. Ein gedrungener runder Turm mit einem flachen Dach, ein Renaissance-Portal und die an den oberen Torturm angebaute und dem heiligen Kilian gewidmete Stadtkirche bilden heute noch eine Einheit, jedoch ist die geschlossene Anlage, die sich einst als Viereck um einen Hof gliederte, zerstört. Schöne Fachwerkhäuser und ein paar alte Brunnen ergänzen den Eindruck eines reizvollen, altertümlichen Städtchens. Die historische Stadtmauer soll in den nächsten Jahren wieder freigelegt werden.

Von 1650 bis 1748 war Neuenstadt Residenz einer Nebenlinie des Hauses Württemberg, der Linie Württemberg-Neuenstadt. Eine Tafel am Tor erinnert heute noch daran, vermerkt aber, daß erst 1781 die fürstliche Hofhaltung beendet worden sei. Herzog Friedrich, der bedeutendste Mann dieser Familie, besaß eine bemerkenswerte Kunst- und Münzensammlung und richtete hier eine wertvolle Bibliothek ein. Zwei seiner Söhne zeichneten sich als Heerführer aus.

Kocherabwärts wird *Schloß Ödheim* erreicht. Es ist ein Bau mit alten starken Mauertrakten und später erbauten Schloßflügeln. Das über dem Flußtal liegende Schloß besteht aus zwei quadratischen Bauten, die durch einen schmalen Flügel miteinander verbunden sind. Eine Zwingermauer umschließt die Anlage. Seit 1300 war das Schloß im Besitz der Freiherren Capler von Ödheim. Im Jahr 1967 verstarb Dietrich Freiherr Capler von Ödheim als letzter seines Geschlechts. Seitdem gehört das Schloß den Erben Strauß in München und den Freiherren von Gemmingen. Nur ein Teil des Gebäudes ist als Wohnung genutzt. Der eigentliche Schloßtrakt steht leer.

Wenige Kilometer westlich von Ödheim stößt man am Ufer der Jagst auf das ehemalige *Deutschordensschloß Heuchlingen,* das an der Stelle der mittelalterlichen, im Bauernkrieg zerstörten Burg der Ritter von Heuchlingen errichtet worden ist. Bauherr war der Hoch- und Deutschmeister Walter von Cronberg, der sich auch um Mergentheim verdient gemacht hatte. Mit seinen Basteien, Rundtürmen und wohlerhaltenen Mauern macht das Schloß einen wehrhaften Eindruck.

37 Burg Möckmühl. Widerstandsnest des »Ritters mit der eisernen Hand«

Im Mai des Jahres 1519 saß Götz von Berlichingen, der »Ritter mit der eisernen Hand«, als Vogt oder Amtmann des Herzogs Ulrich von Württemberg auf der Burg Möckmühl. Herzog Ulrich aber war vom Kaiser geächtet, weil er die Reichsstadt Reutlingen überfallen hatte, um sie Württemberg zu unterstellen, und auch sonst durch seinen Jähzorn mehrfach Anlaß gegeben hatte, das Land und den Kaiser gegen sich aufzubringen. Der »Schwäbische Bund«, der die Acht vollzog, hatte im April die ganze Nordseite der Alb und einen Teil des Unterlandes samt Stuttgart eingenommen. Nun stand er vor Möckmühl. Die Stadt zeigte sich sofort zur Kapitulation bereit, Götz aber traf keine Anstalten, sich zu ergeben. In seiner Lebensbeschreibung erklärte er, »daß sie mich wollten übereilen und mich aus der mäusfallen Meckmül rennen, wie dann schon die Katzen vor der mäusfallen waren und warteten auf das Mäuslein, das sie fressen wollten«.

Götz von Berlichingen hielt sich trotz aller Widrigkeiten – der Fruchtkasten und die Stadtbrunnen waren in der Hand des Gegners – sehr tapfer. Erich Strohhäcker geht in seiner im Jahr 1979 erschienenen Geschichte der Stadt Möckmühl eingehend darauf ein; auf ihn stützen wir uns auch bei unserer Darstellung. Die Lebensmittelvorräte wurden knapp, das Wasser ging aus, Mensch, Pferd, Hund und Katze tranken Wein, bis auch hier nichts mehr vorhanden war. Da entschloß sich Götz im Hinblick auf seine trostlose Lage zu einem Ausfall in der Nacht zum 11. Mai 1519. Dabei kam es zu einem erbitterten Gefecht mit größeren Verlusten auf beiden Seiten. Götz fiel in die Gefangenschaft des »Schwäbischen Bundes«. Bei dem Haß, den dieser gegen ihn hegte, wäre es ihm wohl ans Leben gegangen, wenn sich seine adeligen Freunde, die beim »Schwäbischen Bund« mitkämpften, nicht für ihn eingesetzt hätten. So gelobte er am Tag darauf in einem Revers, sich unverzüglich in des Dietz Wagemanns Wirtschaft nach Heilbronn zu begeben und ständig – mit Ausnahme des Kirchgangs – dort zu verweilen. Dort weilte er mit seiner ganzen Familie drei Tage. Im Bauernkrieg war er wieder aktiv auf seiten der Bauern, wurde drei Jahre danach wieder vom »Schwäbischen Bund« gefangen und nach Augsburg in eine – diesmal härtere – Haft verbracht. Mit über sechzig Jahren nahm er nochmals an einem kaiserlichen Feldzug nach Frankreich teil. Danach lebte er noch fast zwanzig Jahre auf seiner Burg Hornberg. Dort diktierte er seine umfangreichen Memoiren einem Patronatspfarrer aus Neckarzimmern. Ihr Titel lautete »Lebensbeschreibung Herrn Götzens von Berlichingen, genannt mit der eisernen Hand. Kriegen und Fehden, welche ich lange Zeit gegen hohe und niedre Stände führte«. Mit 83 Jahren starb er und wurde im Kloster Schöntal begraben.

Die Burg Möckmühl heißt heute »Götzenburg«. Von der ursprünglichen Anlage stehen noch Teile der Außenwerke sowie der 28 Meter hohe Bergfried, dessen Mauerwerk am Fuß dreieinhalb Meter stark ist, sich aber nach oben verjüngt. Das Schloß ist ein historisierender Neubau, dem ein Merian-Stich als Vorbild gedient haben soll. Die Burg ist um die Mitte des 13. Jahrhunderts erbaut worden. Als erste Herren der Burg werden die Grafen von Dürn genannt. Sie kam aber noch im gleichen Jahrhundert an Gottfried von Hohenlohe, 1445 an die Kurpfalz und war von 1504 an eine Stadtburg, was bedeutet, daß sie erst in Verbindung mit der Stadtmauer ihre volle Verteidigungskraft erhielt. Diese strebte auf beiden Seiten als zwei mächtige Schenkelmauern ins Tal. Im Norden und Osten war vom Feind ein tiefer

Das Titelblatt einer Zeitschrift für das deutsche Altertum zeigt die Ruinen der Burg Möckmühl in der Zeit von 1814/15.

Burggraben zu überwinden. Starken Schutz boten die Zwingermauern und die mächtigen Geschütztürme. Götz hat – nach späteren Äußerungen – von der Burg sehr wenig gehalten. »Ein Haus, zu der war gar kein nütz, auch mit nichten versehen, was zu eym Haus not sey.«. Damit meinte er sicher, daß der Fruchtkasten und das Wasser nicht auf der Burg, sondern in der Stadt und somit in der Hand der Bürger waren. In der kurpfälzischen Zeit ist zweimal von Bauarbeiten auf der Burg die Rede. Die wachsende Bedeutung der Artillerie im 15. Jahrhundert zwang dazu, den Verteidigungsring zu verstärken. Um 1830 kauften die Stadträte die Burg und machten aus ihr ein Armenhaus. Später nahm sie eine Bierbrauerei und eine Kegelbahn auf. Die Burg verfiel. Diesem unwürdigen Zustand machte General von Alvensleben ein Ende, als er im Jahr 1902 eine neue »Götzenburg« in historisierendem Stil erbaute. Diese ist noch heute im Besitz der Familie. Der heutige Eigentümer ist der minderjährige Philipp von Alvensleben, Sohn aus erster Ehe von Benita, Freifrau von Wrede, die seine Interessen wahrnimmt.

Wenige Kilometer östlich von Möckmühl, unmittelbar an der Jagst, stößt man auf das ehemalige *Schlößchen Widdern,* in dem sich heute die Gaststätte »Grüner Baum« befindet. Das Haus wurde gebaut, als eine mittelalterliche Burg sich als zu eng erwies. Der Ort gehörte einer Ganerbengemeinschaft, war also im Besitz mehrerer Familien. Der Verteilungsschlüssel war geradezu grotesk, denn es ging dabei um fünfhundertzwölftel Anteile. Eine Zeitlang besaß Würzburg 114/512tel, Gemmingen 110/512tel, Züllhardt 96/512tel und Württemberg 114/512tel des Schlößchens. Das Schloß war mehrere Jahrhunderte im Besitz der Familie von Gemmingen. Es wurde oft zerstört, aber immer wieder aufgebaut oder restauriert. Um die Mitte des letzten Jahrhunderts scheint der in österreichischen Diensten stehende Fritz von Gemmingen das Interesse an Widdern verloren zu haben. Er verkaufte 1863 das Schloß für 5 500 Gulden an den Bierbrauer und Wirt Hofmann. Das war ein ansehnlicher Betrag für eine Zeit, in der der Jahreslohn einer Magd 30 Gulden, der eines Knechts 50 Gulden betrug. Der Wirt machte aus dem Schlößchen eine Gaststätte. Es ist seit 1975 im Besitz der Familie Scharwächter.

Das nördlich von Möckmühl gelegene Städtchen *Adelsheim* besitzt heute noch drei Schloßbauten, die alle drei von den Freiherren von Adelsheim errichtet wurden. Das älteste Schloß, das 1338 als »Veste zu Adolzheim“ erstmals urkundlich genannt wird, war eine Wasserburg, deren Graben das durch eine künstliche Stauung zu einem See verbreitete Bett des Flüßchens Kirnau bildete. 1733 wurde das Schloß durch einen Brand teilweise zerstört. Man benutzte jedoch die Fundamente zum Wiederaufbau. Wäre beim Brand der gesamte Gebäudekomplex bis auf die Grundmauern ver-

Von der alten Anlage der Burg Möckmühl stehen noch Teile der Außenwerke und der etwa 28 Meter hohe Bergfried. Er zeigt keine Steinmetzzeichen und ist ohne Buckelquader gebaut. Sein mächtiges Mauerwerk ist unten 3,5 Meter dick und verjüngt sich nach oben mit jedem Stockwerk. Im obersten Stockwerk hatte der Turmwächter seine Wohnung. Noch aus dem Jahr 1685 sind Statuten erhalten, die seine vielfältigen Aufgaben aufzählen. Das Schloß davor ist ein historisierender Neubau.

nichtet worden, so hätte man vermutlich ein Barockschloß erstellt. Da aber nur die Dachstühle ausbrannten, jedoch die Außenmauern, Innenwände und Zwischendecken weitgehend verschont blieben, waren der Umgestaltung Grenzen gesetzt. Der Wassergraben wurde damals mit Bauschutt aufgefüllt. Das Gebäude, heute *»Unterschloß«* genannt, wird von dem Freiherren von Adelsheim-von Ernest bewohnt.

Noch eindrucksvoller wirkte das *»Oberschloß«* am Wasserfall, das 1504 von Sebastian von Adelsheim erbaut wurde. Mit seinem Torbogen und dem malerischen, zweigeschossigen und im Fachwerk ausgeführten Erker gliedert es sich harmonisch in das Bild der alten Stadt ein. Das »Schildmännle«, eine am Schloß angebrachte Plastik eines Knappen mit schwerem Wappenschild in beiden Händen, ist zum Wahrzeichen der Stadt geworden.

Schließlich beherbergt die Stadt noch das *»Schlößchen«* neben der Stadtmühle. Es wurde kurz nach 1600 von dem Freiherrn Adam von Adelsheim erbaut, diente zeitweise als Behördensitz und ist heute Jugendhaus.

Glossarium

Antependium (lateinisch antependulus, nach vorne hängend). Behang oder Vorsatztafel, die den Unterbau des Altars verhüllt.

Baptisterium (lateinisch, Taufgebäude). Selbständiger Zentralbau, in altchristlicher Zeit und im Mittelalter meist westlich von einer Bischofskirche errichtet. Er war im allgemeinen Johannes dem Täufer gewidmet.
Bastion. Beim Festungsbau übliche vorspringende Verstärkung der Mauern. Die Ausbauten, die aufeinander abgestimmt waren, dienten der Verteidigung durch Artillerie.
Bergfried. Hauptturm der Burg. Er stand an der am meisten gefährdeten Stelle der inneren Befestigung entweder frei im Burghof oder an die Burgmauer gelehnt. Er diente als Kern der Verteidigung und letzter Zufluchtsort. Der Eingang lag in der Regel hoch und war nur durch Leitern zu erreichen.
Buckelquader. Naturwerksteine für Mauern mit gebuckelter Mittelfläche. Sie gehören zur Architektur der Stauferzeit. Sie belebten die Außenmauern, hatten vielleicht auch den Zweck, das Heraufschieben von Sturmleitern zu erschweren und übten eine monumentale Wirkung aus.
Burgstall. Vorwiegend Bezeichnung für eine abgegangene d. h. nicht mehr wahrnehmbare Burg bzw. spärliche Mauerreste.

Dürnitz. Wohnraum in der Burg, in der Regel für die Burgmannschaft. Oft zur Halle ausgeweitet.

Fries. Mit plastischen oder gemalten Ornamenten und figürlichen Darstellungen ausgestaltete streifenförmige Fläche als Gliederung und Schmuck einer Wand.

Ganerbenburg. Von mehreren Familien in Erbgemeinschaft bewohnte Burg.

Kasematten. Im frühen Festungsbau ein durch dickes Mauerwerk oder starken Erdaufwurf gesicherter Raum für die Unterbringung von Mannschaften, sowie die Lagerung von Gerät, Waffen, Munition und Vorräten. Auch zur Verwahrung von Gefangenen verwendet.
Kemenate. In mittelalterlichen Burgen ein heizbarer geschlossener Raum, meist, jedoch nicht immer, Frauengemach. Im späten Mittelalter konnte die Bezeichnung für ein ganzes Stockwerk oder auch ein ganzes Gebäude verwendet werden.
Kommende. Beim Deutschen Orden ein Verwaltungsbezirk, der eine, zuweilen mehrere Burgen umfaßte.
Krypta (griechisch, bedeckter Gang). Halbunterirdischer Raum – meistens unter dem Ostchor – bei romanischen Kirchen zur Aufbewahrung von Reliquien oder als Grabstätten für Heilige oder weltliche Würdenträger verwendet.

Lehen. Vertraglich geregeltes Verhältnis zweier freier Männer. Der stärkere Lehensherr gibt einem schwächeren Adeligen eine Burg, ein Gebiet zu Lehen, also zur Nutznießung gegen die Verpflichtung zu bestimmten Diensten, auch zum Kriegsdienst.

Mediatisierung (lateinisch, mittelbar). Verlust oder Entzug einer immediaten (unmittelbaren) Stellung. Aufhebung der Reichsunmittelbarkeit durch die Unterstellung unter die Landeshoheit eines anderen Staates. Durch den Reichsdeputationshauptschluß (1803) und die Rheinbundakte (1806) wurden unter dem Einfluß Napoleons in großem Umfang solche Gebietsänderungen vorgenommen.
Ministeriale (lateinisch, Diener). Unfreie ritterlichen Standes. Im Besitz eines Lehens (siehe dort) einem höheren Adeligen zu Abgaben, Kriegs- und anderen Diensten verpflichteter niederer Adel.

Obelisk. Hoher rechteckiger Steinpfeiler, der sich nach oben verjüngt und in einer Pyramidenspitze endet.
Orangerie. Ursprünglich Gewächshaus zur Überwinterung der während des Sommers im Garten aufgestellten Orangenbäume. Im Barock war es nicht mehr reiner Zweckbau; die Orangerie wurde in die Gesamtanlage der Schloßgärten einbezogen und schloß oft die Mittelachse des Parks als Gegenpol zum Schloß ab.

Pair. In England und Frankreich Mitglied eines politisch bevorrechtigten Kreises von Hochadeligen.
Palas. Der repräsentative Wohnraum der Burgherrschaft, der sich aus der germanischen Königshalle entwickelt hat. Auch Festsaal. Kunstsinn und Schmuckfreude gestalteten den Palas aus.
Patronatsrecht. Rechtsbeziehung zwischen der katholischen oder der evangelischen Kirche und dem Grundherren. Das vornehmste Recht bestand darin, der zuständigen kirchlichen Autorität für die Besetzung eines Amtes (meist Pfarrer oder Lehrer) einen Vorschlag zu machen; die Pflicht bestand in der Übernahme der Personalkosten eventuell auch der Baulasten eines Kirchengebäudes.
Pechnase. Ein kleiner, nach unten offener Vorbau an mittelalterlichen Burgen, durch den siedendes Pech oder eine andere heiße Flüssigkeit auf die Angreifer gegossen wurde.
Pilaster. Pfeiler, der nur wenig aus der Wand hervortritt.

Ringmauer. Wehrhafte Mauer zum Schutz der Burg.

Säkularisation. Einziehung oder Nutzung kirchlichen Eigentums durch weltliche Gewalten. Durch den Reichsdeputationshauptschluß (1803) wurden im Reich 25 Fürstbistümer und 44 Reichsabteien enteignet und weltlichen Hoheitsgebieten zugeschlagen. Die Besitzungen des Deutschen Ordens folgten 1809.
Schildmauer. Äußere Mauer zum Schutz der Burg, oft an der Hauptangriffsseite besonders hoch und dick. Wenn nur *eine* Mauer vorhanden war, wurden auch deren stärkste Teile als Schildmauer bezeichnet.

Vogt, Vogtei (entlehnt aus dem lateinischen (ad)vokatus, Sachwalter; althochdeutsch fogat). Beauftragter weltlicher oder geistlicher Herrschaften für die Vertretung und Abwicklung ihrer Interessen, insbesondere vor Gericht.
Vorburg. Gebäude außerhalb der Ringmauer, meist Wirtschaftsgebäude. Sie waren schwächer geschützt als die Burg.
Votivkapelle (lateinisch votum, Gelübde). Kapelle, die auf Grund eines Gelübdes oder als Dank für die Erhörung eines Gebets errichtet worden ist.

Zehnt. Ursprünglich eine kirchliche Einrichtung. Im 9. Jahrhundert erhielten auch weltliche Grundherren das Recht auf eine ständig wiederkehrende Abgabe eines Bruchteils, meist des Zehnten, der Erträgnisse eines Grundstücks. Die Abgabe erfolgte ursprünglich in Naturalien, seit dem 13. Jahrhundert auch in Geld.
Zwinger. Raum zwischen innerer und äußerer Mauer. Er diente zu ritterlichen Übungen, der Haltung wilder Tiere oder zum Gartenbau.

Wegweiser zu den Burgen und Schlössern

1 Schillingsfürst
16 km südöstlich von Rothenburg ob der Tauber, 6 km nördlich von Dombühl. Abzweigung von der Romantischen Straße, die westlich an Ort und Schloß vorbeiführt, bei Insingen, Walkersdorf oder Unterwörnitz. – Das Schloß ist geöffnet Anfang März bis 31. Oktober. Werktags 8.30 bis 11.30 Uhr und 14 bis 17.30 Uhr. Sonn- und Feiertags 10 bis 12 Uhr und 14 bis 17 Uhr.

2 Brauneck
Die Zufahrt erfolgt von Süden über Rothenburg ob der Tauber nach Creglingen, von dort nur wenige Kilometer über Reinsbronn. Von Westen her erfolgt die Zufahrt über Bad Mergentheim, Weikersheim nach Bieberehren und Reinsbronn. – Die Ruine bildet heute den Rahmen für einen landwirtschaftlichen Betrieb und ist daher nur beschränkt zu besichtigen.

Waldmannshofen
Wenige Kilometer nordöstlich von Brauneck (siehe dort). Das Schloß liegt am Nordrand des Ortes. Das in ihm untergebrachte Feuerwehrmuseum ist täglich von 10 bis 12 Uhr und 14 bis 17 Uhr geöffnet.

Geierschlößchen
Im Ort Reinsbronn (siehe unter Brauneck). In Privatbesitz, daher nicht zu besichtigen.

3 Haltenbergstetten
Östlich der Bundesstraße 290 Bad Mergentheim-Crailsheim über Herbsthausen, Adolzhausen. Das Schloß liegt beherrschend über der Stadt Niederstetten. Das im Schloß untergebrachte Jagdmuseum ist von 1. April bis 31. Oktober Samstag und Sonntag von 10 bis 12 Uhr und 14 bis 17.30 Uhr geöffnet. Gruppen über 10 Personen auch wochentags nach Anmeldung und Vereinbarung.

Seldeneck
Zu erreichen auf der Straße von Creglingen nach Rothenburg ob der Tauber über Bettwar. Von dort aus führt eine schmale Straße über die Brücke, dann steil bergan (ohne Beschilderung). Die Ruine liegt unmittelbar unter dem Hangtrauf etwa 100 m links versteckt im Wald.

Laudenbach
Südlich von Weikersheim auf der Straße nach Niederstetten. Das Schloß liegt im Ort in der Nähe der Kirche (nicht der Berg- und Wallfahrtskirche). Es befindet sich in Privatbesitz und ist nur von außen zu besichtigen.

4 Schrozberg
Von der Bundesstraße 290 von Bad Mergentheim nach Crailsheim von Kälberbach in östlicher, von Blaufelden aus in nördlicher Richtung zu erreichen. Im Schloß befinden sich die Amtsräume des Rathauses und andere öffentliche Einrichtungen. Es ist insofern zugänglich.

Gammesfeld
Rund 20 km östlich von Schrozberg (siehe dort). Westlich der Romantischen Straße südlich von Rothenburg ob der Tauber. Abzweigung Lohr. Das Schlößchen dient als Bauernhof; nur der Außenbereich ist zu besichtigen.

5 Weikersheim
Östlich von Bad Mergentheim. Das Renaissanceschloß (dieses nur mit Führung) und der Barockgarten sind zu besichtigen. April bis Oktober täglich von 8 bis 18 Uhr. November bis März außer Montag täglich von 10 bis 12 Uhr und von 14 bis 16 Uhr.

Karlsberg
Wenige Kilometer östlich von Weikersheim. Der Karlsberg wird gegenwärtig zu einem Wild- und Erholungspark ausgebaut.

6 Bad Mergentheim
Das Deutschordens-Museum im Schloß ist von März bis Oktober Dienstag bis Samstag von 14.30 bis 17.30 Uhr, Sonn- und Feiertag 10 bis 12 Uhr, November bis Februar Sonn- und Feiertag von 10 bis 12 Uhr geöffnet. Sonderführungen nach Vereinbarung.

7 Neuhaus
Von Bad Mergentheim auf der Bundesstraße 19 rund 5 km in östlicher Richtung bis Igersheim. Die Auffahrt beginnt am Ortseingang und erreicht im Bogen die Höhe. Die Ruine ist jederzeit zu besichtigen.

8 Bartenstein
Zu erreichen von der Bundesstraße 290 zwischen Bad Mergentheim und Crailsheim. Ausfahrt zwischen Gütbach und Riedbach in westlicher Richtung. – Das im Schloß befindliche Militärmuseum ist geöffnet Samstag, Sonntag und an Feiertagen von 10 bis 12 Uhr und 13.30 bis 17.30 Uhr. Gruppen über 10 Personen auch wochentags nach Anmeldung.

9 Buchenbach
Nordöstlich von Künzelsau über Amrichshausen an der Schwäbischen Dichterstraße oberhalb des gleichnamigen Ortes an der Jagst. Das Schloß ist in Privatbesitz und nicht zu besichtigen.

Jagstberg
Wenige Kilometer nördlich von Buchenbach liegt Mulfingen an der Jagst, unmittelbar westlich darüber Jagstberg. Spärliche Mauerreste sind jederzeit zu besichtigen.

10 Amlishagen
Unmittelbar nordöstlich von Gerabronn in der Nähe der Kirche der gleichnamigen Ortschaft. In Privatbesitz, nicht zu besichtigen.

Bebenburg
Östlich von Amlishagen. Ein Turmstumpf innerhalb des Hofgutes Bemberg.

Werdeck
Südlich von Amlishagen, etwa zwischen Rückershagen und Seibotenberg, liegt die Ruine im Wald am Rande des Brettachtals.

11 Kirchberg an der Jagst
Nördlich der Autobahn 6 bei Ilshofen oder westlich der Bundesstraße 290 von Bad Mergentheim nach Crailsheim. Ausfahrt bei Wallhausen in westlicher Richtung. – Das Schloß ist heute ein Alten- und Pflegeheim, eine Besichtigung der Räume ist daher nicht möglich, jedoch ist schon ein Gang durch die Höfe, die Außenanlagen und den Park ratsam.

12 Hornberg
Jenseits der Jagst gegenüber Kirchberg. Das Schloß ist in Privatbesitz und nicht zu besichtigen.

Gröningen
Auf der Bundesstraße 290 nördlich von Crailsheim im gleichnamigen Ort. Im Erdgeschoß des Schlosses befindet sich eine Gastwirtschaft.

Lobenhausen
Südöstlich von Kirchberg in Richtung Autobahn. Der ehemalige Burgbezirk, von dem nur noch die Kapelle erhalten ist, liegt im Ort auf dem Burgberg.

13 Burleswagen
Auf der Bundesstraße 290 von Crailsheim in nördlicher Richtung. Bei Satteldorf links abbiegen. – Das Schloß ist in Privatbesitz und nicht zu besichtigen.

Neidenfels
Unmittelbar nördlich von Burleswagen. Vom Schloß sind kaum Reste vorhanden.

Rechenberg
Auf der Straße von Crailsheim nach Ellwangen bei Stimpfach oder Jagstzell in östlicher Richtung abbiegen. – Die Burg ist eine Jugendherberge und nach Rücksprache mit dem Leiter zu besichtigen.

14 Vellberg
Zu erreichen auf der Straße von Schwäbisch Hall in südöstlicher Richtung. Abzweigung in östlicher Richtung bei Dörrenzimmern. Das restaurierte Schloß dient heute als Hotel und Rathaus. Die Stadt hat ihren mittelalterlichen Kern wiedererhalten.

Stöckenburg
Gegenüber von Vellberg jenseits des Flüßchens Bühler.

15 Tannenburg
Auf der Straße Schwäbisch Hall nach Ellwangen kurz nach Bühlertann nach Erreichen der Höhe in spitzem Winkel rechts abbiegen. Von dort aus führt eine schmale, etwa einen Kilometer lange Straße zur Burg. – Die Anlage ist mit einem landwirtschaftlichen Betrieb verbunden; der Schloßbesitzer führt eine kleine Pension für Sommergäste. Eine Besichtigung ist daher möglich.

16 Comburg
Am östlichen Stadtrand von Schwäbisch Hall gelegen. Besichtigung der Comburg jederzeit möglich. Besichtigung der Stiftskirche (mit Antependium und Radleuchter) vom 15. März bis 15. November Dienstag bis Samstag 9 bis 12 Uhr und 13.30 bis 17 Uhr. Sonntag nach dem Gottesdienst und von 13.30 bis 17 Uhr, bei Voranmeldung auch andere Zeiten.

Suhlburg
Von Schwäbisch Hall auf der B 19 in nördlicher Richtung nach Untermünkheim. Von da in westlicher Richtung zum Weiler Suhlburg. Dort nur geringe Reste der Burg vorhanden, auf deren Hauptteil ein modernes Wohnhaus steht, so daß von der Straße aus nicht viel zu sehen ist.

Geyersburg
Von Schwäbisch Hall in nordwestlicher Richtung über Gottwollshausen nach Sülz. Von da auf unbezeichnetem, knapp viertelstündigem Fußweg am Hangtrauf entlang bis zum Waldrand; dann kurz durch den Wald.

17 Limpurg
Am nordöstlichen Stadtrand von Schwäbisch Hall auf der Höhe gelegen. Die Reste der Burg sind jederzeit zu besichtigen.

Obersontheim
Auf der Straße von Schwäbisch Hall nach Ellwangen Abzweigung in nordöstlicher Richtung kurz vor Bühlertann. Um den Marktplatz abseits der Hauptstraße gruppieren sich Schloß, Rathaus, Kirche und Pfarrhaus. Die Gesamtanlage ist stilistisch völlig einheitlich und wirkungsvoll. Im Schloß ist ein Heim der Samariterstiftung untergebracht; es ist deshalb nicht zu besichtigen, jedoch ist ein Gang durch den Schloßhof eindrucksvoll.

Gaildorf
Südlich von Schwäbisch Hall auf der B 19 zu erreichen. Das Schloß, in dem Ämter untergebracht sind, liegt mitten in der Stadt.

Schloß Schmiedelfeld
Auf der Straße von Gaildorf nach Aalen bei Sulzbach links abbiegen. Spuren der Schloßanlage aus der Stauferzeit und der Renaissance noch deutlich zu erkennen.

Michelbach an der Bilz
Südlich von Schwäbisch Hall. Im Schloß hat das »Evangelisch-Kirchliche Aufbaugymnasium« seinen Sitz. Es ist deshalb nicht zu besichtigen.

18 Leofels
Man erreicht Leofels über Ilshofen (ziemlich genau in der Mitte der Strecke Schwäbisch Hall – Crailsheim); von da in nördlicher Richtung über Ruppertshofen. Ein kleiner Parkplatz ist vorhanden. Die stattliche Ruine ist zu besichtigen.

19 Morstein
Von Leofels aus in westlicher Richtung über Dünsbach. Die Burg ist in Privatbesitz und nicht zu besichtigen.

20 Langenburg
Man erreicht Langenburg, wenn man von Schwäbisch Hall zunächst die B 19 nach Norden fährt, kurz vor Untermünkheim nach Nordosten – also rechts – abbiegt, die dem Kocher entlangführende Straße bei Braunsbach verläßt und in nordöstlicher Richtung weiterfährt. Das Schloß ist geöffnet von Ostern bis 1. November täglich von 8.30 bis 12 Uhr und von 13,30 bis 18 Uhr.

Ludwigsruhe
Wenige Kilometer nordöstlich von Langenburg.

21 Tierberg
Wenige Kilometer westlich von Langenburg. Entweder von dort über Oberregenbach zu erreichen oder von Schwäbisch Hall aus auf der B 19 bis Untermünkheim, von da rechts abbiegend die Straße am Kocher entlang über Braunsbach. Das Schloß ist in Privatbesitz und nicht zu besichtigen.

22 Stetten
Östlich von Künzelsau oberhalb von Kocherstetten. Von dort in weitem Bogen (oder für Fußgänger in steilem Anstieg) zu erreichen. Stetten beherbergt ein Burghotel mit Gästehaus und ein Restaurant. Gelegenheit zum Reiten.

23 Dörzbach
Auf der B 19 von Bad Mergentheim in südlicher Richtung nach Künzelsau ziemlich genau in der Mitte. Das Schloß ist in Privatbesitz und nicht zu besichtigen.

Laibach
Wenige Kilometer nordwestlich von Dörzbach. Das Schloß ist in Privatbesitz. Es besteht die Möglichkeit, Ferienwohnungen zu mieten (in Verbindung mit der Aktion »Ferien auf dem Bauernhof«).

Messbach
Wenige Kilometer südwestlich von Dörzbach. Das Schloß ist in Privatbesitz und nicht zu besichtigen; die reizvolle Anlage ist jedoch sehenswert.

24 Krautheim
Zu erreichen entweder von Bad Mergentheim in südlicher Richtung auf der B 19 bis Dörzbach, von da in westlicher Richtung abbiegen oder von Heilbronn in zunächst nördlicher, dann westlicher Richtung über Gundelsheim, Möckmühl entlang der Jagst. Die Burg ist nach Rücksprache mit dem nahegelegenen Bürgermeisteramt zu besichtigen.

25 Aschhausen
Zu erreichen über die bei Krautheim beschriebene Jagsttalstrecke. Bei Bieringen in nördlicher Richtung das Erlenbachtal entlang. Das Schloß ist in Privatbesitz und kann nicht besichtigt werden.

26 Ingelfingen
Wenige Kilometer westlich von Künzelsau, am Kocher gelegen. Im Schloß befindet sich ein Hotel mit Restaurant. Der frühere Hofgarten ist heute in die Kuranlagen einbezogen.

Lichteneck
Die Ruine liegt oberhalb des Ortes Ingelfingen. Sie ist jederzeit zu besichtigen.

Zarge
Die Ruine liegt südöstlich von Lichteneck auf derselben Höhe. Ein Besuch erfolgt am besten von der Mündung des Österbaches her. Das ist etwa die Stelle, an der die B 19 aus der Richtung Bad Mergentheim das Kochertal erreicht.

Bartenau – Künzelsau
Im ehemaligen Schloß – mitten in der Stadt – ist heute ein staatliches Aufbaugymnasium als Internatsschule für Jungen untergebracht.

Nagelsberg
Nördlicher Stadtteil von Künzelsau. Die Burgreste sind in private Wohn- und Wirtschaftsräume einbezogen.

27 Hermersberg
Von Künzelsau westlich über Ingelfingen, Niedernhall zu erreichen. Von Niedernhall in südlicher Richtung. Das Schloß ist in Privatbesitz und nicht zu besichtigen.

Forchtenberg
Von Künzelsau in westlicher Richtung über Niedernhall zu erreichen; von Süden her über Öhringen. Die Ruine ist in Privatbesitz, umzäunt und daher nicht zu besichtigen.

Sindringen
Der Ort liegt westlich von Forchtenberg. Das Schloß befindet sich im Ort.

Neufels
Man erreicht den Ort, wenn man von Künzelsau in südwestlicher Richtung nach Neuenstein fährt. Etwa in der

Mitte liegt Neufels. Die Burgreste befinden sich in einem Anwesen, das Privatbesitz ist.

28 Waldenburg
Die Stadt liegt auf beherrschender Höhe, nordwestlich von Schwäbisch Hall, östlich von Öhringen. Das Siegelmuseum im Schloß ist von März bis Oktober geöffnet, an Samstagen von 14 bis 18 Uhr, an Sonntagen von 9.30 bis 12 Uhr und 13 bis 18 Uhr. An Wochentagen für Gruppen nach Vereinbarung.

29 Kupferzell
Von Schwäbisch Hall auf der B 19 in nördlicher Richtung zu erreichen. Von Künzelsau in südlicher Richtung auf der B 19. Das im Ort gelegene Schloß beherbergt die »Staatliche Fachschule für ländlich-hauswirtschaftliche Berufe« und ist nicht zu besichtigen.

Döttingen
Der Ort liegt östlich von Kupferzell. Von Süden her erreicht man Döttingen, wenn man von Schwäbisch Hall auf der B 19 nach Norden fährt, diese in Untermünkheim verläßt und in nordöstlicher, dann nördlicher Richtung dem Kochertal entlang über Braunsbach fährt. In dem im Ort (bei der Kirche) gelegenen Schloß befindet sich eine Hotel-Pension.

Braunsbach
Lage siehe unter Döttingen. Das am Ostrand gelegene Schloß beherbergt zum Teil Ämter.

30 Neuenstein
Nordwestlich von Waldenburg. Zu erreichen über die Autobahn 6. Ausfahrt Neuenstein. Das Hohenlohe-Museum im Schloß ist geöffnet (nur mit Führung) von März bis November täglich von 8 bis 12 Uhr und von 13.30 bis 18 Uhr. Von November bis März Montag bis Freitag von 10 bis 12 Uhr und von 13.30 bis 16 Uhr. Von Ende November an Samstag und Sonntag geschlossen. Vom 23. Dezember bis 1. Januar einschließlich geschlossen.

31 Öhringen
Zu erreichen über die Autobahn. Im Schloß sind städtische Behörden untergebracht. Sehenswert ist auch die Stiftskirche mit den Grabmälern der Grafen von Hohenlohe und der Krypta.

Friedrichsruhe
Wenige Kilometer nördlich von Öhringen. Das ehemalige Lustschloß ist heute ein Hotel.

32 Pfedelbach
Unmittelbar südlich von Öhringen. Das im Ort an der Durchgangsstraße gelegene Schloß ist im Besitz der Gemeinde. Darin untergebracht sind Einrichtungen der Gemeinde und Wohnungen.

33 Maienfels
Südlich von Pfedelbach und östlich von Löwenstein gelegen. Man erreicht Maienfels über ein beschildertes Sträßchen, das von der Straße zwischen Neuhütten und Unterheimbach abzweigt. – Die Burg ist in Privatbesitz. Die Außenanlagen und der Burghof (mit Aussicht) können – mit Vorbehalt – besichtigt werden.

34 Jagsthausen
Gelegen östlich der Autobahn Heilbronn-Würzburg im Jagsttal. Östlich von Möckmühl. Im Schloßhof finden in jedem Sommer im Juli und August die Burgfestspiele statt, die Leben und Kampf des Götz von Berlichingen darstellen. Außerdem beherbergt das Schloß ein Götz-Museum und ein Hotel.

Berlichingen
Wenige Kilometer nordöstlich von Jagsthausen. Das Stammschloß der Freiherren von Berlichingen liegt mitten im Ort und ist in einen Bauernhof einbezogen.

Bieringen
Wenige Kilometer nordöstlich von Berlichingen. Das im Ort gelegene Schloß wird heute als Pfarrhaus genutzt.

35 Neunstetten
Nördlich von Krautheim (siehe dort). Das Schloß ist in Privatbesitz und nicht zu besichtigen.

Boxberg
Westlich von Bad Mergentheim gelegen. Unmittelbar über der gleichnamigen Stadt befinden sich die spärlichen Reste der Burg.

36 Assumstadt
Von Heilbronn aus in nördlicher Richtung bis Neckarsulm. Von da in östlicher Richtung bis kurz vor Möckmühl nach Züttlingen. Westlich von Züttlingen liegt das Schloß. Es ist in Privatbesitz und kann nicht besichtigt werden.

Domeneck
Zwischen Assumstadt und Möckmühl gelegen. Das Schloß ist in Privatbesitz und kann nicht besichtigt werden.

Bürg
Südlich von Assumstadt am rechten Ufer des Flusses Kocher gelegen. Oder von Heilbronn in nördlicher Richtung nach Neckarsulm, von da in östlicher Richtung. Das mitten im Ort gelegene Schloß ist in Privatbesitz und kann nicht besichtigt werden.

Neuenstadt am Kocher
Von Heilbronn in nördlicher Richtung nach Neckarsulm, von da in östlicher Richtung. Das Schloß steht mitten im Ort.

Ödheim
Westlich von Neuenstadt. Das Schloß ist in Privatbesitz und teilweise für Wohnzwecke genutzt.

Heuchlingen
Westlich von Ödheim. Das alte Deutschordensschloß ist in Privatbesitz und nicht zu besichtigen.

37 Möckmühl
Nördlich von Heilbronn an der Jagst gelegen. Das Schloß liegt oberhalb der Stadt, ist in Privatbesitz und nicht zu besichtigen.

Widdern
Östlich von Möckmühl an der Straße nach Jagsthausen gelegen. Im Schloß befindet sich eine Gaststätte.

Adelsheim
Nördlich von Möckmühl an der Straße nach Osterburken gelegen. Die Stadt beherbergt drei Schlösser, wovon zwei Wohnzwecken dienen. Das dritte wird von der Stadt als Jugendheim genutzt.

Die hier gemachten Angaben erfolgen ohne Gewähr, da sich die Zufahrtsstraßen und vor allem die Öffnungszeiten gelegentlich ändern.
Es wird um Verständnis dafür gebeten, daß hier vornehmlich die Autostraßen angegeben sind. Es würde den Rahmen des Buches sprengen, hier auf die Eisenbahn- und Omnibus-Verbindungen hinzuweisen oder Wanderwege aufzuzeigen.

Stichwortverzeichnis

Literaturhinweise

Burgen, Ruinen und Schlösser im allgemeinen

Hotz, Walter: Kleine Kunstgeschichte der deutschen Burg, Darmstadt 1965
Hotz, Walter: Kleine Kunstgeschichte der deutschen Schlösser, Darmstadt 1970
Piper, Otto: Burgenkunde, Frankfurt 1967
Schmidt, Richard: Burgen des deutschen Mittelalters, München 1959
Schuchhardt, Karl: Die Burg im Wandel der Weltgeschichte, Wildpark – Potsdam 1931
Sieber, Helmut: Burgen, Pfalzen, Frankfurt 1973
Spiegel, Hans: Schutzbauten und Wehrbauten, Nürnberg 1970
Burgen und Schlösser: Zeitschrift der Deutschen Burgenvereinigung, Marksburg über Braubach

Burgen, Ruinen und Schlösser im südwestdeutschen Raum

Adelmann, Georg Siegmund, Graf von und Schefold, Max: Burgen und Schlösser in Württemberg und Hohenzollern, Frankfurt 1969
Antonow, Alexander: Burgen des südwestdeutschen Raums im 13. und 14. Jahrhundert, Bühl (Baden) 1977
Fleck, Walther-Gerd: Burgen und Schlösser in Nordwürttemberg, Frankfurt 1979
Gradmann, Eugen: Die Kunst- und Altertumsdenkmale im Königreich Württemberg. Band 3 Jagstkreis, Esslingen 1907
Gradmann, Eugen u. Meckseper, G.: Kunstwanderungen in Württemberg und Hohenzollern, Stuttgart 1970
Himmelheber, Georg: Die Kunstdenkmäler des ehemaligen Oberamts Künzelsau, Stuttgart 1962
König-Warthausen, Wilhelm von: Burgen, Schlösser und Herrenhäuser in Württemberg, Königsberg 1940
Maurer, Hans-Martin: Die landesherrliche Burg im 15. und 16. Jahrhundert, Stuttgart 1958
Pfefferkorn, Wilfried: Burgen unseres Landes. Hohenlohe und Taubertal, Stuttgart 1973
Probst, Eduard: Führer durch die süddeutschen Burgen und Schlösser, Zürich 1968
Schefold, Max: Alte Ansichten aus Württemberg. Band I Bilder und einführender Text, Band II Katalogteil, Stuttgart 1956
Schlauch, Rudolf: Hohenlohe – Franken. Landschaft, Geschichte, Kultur und Kunst, Nürnberg 1973
Schönhuth, Ottmar-Friedrich: Sagen und Geschichten aus Hohenlohe, Stuttgart 1857
Swiridoff, Paul: Hohenlohe, Pfullingen 1969
Oberamtsbeschreibungen aus dem 19. Jahrhundert
Kreisbeschreibungen um 1953
Kreisbeschreibungen um 1976
Jahrbücher des Historischen Vereins für Württembergisch-Franken
Zeitschrift für württembergische Landesgeschichte
Zeitschrift Schwäbische Heimat
Lebensbilder aus Schwaben und Franken

Hohenlohe, Landschaft und Dynastie

Fischer, Adolf: Geschichte des Hauses Hohenlohe, Öhringen 1866
Weller, Karl: Geschichte des Hauses Hohenlohe, Stuttgart 1903–08
Prinz Hubert zu Hohenlohe-Schillingsfürst und Erbprinz Friedrich Karl zu Hohenlohe-Waldenburg: Bilder aus der Geschichte von Haus und Land. Mainfränkische Hefte, Würzburg 1965
Blind, Gottlob: Ein Grafenhof vor 250 Jahren, Bad Mergentheim 1930
Dienel, Werner Martin: Wo Kocher, Jagst und Tauber fließen. Hohenloher Heimatbuch, Gerabronn und Crailsheim 1964
Herm, Gerhard: Des Reiches Herrlichkeit: Die dramatischen Geschicke der Hohenlohe, München 1980
Lahnstein, Peter: Württemberg anno dazumal, Stuttgart 1980

Schumm, Karl: Hohenlohe (Vortrag), Gerabronn 1964
Taddey, Gerhard: Wie die Hohenlohe Grafen wurden. In: Beiträge zur Landeskunde, Oktober 1976, Nr. 5
Weber, Hartmut: Die Fürsten von Hohenlohe im Vormärz. Tübingen 1974
Wunder, Gerhard: Die staufischen Hohenlohe. Schwäbische Heimat 1967, Heft 3
Ortschronik von Hohlach 1978 (Festschrift zum hundertjährigen Jubiläum der Feuerwehr)

Burgen, Ruinen und Schlösser im einzelnen
(Außer der vorstehend genannten überörtlichen Literatur)

Schillingsfürst

Offizieller Schloßführer
Schindler, Herbert: Die Romantische Straße, München 1974
Hohenlohe-Schillingsfürst, Chlodwig von: Denkwürdigkeiten, Stuttgart 1907

Brauneck, Waldmannshofen, Geierschlößchen

Schönhuth, Ottmar-Friedrich: Sagen und Geschichten aus Hohenlohe, Stuttgart 1857
Schlenker, M: Handschriftliche Aufzeichnungen um 1910. (Im Besitz des Bürgermeisteramts Creglingen)
Meinel, Richard: Brauneck. In: „Blätter des Schwäbischen Albvereins Nov./Dez., 1970
Oberamtsbeschreibung Mergentheim, 1880
Pfefferkorn, Wilfried: Schloß Waldmannshofen In „Burgen und Schlösser", 1979.
Mitteilungen des Bürgermeisteramts Waldmannshofen

Haltenbergstetten, Seldeneck, Laudenbach

Oberamtsbeschreibung Gerabronn, 1847
Kreisbeschreibung Bad Mergentheim, 1966
Mitteilungen des Hohenlohe-Zentralarchivs Neuenstein
Heißwolf, Erwin: Ortschronik Seldeneck. Um 1960
Mitteilungen der Ortschaftsverwaltung Laudenbach

Schrozberg, Gammesfeld

Schrozberg. Festschrift zum Heimattag 1952
Fleck, Walther-Gerd und Stadtamtmann Götz: Schloß Schrozberg 1441–1977, Schrozberg 1977
Oberamtsbeschreibung Gerabronn 1847
Kreisbeschreibung Crailsheim 1953
Kreisbeschreibung Schwäbisch Hall 1976
Mitteilungen der Gemeinde Blaufelden-Gammesfeld

Weikersheim, Karlsberg

Offizieller Schloßführer von Klaus Merten
Fleck, Walther-Gerd: Schloß Weikersheim und die hohenlohischen Schlösser, Frankfurt 1979
Schindler, Herbert: Die Romantische Straße, München 1974
Adelmann, Georg Siegmund, Graf von: Der Carlsberg bei Weikersheim. In: Neue Beiträge zur Archäologie und Kunstgeschichte Schwabens, Stuttgart 1952
Freeden, Max H. von: Zur Raumgestaltung des ehemaligen Carlsberg-Schlößchens bei Weikersheim. In: Württembergisch-Franken, 1954
Mitteilungen des Bürgermeisteramts Weikersheim über das Schloß Karlsberg

Mergentheim

Diehm, Franz: Geschichte der Stadt Bad Mergentheim, Mergentheim 1963
Fleck, Walther-Gerd: Burgen und Schlösser in Nordwürttemberg, Frankfurt 1979
Löschel, Hans: Führer und Heimatbuch Mergentheim, 1949
Raupp, Emil: Die Bautätigkeit des Deutschen Ordens in Mergentheim. In: Mainfränkische Studien Band 9, Würzburg 1979
Trenschel, Hans Peter: Deutschordensschloß Bad Mergentheim. Schnell-Kunstführer Nr. 1162, München 1979
Mitteilungen des Kultur- und Verkehrsamtes der Stadt Bad Mergentheim

Neuhaus

Dallmann, Ulrich: Die Geschichte der Burg Neuhaus (Vortragsmanuskript in Maschinenschrift), Igersheim 1979
Schönhuth, Ottmar-Friedrich: Sagen und Geschichten aus Hohenlohe, Stuttgart 1857
Oberamtsbeschreibung Mergentheim 1880
Kreisbeschreibung Mergentheim 1966

Bartenstein

Offizieller Schloßführer
Fleck, Walther-Gerd: Burgen und Schlösser in Nordwürttemberg, Frankfurt 1979
Mitteilungen von Ferdinand Fürst zu Hohenlohe-Bartenstein
Oberamtsbeschreibung Gerabronn 1847
Kreisbeschreibung Crailsheim 1953
Kreisbeschreibung Schwäbisch Hall 1976

Buchenbach, Jagstberg

Bauer, H: Vom Ursprung der Freiherren von Stetten. Zeitschrift des historischen Vereins für das württembergische Franken 1857
Himmelheber Georg: Die Kunstdenkmäler des ehemaligen Oberamts Künzelsau, Stuttgart 1962
Rauser, Jürgen Hermann: Mulfinger Heimatbuch 1980
Oberamtsbeschreibung Künzelsau 1883
Mitteilungen von Dr. Wolfgang Freiherr von Stetten
Mitteilungen des Bürgermeisteramts Mulfingen

Amlishagen, Bebenburg, Werdeck

Oberamtsbeschreibung Gerabronn 1847
Kreisbeschreibung Crailsheim 1953
Schlauch, Rudolf: Hohenlohe – Franken, Nürnberg 1973
Rombach, Otto: Vor der Anhäuser Mauer. In: Beiträge zur Landeskunde Nr. 3, Juli 1981
Aufzeichnungen von Dr. Eugen Hahn
Mitteilungen des Besitzers von Schloß Amlishagen Wolfgang Bürger

Kirchberg

Fleck, Walther-Gerd: Burgen und Schlösser in Nordwürttemberg, Frankfurt 1979
Grünenwald, Elisabeth: Schloß Kirchberg an der Jagst. In: Württembergisch-Franken. Neue Folge 28/29, 1954
Schaeff-Scheefen, Georg: Kirchberg an der Jagst, Nürnberg 1936
Oberamtsbeschreibung Gerabronn 1847
Kreisbeschreibung Crailsheim 1953
Mitteilungen des Alten- und Pflegeheims Schloß Kirchberg

Hornberg, Gröningen, Lobenhausen

Schaeff-Scheefen, Georg: Kirchberg an der Jagst, Nürnberg 1936
Oberamtsbeschreibung Gerabronn 1847
Kreisbeschreibung Crailsheim 1953
Mitteilungen von Dr. Dieter Freiherr von Crailsheim
Frankenspiegel Crailsheim Juni 1978 Nr. 1
Mitteilungen des Bürgermeisteramts Satteldorf

Burleswagen, Neidenfels, Rechenberg

Mitteilungen des Besitzers von Schloß Burleswagen Gustav Thorban
Schaeff-Scheefen, Georg: Kirchberg an der Jagst. Nürnberg 1936
Pahl, Gottfried: Denkwürdigkeiten, Tübingen 1840
Heimatbuch Crailsheim 1928
Oberamtsbeschreibung Crailsheim 1884
Mitteilungen des Bürgermeisteramts Stimpfach

Vellberg, Stöckenburg

Künstner, Hermann: Kleiner Führer durch Vellberg
Langenbucher, Hellmuth: Vellberg und Stöckenburg. In: Schwäbische Heimat 1953, Heft 3

Der Haalquell. Blätter für Heimatkunde des Haller Landes. Mai 1969, November 1969, August 1970

Tannenburg
Mitteilungen des Besitzers der Tannenburg, Ernst Zipperer
Rupp, Wolfgang: Hier weilten einst die Äbte. In: Hohenloher Leben vom 7. Juni 1979
Oberamtsbeschreibung Ellwangen 1886
Der Haalquell. Blätter für Heimatkunde des Haller Landes, Februar 1970

Comburg, Suhlburg, Geyersburg
Adelmann, Georg Siegmund, Graf von und Schnell, Hugo: Großcomburg. Schnell – Kleiner Kunstführer Nr. 356, 1980
Decker-Hauff, Hansmartin: Die Grafen von Comburg und das Land am Kocher. In: Schwäbische Heimat 1953, Heft 2
Hause, Eberhard: Die Komburg im Jahrhundert der Staufer. In: Schwäbische Heimat 1974, Heft 4
Hause, Eberhard: Die Kirchenfamilie der Komburgen. In: Schwäbische Heimat 1975, Heft 2
Joos, Rainer: Komburg als Kloster und als Stift. In: Schwäbische Heimat 1975, Heft 2
Wengerter, Horst: Die Stauferkapelle auf Großcomburg. In: Auf den Spuren der Staufer. Hrsg. Otto Müller, Gerlingen 1977
Der Haalquell. Blätter für Heimatkunde des Haller Landes, Dezember 1972
Oberamtsbeschreibung Hall 1847

Limpurg, Obersontheim, Gaildorf, Schmiedelfeld, Michelbach a. d. Bilz
Fehleisen, Georg Julius: Die Limpurg bei Hall. In: Blätter des Schwäbischen Albvereins 1905, Nr. 7
Fehleisen, Georg Julius: Von der Limpurg bei Hall. In: Blätter des Schwäbischen Albvereins 1927, Nr. 9
Germann, Wilhelm: Aus der Chronik von Schwäbisch Hall, Schwäbisch Hall 1900
Hommel, Wilhelm: Die Limpurg der Reichsschenken bei Hall. In: Blätter des Schwäbischen Albvereins 1933, Nr. 8
Der Haalquell 1967, Nr. 18
Kreisbeschreibung Schwäbisch Hall 1976
Hohenloher Heimat Oktober 1951
Mitteilungen von Stadtarchivdirektor Dr. Kuno Ulshöfer
Mitteilungen des Bürgermeisteramts Obersontheim
Heimatbuch Michelbach an der Bilz 1980

Leofels
Fleck, Walther-Gerd: Burgen und Schlösser in Nordwürttemberg, Frankfurt 1979
Leistikow, Dankwart: Burg Krautheim und die Architektur des 13. Jahrhunderts in Mainfranken. In: Zeitschrift für Württembergisch-Franken 1949
Schumm, Karl: Burg Leofels In: Zeitschrift für Württembergisch-Franken 1969
Kreisbeschreibung Crailsheim 1953

Morstein
Mitteilungen des Besitzers von Schloß Morstein Dr. Dieter Freiherr von Crailsheim
Oberamtsbeschreibung Gerabronn 1847
Kreisbeschreibung Crailsheim 1953

Langenburg, Ludwigsruhe
Fleck, Walther-Gerd: Burgen und Schlösser in Nordwürttemberg, Frankfurt 1979
Dienel, Werner, Martin: Schloß Langenburg. Deutscher Museumsführer Band 1, 1977
Doerstling, Steffen: Das Schloß Langenburg in Hohenlohe. In: Württembergisch-Franken, Jahrbuch 1959
Taddey, Gerhard: Neue Forschungen zur Baugeschichte von Schloß Langenburg. In: Württembergisch-Franken, Jahrbuch 1979
Oberamtsbeschreibung Gerabronn 1847

Tierberg
Himmelheber Georg: Die Kunstdenkmäler des ehemaligen Oberamts Künzelsau, Stuttgart 1962
Oberamtsbeschreibung Künzelsau 1883

Stetten
Dr. Wolfgang Freiherr von Stetten: Burg und Schloß Stetten, Künzelsau 1973.
Biller, Thomas: Stetten am Kocher. In: Burgen und Schlösser, 1973
Bauer, H.: Vom Ursprung der Freiherren von Stetten. Zeitschrift des Historischen Vereins für das württembergische Franken 1857
Fleck, Walther-Gerd: Burgen und Schlösser in Nordwürttemberg, Frankfurt 1979
Himmelheber Georg: Die Kunstdenkmäler des ehemaligen Oberamts Künzelsau, Stuttgart 1962
Oberamtsbeschreibung Künzelsau 1883
Mitteilungen von Dr. Wolfgang Freiherr von Stetten

Dörzbach, Laibach, Messbach
Rauser, Jürgen Hermann: Dörzbacher Heimatbuch (dort auch Laibach und Messbach behandelt)
Himmelheber Georg: Die Kunstdenkmäler des ehemaligen Oberamts Künzelsau, Stuttgart 1962
Oberamtsbeschreibung Künzelsau 1883
Mitteilungen des Bürgermeisteramts Dörzbach

Krautheim
Leistikow, Dankwart: Burg Krautheim und die Architektur des 13. Jahrhunderts in Mainfranken. In: Zeitschrift für Württembergisch-Franken, 1959
Leistikow, Dankwart: Aufbewahrungsorte der Reichskleinodien in staufischer Zeit. In: Zeitschrift „Burgen und Schlösser" 1974, Heft 2
Mayer, Eugen: Burg Krautheim. Schnell-Kunstführer Nr. 1161, 1979
Waldburg Graf zu Wolfegg und Waldsee: Vom Nordreich der Hohenstaufen, München-Zürich 1961

Aschhausen
Himmelheber, Georg: Die Kunstdenkmäler des ehemaligen Oberamts Künzelsau, Stuttgart 1962
Klaiber, Hans: Schloß Aschhausen. In: Literarische Beilage des Staatsanzeigers für Württemberg, 1920
Zeppelin-Aschhausen, Friedrich Hermann, Graf von: Schloß Aschhausen in alter und neuer Zeit. In: Monatsschrift Württemberg, Jahrgang 1930
Oberamtsbeschreibung Künzelsau 1883
Mitteilungen von Elisabett Gräfin Zeppelin

Ingelfingen, Lichteneck, Zarge, Künzelsau, Nagelsberg
Himmelheber, Georg: Die Kunstdenkmäler des ehemaligen Oberamts Künzelsau, Stuttgart 1962
Fahrbach, Georg: Die Burgruine Lichteneck, Ingelfingen 1977
Leistikow, Dankwart: Burg Krautheim und die Architektur des 13. Jahrhunderts in Mainfranken. In: Zeitschrift für Württembergisch-Franken, 1959
Biller, Thomas: Die „Zarge" bei Ingelfingen. In: Württembergisch-Franken, 1975
Mitteilungen von Stadtarchivar Jürgen Hermann Rauser

Hermersberg, Forchtenberg, Sindringen, Neufels
Himmelheber, Georg: Die Kunstdenkmäler des ehemaligen Oberamts Künzelsau, Stuttgart 1962
Oberamtsbeschreibung Künzelsau 1883
Mitteilungen des Besitzers von Schloß Hermersberg Reinhold Würth
Gradmann, Robert: Forchtenberg. In: Blätter des Schwäbischen Albvereins, 1934
Mitteilungen des Bürgermeisteramts Forchtenberg
Mitteilungen des Bürgermeisteramts Neuenstein
Oberamtsbeschreibung Öhringen 1865

Bildnachweis

Waldenburg
Offizieller Schloßführer von Friedrich Karl, Erbprinz zu Hohenlohe-Waldenburg
Schumm, Karl: 700 Jahre Stadt Waldenburg, Heilbronn 1954
Oberamtsbeschreib. Öhringen 1865
Mitteilungen von Friedrich Karl, Erbprinz zu Hohenlohe-Waldenburg

Kupferzell, Döttingen, Braunsbach
Festschrift zum vierzigjährigen Jubiläum der „Staatlichen Fachschule für ländlich-hauswirtschaftliche Berufe" Kupferzell 1962
Mitteilungen der Leiterin der Schule Frau Dr. Gudrun Dobler
Oberamtsbeschreib. Öhringen 1865
Mitteilungen des Bürgermeisteramts Braunsbach (auch Döttingen)
Himmelheber Georg: Die Kunstdenkmäler des ehemaligen Oberamts Künzelsau, Stuttgart 1962
Reiseführer durch Braunsbach 1979
Der Haalquell, August 1959, Nr. 9

Neuenstein
Schloßführer von Constantin Prinz Hohenlohe, München/Berlin 1977
Oberamtsbeschreib. Öhringen 1865

Öhringen, Friedrichsruhe
Fleck, Walther-Gerd: Burgen und Schlösser in Nordwürttemberg, Frankfurt 1979
Knoblauch, Eberhard: Zur Baugeschichte der Öhringer Stiftskirche. In: Schwäbischer Heimatbund 1967, Heft 2
Schumm, Karl: Die Stiftskirche Öhringen, o. J.
Mitteilungen des Waldhotels Friedrichsruhe

Pfedelbach
Fleck, Walther-Gerd: Burgen und Schlösser in Nordwürttemberg, Frankfurt 1979
Grünenwald, Elisabeth: Georg Kern, der hohenlohische Baumeister. In: Württembergisch-Franken Band 42, 1958
Oberamtsbeschreibung Öhringen 1865
Mitteilungen des Bürgermeisteramts Pfedelbach

Maienfels
Görke, Wolfgang: Maienfels. In: Wüstenroter Heimatbuch, 1979
Oberamtsbeschreibung Weinsberg 1861
Mitteilungen des Bürgermeisteramts Wüstenrot

Jagsthausen, Berlichingen, Bieringen
Schumm, Karl: Auf den Spuren des Götz von Berlichingen, Stuttgart 1979
Oberamtsbeschreibung Neckarsulm 1881
Ortsbeschreibung Bieringen 1883
Mitteilungen von Freiherr Hans von Berlichingen
Mitteilungen des Bürgermeisteramts Berlichingen
Mitteilungen des Bürgermeisteramts Schöntal

Neunstetten, Boxberg
Baden, Monographie einer Landschaft. 9. Jahrgang 1951, Ausg. 4
Zeitschrift „Mein Boxberg", 1939, Nr. 6
Mitteilungen des Besitzers von Schloß Neunstetten Professor Dr. Thomas Meyer

Assumstadt, Domeneck, Bürg, Neuenstadt, Ödheim, Heuchlingen
Fleck, Walther-Gerd: Burgen und Schlösser in Nordwürttemberg, Frankfurt 1979
Oberamtsbeschreibung Neckarsulm 1881
Mitteilungen des Bürgermeisteramts Ödheim
Mitteilungen des Bürgermeisteramts Bad Friedrichshall, Verwaltungsstelle Duttenberg

Möckmühl, Widdern, Adelsheim
Strohhäcker, Erich: Möckmühl, Bild einer Stadt, Möckmühl 1979
Oberamtsbeschreibung Neckarsulm 1881
Chronik der Stadt Widdern o. J.
Mitteilungen von Schulleiter i. R. Kurt Ehrenfried (über Widdern)
Gräf, Gottlieb: Heimatbilder aus Adelsheim
Mitteilungen des Bürgermeisteramts Adelsheim

Andreas Beck 43, 61, 96, 141,
R. Carson/Fritz Prenzel 32,
Dieter Geissler 68, 89, 139 r.,
Gerhard E. Habermann 28 u., 114,
Klaus Hackenberg/Kinkelin 128/129, Umschlag,
Hauptstaatsarchiv Stuttgart 126,
Historischer Verein für Württembergisch Franken Schwäbisch Hall 79, 87,
J. Hoffinger 11, 37, 50, 105, 115 o., 116, 118, 127, 137, 147,
Hohenlohe Zentralarchiv Neuenstein 13,
Peter Klaes/Kinkelin 33,
Klammet & Aberl 46 (Freigabe Reg. v. Oberbayern G 43/177), 90 (Freigabe Reg. v. Oberbayern G 43/179), 122/123 (Freigabe Reg. v. Oberbayern G 43/724), 142 (Freigabe Reg. v. Oberbayern G 43/249),
Gerhard Klammet 75, 132, 154,
Landesdenkmalamt Baden-Württemberg Stuttgart 44, 52,
Löbl-Schreyer 17, 38/39, 41,
Gebr. Metz GmbH u. Co. 28 o., 92 (Freigabe Innenministerium Baden-Württemberg 21/4084 C), 101 (Freigabe Innenministerium Baden-Württemberg C 21/3275 a), 143, 145,
Hans Metzger 36, 95,
Dietmar Necke 18, 23, 26/27, 53, 54, 65, 70, 76, 80, 86, 107, 108, 112, 150,
Joachim Niklasch 84, 110,
F. Pahlke/Kinkelin 144,
Sandelsches Museum Kirchberg/Jagst 83, 98,
Schloßverwaltung Schillingsfürst 19,
Toni Schneiders 35, 58/59,
Staatsarchiv Ludwigsburg 21,
Städtisches Museum Ludwigsburg 134,
Württembergische Landesbibliothek Stuttgart 31, 64, 124, 139 l., 153,
Württembergisches Landesmuseum 14,

Vorsatzkarte: Berthold Gauder

N
Burg, Schloß
Ruine
Abgegangene Burgen oder Schlösser
B 27
Autobahn
B 290
B 19
Tauber
Bad Mergentheim 6
7 Neuhaus
5
Boxberg
B 292
Adelsheim
Neunstetten 35
Laibach
Krautheim 24
23 Dörzbach
25 Aschhausen
Meßbach
8 Bart
Bieringen
Jagstberg
Widdern
Möckmühl 37
Berlichingen
34 Jagsthausen
Burgenstraße
Neckar
Domeneck
36 Assumstadt
Ingelfingen 26
Lichteneck
9 Buchenbach
Zarge
Nagelsberg
Sindringen
Forchtenberg
27 Hermersberg
Künzelsau
22 Stetten
Lud
Jagst
Kocher
21 Tierberg
20 Langenb
Neufels
Heuchlingen
Bürg
Friedrichsruhe
Ödheim
Neuenstadt
29 Kupferzell
Döttingen
19 Morstein
Bad Wimpfen
Autobahn
30 Neuenstein
Braunsbach
31 Öhringen
28 Waldenburg
32 Pfedelbach
B 39
B 19
B 14
Suhlburg
Geyersburg
17 Limpurg
B 293
Heilbronn
33 Maienfels
Schwäbisch Hall
16 Comburg
B 39
14 Vellber
Löwenstein
Michelbach a.d. Bilz
B 27
Autobahn
Kocher
Gaildorf
B 14
Murrhardt
B 19
Schloß